Jann M. Witt

Die Ostsee

Schauplatz der Geschichte

Inhalt

Europäisches
Nordmeer
Narvik
RUSS.
FÖDERATIO
Tornio
SCHWEDEN
FINNLAND
Trondheim
Östersund
Vaasa
Bottnischer
Meerbusen
Tampere
NORWEGEN
Bergen
Turku
Helsinki
St. Petersbur
Åland-In.
Finnischer
Meerbusen
Oslo
Uppsala
Narwa
Tallinn/Reval
Stavanger
Tönsberg
Stockholm
Birka
Dagö
ESTLAND
Peipussee
Ösel
Skagerrak
Göteborg
Visby
Gotland
Gundestrup
Ålborg
Riga
LETTLAND
Kattegat
Kalmar
Öland
Århus
Hälsingborg
Karlskrona
DÄNEMARK
Memel/
Klaipéda
LITAUEN
Kopenhagen
Öresund
Malmö
Ostsee
Odense
Bornholm
WEISS-
RUSSLAN
Flensburg
Königsberg/
Kaliningrad
(RUSS.)
Vilnius/
Wilna
Schleswig/
Haithabu
Kiel
Fehmarn
Stralsund
Rügen
Nord-Ostsee-Kanal
Danzig/Gdańsk
Greifswald
Lübeck
Rostock
Wismar
Marienburg/Malbork
Hamburg
POLEN
DEUTSCHLAND
0
50
100
150 kr

Vorwort

Die Ostsee verbindet. Bereits früh haben die Menschen im Norden Europas erkannt, dass das Wasser kein Verkehrshindernis, sondern ein Kommunikationsweg ist.

Auch wenn die Ostsee im Gegensatz zum Mittelmeer meist am Rande des wirtschaftlichen und politischen Geschehens lag, wurde hier europäische Geschichte geschrieben. Zum ersten Mal geriet die Ostsee in den Fokus der Geschichte, als die skandinavischen Wikinger zwischen 800 bis 1050 n. Chr. Europa in Atem hielten. Später bestimmten die Hansestädte das wirtschaftliche und politische Geschehen im Ostseeraum. Im 17. Jahrhundert wurde der Kampf zwischen Dänemark und Schweden um die Ostseeherrschaft zum dominierenden Konflikt in Nordeuropa. Das 18. Jahrhundert sah dann den Aufstieg Russlands und Preußens zu Großmächten. In den letzten Tagen des Zweiten Weltkriegs wurde die Ostsee zum Schauplatz der verzweifelten Flucht vieler Deutscher vor der Roten Armee. Während des Kalten Kriegs standen sich in der Ostsee die Flotten der NATO und des Warschauer Pakts gegenüber. Heute, fast 20 Jahre nach dem Ende des Ost-West-Konflikts, zählt die Ostsee mit einem Verkehrsaufkommen von mehr als 60 000 Schiffen pro Jahr zu den am dichtesten befahrenen Gewässern der Welt. Vom ersten Einbaum bis zum modernen Containerfrachter hat die Schifffahrt die Geschichte des Ostseeraums entscheidend mitbestimmt.

Dieses Buch erzählt von der wechselvollen Geschichte der Ostsee und der Völker, die an ihren Küsten leben. Vielleicht ist dieses Buch ein Anreiz, sich intensiver mit der faszinierenden Geschichte dieses Meeres am nördlichen Rande Europas zu beschäftigen.

Eckernförde, im Februar 2009 Jann M. Witt

Die Ostsee –

Ursprünge eines Kulturraums

Die Ostsee ist ein rund 414 400 km^2 großes Binnenmeer im Norden Europas. Sie erstreckt sich über rund 1600 km und wird von den Ländern Deutschland, Dänemark, Schweden, Finnland, Russland, Estland, Lettland, Litauen und Polen umschlossen. Während des Winterhalbjahrs vereiste die Ostsee früher üblicherweise zu 70 Prozent, in harten Wintern sogar ganz. Angesichts der Klimaerwärmung kommt es heute jedoch wesentlich seltener zu einer Vereisung der westlichen Ostsee.

Mit einer Durchschnittstiefe von 55 m ist die Ostsee ein relativ flaches Meer; ihr tiefster Punkt beträgt 459 m. Gezeiten sind kaum feststellbar. Die Ostsee gilt als das größte Brackwassermeer der Erde; ihr relativ geringer Salzgehalt ist vor allem auf den starken Zufluss von Süßwasser zurückzuführen. Zahlreiche Flüsse münden in die Ostsee, die lediglich über den Skagerrak – die Gewässer zwischen Norwegen und Jütland – mit den Weltmeeren verbunden ist.

Geologisch gesehen ist die Ostsee ein junges Meer. Sie entstand erst gegen Ende der letzten Eiszeit, der sogenannten Weichseleiszeit, die vor rund 20 000 Jahren ihren Höchststand erreichte. Der Druck der Eismassen hat die Landschaft im gesamten Ostseeraum nachhaltig geprägt. So hinterließen die Gletscher beim Zurückweichen den sogenannten Baltischen Landrücken, eine stark gegliederte Hügellandschaft, die von Schleswig-Holstein bis ins Baltikum reicht.

Als das Eis durch den Klimawandel allmählich abtaute und sich die Gletscher nach Norden zurückzogen, sammelte sich ab 10 000 v. Chr. das Schmelzwasser zu einem ausgedehnten Süßwassersee. Durch den Zufluss von Meerwasser bildete sich um 8000 v. Chr. das sogenannte Yoldiameer. Später wurde die Verbindung zum Meer wieder unterbrochen und es entstand erneut ein Süßwassersee, der Ancylussee. Als Folge des erhöhten Meeresspiegels kam es dann um 5100 v. Chr. zwischen Schweden und Dänemark erneut zu einem Durchbruch zur Nordsee, wodurch das Litorinameer entstand, der direkte Vorläufer der heutigen Ostsee.

Die Besiedlung des Ostseeraums

Die Siedlungsgeschichte Nordeuropas beginnt um 12 500 v. Chr. mit dem Ende der letzten Eiszeit. Den zurückweichenden Gletschern folgten Pflanzen; es bildete sich allmählich eine Tundrenlandschaft mit einer Vegetation aus Moosen und Flechten. Hier lebte auch das Rentier, dem wenig später Gruppen altsteinzeitlicher Jäger folgten, die als Nomaden ihrer Beute hinterher zogen und so allmählich das Terrain der entstehenden Ostsee als Lebensraum für sich erschlossen, wobei sie sich den klimatischen und geographischen Bedingungen geschickt anpassten.

Bereits in der Mittelsteinzeit (ca.9000–4000 v. Chr.) wurde die Ostsee als Verkehrsweg genutzt. Ebenso gibt es aus der Jungsteinzeit (ca. 4000–1800 v. Chr.) deutliche Hinweise auf einen lebhaften Seehandel und die Einbindung des Ostseeraums in weiträumige, überregionale Handelsnetzwerke. Vor allem Bernstein war ein begehrter Exportartikel. So wurden in den Königsgräbern der syrischen Stadt Qatna aus dem 2. Jahrhundert v. Chr. ein Löwenkopf und

Perlen aus baltischem Bernstein gefunden. Im Gegenzug fanden die ersten Gegenstände aus Kupfer und Gold den Weg nach Norden, wie beispielsweise der Goldring von Schwesing bei Husum aus der Zeit um 3000 v. Chr.

Während der Bronzezeit (ca. 1800–500 v. Chr.) spielten Schiffe im Bereich des sogenannten Nordischen Kreises, der Norddeutschland und Südskandinavien umfasste, eine bedeutende Rolle als kulturelles und religiöses Symbol. Die Bronzeschmiede dieser hoch entwickelten Kultur zählten zu den besten Europas. Sie schufen Meisterwerke von hoher technischer und künstlerischer Qualität, wie die in Dänemark und Norddeutschland entdeckten „Luren", lange Blasinstrumente, die geschwungenen Hörner aus Metall ähneln. Es sind die ältesten erhaltenen Musikinstrumente Europas.

Das heutige Polen dagegen gehörte zum Bereich der Lausitzer Kultur (1300–500 v. Chr.), die von Ostdeutschland über Polen bis nach Ungarn reichte. Das Baltikum wiederum wurde um 2000 v. Chr. von Osten her durch die baltischen Völker besiedelt. Ein Teil der ursprünglich hier ansässigen finno-ugrischen Völker zog sich nach Norden in das heutige Finnland zurück, andere, wie die Esten, konnten sich im Norden des Baltikums behaupten.

Die Germanen im Ostseeraum

Mit Beginn der Eisenzeit um 500 v. Chr. werden mit der nach einem in der Nähe von Uelzen im heutigen Niedersachsen gelegenen Fundort benannten Jastorf-Kultur (ca. 600 v. Chr. – um Christi Geburt) erstmals die Germanen fassbar. Im Laufe der Zeit weitete sich das germanische Siedlungsgebiet aus, bis es den Raum von Mittelskandinavien bis zum Harzvorland und von Niedersachsen bis zur Weichsel umfasste. Die Germanen waren vermutlich kein einheitliches Volk, sondern waren aus der Verschmelzung verschiedener ethnischer Gruppen entstanden.

Auch in der Eisenzeit spielte die Schifffahrt eine wichtige Rolle im Ostseeraum. Das älteste erhaltene Seefahrzeug Nordeuropas ist das auf der dänischen Insel Alsen gefundene *Hjortspring*-Boot, das um 350 v. Chr. vermutlich als Opfergabe in einem See versenkt wurde. Das 19 m lange und 2 m breite Boot wurde von 24 Paddlern angetrieben und diente wahrscheinlich als Kriegsfahrzeug.

Mit der Eroberung Galliens durch Julius Caesar wurden die germanischen Völker und das römische Imperium direkte Nachbarn. Über Handelskontakte und germanische Krieger, die als Soldaten im römischen Heer dienten, gelangten nicht nur Nachrichten von dem fernen Imperium im Süden, sondern auch Luxuswaren wie Bronze, Glas oder Silber bis nach Skandinavien. Ebenso erhielten die antiken Autoren allmählich erste, vage Kenntnisse von einer bis dahin unbekannten Welt hoch im Norden. Das älteste überlieferte Werk ist die um 98 n. Chr. verfasste *Germania* des römischen Historikers Tacitus, in der auch die Ostsee als *Mare Suebicum* erstmals schriftlich erwähnt wird.

Allem Anschein nach war der Ostseeraum in den ersten Jahrhunderten nach Christus alles andere als friedlich. Teilweise kam es sogar zu Wanderungsbewegungen ganzer Völker. So verließen im Gebiet des heutigen Schweden seit dem 2. Jahrhundert Teile der Bevölkerung, darunter die Goten, Burgunder und Vandalen, das Land und siedelten sich zunächst an der Südküste der Ostsee an, bevor sie weiter nach Süden zogen. Bis heute erinnert der Name der Insel Gotland an das Volk der Goten.

Zugleich lassen archäologische Funde auf umfassende militärische Unternehmungen schließen, die lokale Konflikte weit überstiegen. So wurde beispielsweise im Nydammoor in Nordschleswig neben Waffen auch ein knapp 23 m langes, hochseetaugliches Kriegsfahrzeug aus der Zeit um 320 n. Chr. gefunden, das heute als Nydamboot im Landesmuseum Schloss Gottorf in Schleswig zu besichtigen ist. Zu den Auslösern für diese Kriegszüge zählten vermutlich Überbevölkerung und klimatische Veränderungen, die zu Ernährungskrisen, Verteilungskämpfen und Abwanderungen ganzer Völkerschaften führten. Diese kriegerische Epoche mündete schließlich in die große Völkerwanderung des 4. bis 6. Jahrhunderts n. Chr.

Der Hunneneinfall von 375 löste eine gewaltige Siedlungsverschiebung unter den Germanen aus. Im 5. Jahrhundert fielen die Angeln, ein Volk aus dem Gebiet des heutigen Schleswig-Holsteins, gemeinsam mit den Jüten und den Sachsen in England ein. Zur gleichen Zeit ließen sich die von Osten einwandernden Slawen in den Gebieten an der südlichen Ostseeküste nieder, die zuvor von den Germanen verlas-

sen worden waren. Im Jahr 995 ist die Michelenburg in der Nähe des heutigen Wismar erstmals urkundlich erwähnt; der abodritische Fürstensitz sollte dem späteren Mecklenburg den Namen geben.

In Skandinavien gilt die Völkerwanderungszeit in kultureller Hinsicht als die Vorstufe der Wikingerzeit. Spektakuläre Goldfunde in Dänemark und Schweden lassen darauf schließen, dass damals Gruppen von Kriegern in den Süden zogen und später mit großen Reichtümern in ihre Heimat zurückkehrten. In dieser Zeit weitete das in Mittelschweden lebende Volk der *Svear*, nach denen das Land später benannt wurde (*Sverige* = Reich der *Svear*), ihr Herrschaftsgebiet erheblich aus. Vermutlich um das Jahr 600 unterwarfen sie die im Süden lebenden *Götar*. Die *Svear* fassten an der südlichen Ostseeküste Fuß, wo sie aber bald in Konflikt mit Slawen und Balten gerieten.

In Dänemark hatten sich wohl schon um Christi Geburt lokale Herrschaftszentren gebildet, von denen sich einige im Laufe der Zeit zu regionalen Fürstentümern ausweiteten. So hat man beispielsweise in Gudme auf der Insel Fünen einen Herrschersitz, ein Handelszentrum sowie zahlreiche Goldfunde entdeckt, die in das 3. bis 6. Jahrhundert n. Chr. datiert werden. Zu Beginn des 8. Jahrhunderts muss es in Dänemark bereits eine starke Zentralmacht gegeben haben, die in der Lage war, groß angelegte Bauprojekte wie das Danewerk zu planen und durchzuführen. Dieses weiträumige, in mehreren Stufen ausgebaute Befestigungssystem verlief südlich von Schleswig quer über den schmalsten Teil der jütischen Halbinsel und sollte Dänemark vor Angriffen aus dem Süden schützen. Im Laufe der Zeit wurde das Danewerk immer weiter ausgebaut; erst im 12. Jahrhundert verlor es seine militärische Funktion und begann zu verfallen.

Das Erscheinen der Franken zu Beginn des 9. Jahrhunderts veränderte die politische Situation nördlich der Elbe grundlegend. Durch einen Vertrag zwischen Karl dem Großen und dem Dänenkönig Harald wurde im Jahr 811 erstmals die Eider als Grenzlinie zwischen den beiden Reichen verbindlich festgeschrieben. Das Gebiet, aus dem später das Herzogtum Schleswig werden sollte, gehörte damit zu Dänemark, während Holstein später ein Teil des Deutschen Reichs wurde.

Der 1891 in Dänemark gefundene, mit Motiven aus der keltischen Mythologie verzierte Silberkessel von Gundestrup ist ein Beweis für die engen Verbindungen des Ostseeraums mit dem antiken Südeuropa.

Von den Wikingern zur Hanse:

Der Ostseeraum im Mittelalter

Um das Jahr 800 hielten Vorfahren der heutigen Dänen, Schweden und Norweger ihren dramatischen Einzug in die europäische Arena. Diese Völker hatten viel gemein; neben der Sprache, dem Alt-Nordischen (aus dem sich später die heutigen skandinavischen Sprachen entwickelten), vor allem die Religion: Sie alle verehrten die Götter des nordischen Pantheon, wie Odin und Thor. Wie die Waffen bezeugen, die in fast allen Männergräbern gefunden wurden, war das Leben im damaligen Skandinavien alles andere als friedlich.

Seekrieger aus dem Norden

Die wikingerzeitliche Bevölkerung gliederte sich in Freie und Unfreie, wobei die Unfreien weitgehend rechtlos waren. Grundlage der Gesellschaft war die Sippe, die ihren Mitgliedern Schutz und Hilfe bot. Obgleich jeder Freie das Recht hatte, an den *Thing* genannten Volks- und Gerichtsversammlungen teilzunehmen, war der soziale und damit auch der politische Status an den Besitz gebunden. Einige Geschlechter ragten an Ansehen, Einfluss und Besitz über die übrigen Bauernfamilien hinaus; aus dieser kleinen, reichen Oberschicht stammten auch die Häuptlinge oder *Jarle*, ebenso wie später die Könige.

Scheinbar aus dem Nichts tauchten die Wikinger mit ihren schnellen Schiffen auf. Dieser Nachbau eines Langschiffes auf der Flaniermeile Aker Brygge in Oslo erinnert an die Seekrieger.

Während des 8. Jahrhunderts hatten sich die Handelskontakte der Skandinavier nach Mittel- und Westeuropa intensiviert. Dadurch gelangten nicht nur Waren, sondern auch Nachrichten über lohnende Ziele für Beutezüge, wie wohlhabende Klöster und reiche Handelsplätze, in den Norden. Den nordischen Händlern folgten Seeräuber, die bald als Wikinger berüchtigt wurden. Das nordische Wort *vikingr* benennt keine Volkszugehörigkeit, sondern einen Zustand. Es bedeutet „Seekrieger“ oder auch „Heerfahrt zur See“. Früher nahm man an, dass die Überbevölkerung Skandinaviens der Grund für die Wikingerzüge gewesen sei, doch gilt diese Theorie inzwischen als widerlegt. Heute geht man davon aus, dass das wichtigste Motiv für eine Wikingerfahrt die Hoffnung auf schnellen Reichtum war. Oft waren es wohl jüngere Söhne ohne Aussicht auf ein Erbe, die in der Ferne ihr Glück suchten.

Von den mittelalterlichen Chronisten wurden die Wikinger als grausame Seekrieger geschildert, die auf ihren schnellen Schiffen gleichsam aus dem Nichts kamen und ebenso schnell wieder verschwanden. Erschüttert beschrieb ein Mönch aus der nordfranzösischen Stadt Arras um 980 den schrecklichen Anblick, der sich ihm nach einem solchen Angriff bot: „Auf allen Straßen lagen die Leichen von Geistlichen, von adligen und anderen Laien, von Weibern, Jugendlichen und Säuglingen; es gab keinen Weg und Ort, wo nicht Tote lagen; und es war für jedermann eine Qual und ein Schmerz zu sehen, wie das christliche Volk bis zur Ausrottung der Verheerung preisgegeben war.“

Die skandinavischen Seekrieger terrorisierten eine Welt, die zwar an Krieg gewöhnt war, nicht aber an die Guerilla-Taktik der Wikinger. Das Überraschungsmoment spielte dabei eine große Rolle. Einem raschen Angriff vom Meer aus mit Schiffen, die ohne Hafen auskamen und sich deshalb dort der Küste nähern konnten, wo man sie am wenigsten erwartete, folgte ein ebenso rascher Rückzug, bevor es zur Gegenoffensive kommen konnte.

Ermöglicht wurden die Raub- und Handelsfahrten der Wikinger durch ihr nautisches Können und ihre überlegene Schiffbautechnik. Bis zum Ende des 8. Jahrhunderts hatten die Skandinavier mehrere

Die Gewandnadel aus Haithabu ähnelt den Drachenköpfen, mit denen die Wikinger ihre gefürchteten Kriegsschiffe schmückten.

Schiffstypen für unterschiedliche Verwendungszwecke entwickelt. Neben den schnellen, schlanken Kriegsschiffen, den Lang- oder Drachenschiffen, die gesegelt und gerudert werden konnten, gab es spezielle Fracht- und Handelsschiffstypen. Diese als *Knorr* bezeichneten Schiffe waren zwar langsamer, aber auch viel geräumiger und seetüchtiger als die Langschiffe. Ein breites Rahsegel bildete den Antrieb.

Charakteristisch für den skandinavischen Schiffbau waren die Klinkerbauweise sowie die symmetrischen Vorder- und Achtersteven. Im Gegensatz zu heutigen Schiffen waren die Wikingerschiffe nicht als starre Körper konstruiert, sondern passten sich durch eine elastische Bauweise den Wellenbewegungen an, sodass sie gleichsam auf den Wellen ritten, statt sie zu durchpflügen. Mit Fug und Recht kann man diese eleganten Schiffe als frühmittelalterliche Hochtechnologie bezeichnen.

Die innere Schwäche des Frankenreichs nach dem Tod Karls des Großen 814 bot den Wikingern beste Voraussetzungen für ihre Raubzüge. Im Jahr 845 zerstörten sie Hamburg und belagerten zwischen 880 und 890 die Stadt Paris. Auch England und Irland wurden häufig von Wikingern heimgesucht.

Anfänglich beschränkten sich die Wikinger auf reine Plünderungszüge, später ließen sie sich auch dauerhaft in den eroberten Gebieten nieder. Zugleich entwickelten sich die Wikingerzüge von lokalen Überfällen weniger Schiffe über gezielte Vorstöße größerer Flottenverbände hin zu großen, sorgfältig geplanten Kriegsunternehmungen dänischer, schwedischer und norwegischer Könige. In England gelang es skandinavischen Heeren zwischen 865 und 880, drei der vier angelsächsischen Königreiche zu erobern. Gegen Ende des 9. Jahrhunderts setzten sich die Wikinger auch an der Seinemündung dauerhaft fest; als Normandie wurde dieses Gebiet 912 zum fränkischen Herzogtum erhoben. So wurden aus Wikingern Franzosen.

Die christlichen Moralvorstellungen hatten für die heidnischen Seefahrer keine Bedeutung. Ein Raubzug war in ihren Augen keine Sünde, sondern eine ehrenvolle Beschäftigung für einen Krieger. Ebenso galt Reichtum als sichtbares Zeichen göttlicher Gunst. Zudem konnte die Beute als Mittel der politischen Auseinandersetzung genutzt werden, etwa um sich eine große Gefolgschaft zu sichern.

Nicht zuletzt aus diesem Grund wurden die Wikingerzüge oft von nicht erbberechtigten oder bei Thronstreitigkeiten unterlegenen Mitgliedern skandinavischer Königsfamilien angeführt.

Doch die Wikinger waren nicht nur furchtlose Totschläger, sondern auch begabte Künstler und Handwerker, wovon die oft mit kompliziert verschlungenen Tierornamenten geschmückten Holz- und Metallgegenstände zeugen. Die Werkstücke dieser Künstler sind handwerklich hervorragend gearbeitet und beweisen einen hoch entwickelten Sinn für Ästhetik.

Ebenso waren die Wikinger wagemutige Kaufleute, die mit Süd- und Westeuropa Handel trieben und Eisen, Wetzsteine und Kochgerät aus Speckstein gegen Luxusartikel aus dem südlicheren Europa, wie Wein oder Glasgefäße, eintauschten. Ein Beleg für den Aufschwung des Handels seit dem 8. Jahrhundert ist die Entstehung einer ganzen Reihe von Handelsniederlassungen rund um die Ostsee.

Die Kaufmannssiedlung Haithabu bei Schleswig war im frühen Mittelalter der bedeutendste Handelsplatz im Ostseeraum.

Handel im Heideort

Der wichtigste Handelsplatz im Norden Europas war Haithabu. Bereits im Jahr 804 wurde der in der Nähe des heutigen Schleswig gelegene Ort als *Sliesthorp* in den fränkischen Reichsannalen erwähnt. Vom 9. bis zum 11. Jahrhundert war der „Heideort", was Haithabu übersetzt bedeutet, die Drehscheibe des Warenaustauschs zwischen Ost und West, Nord und Süd. Der westliche Gegenhafen zu Haithabu lag vermutlich bei Hollingstedt an der Treene; der Transit der Waren über die 15 km breite Landenge erfolgte mit Fuhrwerken.

In Haithabu trafen sich Wikinger, Slawen, Sachsen, Friesen und Angehörige vieler anderer Völker, um mit allen nur denkbaren Waren zu handeln – von Pelzen, Trockenfisch, Gewürzen, Wein, Waffen, Schmuck bis hin zu Sklaven, denn der Ort gehörte auch zu den größten Sklavenmärkten Nordeuropas. Zumeist stammten die Gefangenen wohl aus den slawischen Siedlungsgebieten – das Wort „Sklave" leitet sich von „Slawe" ab.

Von Haithabu aus nahm auch der erste Versuch der Christianisierung des Nordens seinen Ausgang. Im Jahr 822 betraute Erzbischof Ebo von Reims im Auftrag des Papstes den Mönch Ansgar mit der Aufgabe, den Heiden des Nordens die christliche Botschaft zu bringen. Wiederholt besuchte der spätere Erzbischof von Hamburg und Bremen Haithabu und reiste auch mehrfach nach Schweden. Um 850 gestattete ihm der dänische König Horik sogar den Bau einer Kirche in Haithabu. Doch nach Ansgars Tod im Jahr 865 geriet die christliche Missionierung des europäischen Nordens ins Stocken und musste später fast völlig neu begonnen werden.

In seiner Blütezeit war der Ort am Haddebyer Noor ein wichtiges politisches und militärisches Zentrum. Doch gegen Ende des 10. Jahrhunderts begann der Niedergang Haithabus; wiederholt wurde die Siedlung angegriffen und verwüstet. Nach der endgültigen Zerstörung Haithabus im großen Slawenaufstand des Jahres 1066 wurde die Siedlung an den Ort des heutigen Schleswig am Nordufer der Schlei verlegt, aber seit der Mitte des 12. Jahrhunderts als Handelsort von Lübeck verdrängt.

Ein weiterer bedeutender Handelsort aus der Wikingerzeit war das mittelschwedische Birka. Ähnlich wie Haithabu war die auf der Insel Björkö im Mälarsee gelegene Siedlung ein internationales Handelszentrum. Hier wurden vor allem russische, byzantinische und arabische Waren umgeschlagen. Die Funde großer Mengen arabischer Silbermünzen zeugen von lebhaften Geschäftsbeziehungen mit dem islamischen Raum.

Obgleich der heilige Ansgar mit seinem Versuch, Skandinavien zu christianisieren, gescheitert ist, gilt er bis heute als der „Apostel des Nordens“.

Während sich die Dänen und Norweger nach Westen orientierten, zogen die „Waräger“ genannten schwedischen Wikinger vorwiegend in Richtung Osten. Bereits im 7. Jahrhundert hatten die Schweden begonnen, sich an der südlichen Ostseeküste festzusetzen. Über die russischen Seen und Flüsse erschlossen sie neue Handelswege von der Ostsee bis nach Byzanz und Bagdad. In den Jahren 860 und 907 versuchten die Waräger sogar Konstantinopel zu erobern, allerdings ohne Erfolg. Stattdessen warben die oströmischen Kaiser die kriegstüchtigen Skandinavier später für ihre sogenannte Warägergarde an.

In der zweiten Hälfte des 9. Jahrhunderts entstand unter dem Warägerfürsten Rurik und seinen Nachfolgern die Keimzelle des späteren russischen Reichs. Im Jahr 862 gründete Rurik das Fürstentum Nowgorod, sein Nachfolger Oleg verlegte den Fürstensitz nach Kiew. Der Dynastie der Rurikiden, die bis 1598 herrschte, gelang es, durch den Zusammenschluss mehrerer Fürstentümer ein mächtiges Reich, die sogenannte Kiewer Rus, aufzubauen, das zeitweilig die Hegemonie über einen großen Teil Osteuropas erlangte. Im Jahr 988/89 trat Fürst Wladimir I. zum orthodoxen Christentum über. Auch kulturell begann das byzantinische Vorbild nun allmählich, den skandinavischen Einfluss zu verdrängen.

Um 1200 zerfiel das Kiewer Reich in mehrere Teilfürstentümer. Angesichts dieser inneren Zersplitterung gelang es der Kiewer Rus nicht, dem Ansturm der Mongolen unter Dschingis Khan erfolgreich Widerstand entgegenzusetzen. 1237 fiel Kiew und bis 1240 eroberten die Mongolen die meisten Fürstentümer mit Ausnahme von Nowgorod, das sich seine Eigenständigkeit bewahren konnte.

Der Norden wird christlich

Bald nach dem Tod Karls des Großen im Jahr 814 war das Frankenreich in zwei Teile zerfallen. Aus dem westfränkischen Reich wurde das heutige Frankreich, während aus dem ostfränkischen Reich das Deutsche Reich hervorging. Als Folge der zunehmenden Schwäche des karolingischen Königtums und der gleichzeitigen Abwehrkämpfe gegen Ungarn, Wikinger und Slawen waren im ostfränkischen Reich im 9./10. Jahrhundert in Franken, Schwaben, Bayern und Sachsen weitgehend selbstständige Stammesherzogtümer entstanden. Zugleich wurde das Ostfrankenreich in wachsendem Maße als eigenständiges Territorium und nicht mehr als Teil eines gemeinsamen Frankenreichs betrachtet. Als erster deutscher Herrscher gilt der 911 nach dem Tod des letzten Karolingers zum König gewählte Frankenherzog Konrad I. Doch erst seinen Nachfolgern auf dem Thron, dem Sachsenherzog Heinrich I. und dessen Sohn Otto I., genannt „der Große“, gelang es, sich gegen die mächtigen Stammesherzöge durchzusetzen.

Ebenso begann Otto I. die Grenze im Osten durch die Einrichtung von Marken und die Gründung von Bistümern zur Slawenmission, wie Magdeburg, Brandenburg und Havelberg, zu sichern. Nach dem Tod seines Sohnes Otto II. im Jahr 983 kam es zu einem großen Aufstand der Slawen, der das Scheitern des ersten Versuchs zur Eingliederung der slawischen Gebiete östlich der Elbe in das Deutsche Reich markierte.

Auch im Norden Europas kam es in diesen Jahrzehnten zu tief greifenden politischen Veränderungen. Beginnend mit Dänemark setzte um die Mitte des 10. Jahrhunderts ein Prozess der Verdichtung staatlicher Strukturen ein. In langwierigen Kämpfen wurden die Territorien der zahlreichen Kleinkönige und Häuptlinge unterworfen. König Gorm dem Alten gelang es schließlich, große Teile des heutigen Dänemark unter seiner Herrschaft zu vereinen; bis heute gilt er daher als der Staatsgründer Dänemarks. In dem kleinen jütländischen Ort Jellinge hat Gorm sich und seiner Dynastie ein Denkmal gesetzt. Vermutlich ließ Gorm der Alte die aus zwei Erdhügeln bestehende Anlage als Grabstätte für sich und seine Frau Thyra errichten. Sein Sohn und Nachfolger Harald Blauzahn ließ hier später eine Kirche und einen Runenstein errichten, auf dem er sich rühmt, ganz Dänemark und Norwegen für sich gewonnen und die Dänen christianisiert zu haben.

Um das Jahr 965 hatte Harald Blauzahn den christlichen Glauben angenommen. Der Grund für seine Bekehrung war vermutlich weniger religiöse Erweckung als politische Klugheit. Bereits 948 hatte Otto I. Bischöfe für Schleswig, Ribe und Århus ernannt. Um einem möglichen Ausgreifen des mächtigen südlichen Nachbarn auf sein Reich unter dem Vorwand der Missionierung vorzubeugen, entschloss sich Harald zum Übertritt zum Christentum. Allerdings brauchte er für diesen Schritt die Zustimmung seiner Gefolgsleute. Obgleich viele einflussreiche Persönlichkeiten den neuen Glauben annahmen, gab es Rückschläge: Um 987 wurde Harald Blauzahn von seinem heidnischen Sohn Sven Gabelbart gestürzt, der nun dessen Nachfolge in Dänemark und Norwegen antrat. Später ließ sich auch König Sven taufen und führte die von seinem Vater begonnene, planmäßige Christianisierung der Dänen fort. Im Jahr 1013 eroberte Sven England, starb aber schon bald darauf.

Sein Sohn Knut der Große herrschte als König über Dänemark und England und konnte 1028 auch noch die norwegische Krone erringen. Damit wurde Knut zum wohl mächtigsten skandinavischen König in der Geschichte. Er führte Dänemark endgültig in den Kreis der christlichen Nationen; eine seiner Töchter heiratete sogar den späteren deutschen König Heinrich III. Doch Knuts Reich fehlten die einigenden Strukturen, sodass es nach seinem Tod im Jahr 1035 rasch zerfiel. Gleichwohl blieb Dänemark noch lange das führende Reich im Norden.

Auch in Norwegen hatten sich seit dem 9. Jahrhundert zahlreiche Kleinkönigtümer gebildet, die in jahrzehntelangen, blutigen Auseinandersetzungen von den Königen der ursprünglich schwedischen *Ynglingar*-Dynastie, die ihre Herkunft vom Gott Yngvi oder Freyr herleiteten, zu einem Reich vereinigt wurden. Der erste namentlich bekannte Norwegerkönig war Harald „Schönhaar“, dessen Sohn und Nachfolger Erik „Blutaxt“ im Jahr 934 von seinem jüngeren Bruder Håkon vertrieben wurde. Dieser erhielt später den Beinamen „der Gute“, weil er als erster versucht hatte, die Norweger zum Christentum zu bekehren.

Um die Jahrtausendwende unternahm Olaf Tryggvason, ebenfalls ein *Ynglingar* und ein Urenkel von Harald Schönhaar, den nächsten Versuch, Norwegen unter einer Herrschaft zu einen. Zugleich machte er sich daran, das Land mithilfe des Schwerts zu christianisieren. Doch König Olaf starb, bevor er sein Ziel erreicht hatte; er wurde im Jahr 1000 von Sven Gabelbart besiegt, der damit seine Oberherrschaft in Norwegen konsolidierte.

Erst König Olaf II. Haraldsson gelang es schließlich, die Norweger zum Christentum zu bekehren. Auf seine Veranlassung fasste das norwegische *Thing* den förmlichen Beschluss zur Christianisierung Norwegens. Als Olaf II. im Jahr 1028 von Knud dem Großen vertrieben wurde, waren bereits die ersten Bistümer gegründet worden. Bei dem Versuch, die Macht zurückzuerobern, kam er 1030 in der Schlacht bei Sticklestad ums Leben. Später wurde Olaf II. heilig gesprochen. Sein Sohn Magnus, genannt „der Gute“, konnte nach dem Tod König Knuds den norwegischen Thron besteigen und wurde 1042 aufgrund eines Erbvertrags sogar König von Dänemark, doch endete die kurzlebige Personalunion mit seinem Tod. Unter König Harald Hårdråde („der Harte“) wurde die Einigung Norwe-

Der Havelberger Dom. Das 946 von Kaiser Otto I. gegründete Missionsbistum Havelberg zählte zu den ältesten Vorposten der Christenheit östlich der Elbe.

gens um das Jahr 1060 vollendet. Harald der Harte fiel 1066 im Kampf gegen König Harald II. von England, der jedoch selbst kurz darauf bei Hastings einem normannischen Invasionsheer unter Wilhelm dem Eroberer unterlag.

Als letztes der nordischen Völker trat Schweden aus dem Dunkel der Geschichte heraus. Anscheinend ging die schwedische Reichsbildung um das Jahr 1000 von dem mittelschwedischen Kerngebiet der *Svear* rund um den Mälarsee aus. Mit Ansgar hatte im 9. Jahrhundert auch in Schweden die christliche Mission von Westen her begonnen. Als erster christlicher König Schwedens gilt Olaf Skötkonung. Allerdings konnte sich der alte Glaube in einigen Teilen des Landes noch lange halten. Obgleich König Inge Stenkilsson die heidnischen Kultstätten in Uppsala um das Jahr 1087 zerstörte, wurde das Heidentum erst unter König Erik IX. dem Heiligen endgültig besiegt und das Christentum unwiderruflich als offizielle Religion etabliert. Mit der Errichtung des Erzbistums Uppsala im Jahr 1164 war die Christianisierung Schwedens im Wesentlichen abgeschlossen.

Lange Zeit blieb das Königtum in Schweden eine Wahlmonarchie. Der schwedische König wurde auf der Thingversammlung in Uppland durch Akklamation, also durch Beifall oder Handzeichen, gewählt und musste anschließend auf einem großen Umritt die Gefolgschaftstreue derjenigen Untertanen einholen, die bei seiner Wahl nicht zugegen gewesen waren.

Spätestens Ende des 11. Jahrhunderts hatte sich das Christentum im Norden durchgesetzt. Überall in Skandinavien wurden nun Kirchen gebaut; rund 90 Prozent der heute noch in Dänemark genutzten Steinkirchen stammt aus dem 12. Jahrhundert. Allerdings mischten sich im Volksglauben heidnische und christliche Vorstellungen – schließlich war der Bekehrung zum Christentum nur in den seltensten Fällen eine eingehende theologische Unterweisung vorangegangen, und auch in den folgenden Generationen blieb die christliche Lehre oft nur Firnis.

Mit dem Übertritt zum Christentum wurde der europäische Norden von einem zivilisatorischen Randbereich zu einem integralen Bestandteil des christlichen Europa. Dies bedeutete zugleich die feste Einbindung des Ostseeraums in die europäische Kultur, denn der hohe Klerus erhielt seine geistliche und weltliche Erziehung vorzugsweise in den damaligen Zentren von Bildung und Wissenschaft in Westeuropa.

Zugleich diente die christliche Lehre der Legitimierung der Herrschaft des Königs, während die Kirchenorganisation zur Grundlage der königlichen Verwaltung wurde. Auf diese Weise halfen Glaube und Kirche bei der Konsolidierung der königlichen Macht, auch wenn es immer wieder zu Konflikten zwischen Krone und Geistlichkeit kam.

Ungeachtet aller Differenzen dienten Kirche und weltliche Herrschaft im Prinzip dem gleichen Ziel, nämlich den christlichen Untertanen eine feste Ordnung zu geben. Nach dem mittelalterlichen Weltbild setzte sich die menschliche Gesellschaft aus drei Ständen zusammen. An der Spitze stand die Geistlichkeit, gefolgt von den Rittern. Ganz unten standen die körperlich Arbeitenden. Diese Ordnung wurde von weltlicher wie von kirchlicher Seite als gottgegeben betrachtet, wobei der Rang des Einzelnen innerhalb der sozialen Hierarchie im Prinzip unveränderlich war und bereits durch die Geburt bestimmt wurde. Im Gegensatz zu weiten Teilen Europas waren die Bauern in den skandinavischen Reichen aber frei, auch wenn die Mehrzahl der norwegischen und dänischen Bauern bis zum Ende des Mittelalters zu Pächtern herabsank.

Zunächst hatte die Kirche im Norden in Abhängigkeit vom Bremer Erzbischof gestanden, was jedoch von den zunehmend selbstbewusster werdenden dänischen Herrschern bald als Einschränkung ihrer Königsmacht empfunden wurde, von der sie sich zu befreien suchten. Im Jahr 1104 erhielt der Norden mit dem Bischofssitz im südschwedischen Lund ein eigenes Erzbistum. Damit wurde aus der kirchlichen Vorherrschaft des Deutschen Reichs eine dänische Dominanz, bis Norwegen und Schweden um die Mitte des 12. Jahrhunderts ebenfalls je ein eigenes Erzbistum erhielten. Gleichwohl blieb der deutsche Einfluss bei der Vermittlung geistiger und kultureller Errungenschaften noch lange bedeutend.

Das Zeitalter der Reichsgründungen

Die Christianisierung veränderte nicht nur die nordische Kultur, sondern markierte auch den Beginn des Übergangs von lokalen Herrschaftszentren zu einer königlichen Zentralmacht. Gleichwohl waren die

10. + 11. Jahrhundert

911
Ende der Karolingerdynastie im ostfränkischen Reich, Krönung König Konrads I.

10. Jahrhundert
Dänische Reichseinigung unter Gorm dem Alten und Harald Blauzahn; Beginn der norwegischen und schwedischen Reichseinigung.

1066
Slawenaufstand; Zerstörung Haithabus.

11. + 12. Jahrhundert

1111
Adolf von Schauenburg wird Graf von Holstein.

1158
Heinrich der Löwe zwingt Graf Adolf II., Lübeck an ihn abzutreten.

1157
Beginn des Aufstieg Dänemarks zur Großmacht unter König Waldemar II.

skandinavischen Königreiche zunächst nicht viel mehr als lose Verbände weitgehend selbstständiger Landesteile, die nur in der Person des Königs eine einigende Klammer besaßen. Wie alle mittelalterlichen Staaten waren auch Dänemark, Schweden und Norwegen Personenverbandsstaaten. Im Gegensatz zum modernen, institutionalisierten Verwaltungsstaat war der mittelalterliche Staat aufgebaut auf personalen Bindungen zwischen Höher- und Niedrigergestellten, zwischen König und Adel ebenso wie zwischen Herr und Knecht. Im Laufe des Mittelalters wuchs dabei die Bedeutung des Adels, denn im Verlauf des 13. Jahrhunderts verlor auch im Norden das Bauernheer gegenüber den geschulten Kämpfern des Ritterheeres militärisch immer mehr an Bedeutung.

Lange Zeit war die königliche Zentralgewalt im Norden nur schwach ausgeprägt. Macht und Einfluss des Königs hingen in erster Linie von seiner Persönlichkeit und seiner Fähigkeit ab, eine große Gefolgschaft an sich zu binden. Da diese Gefolgsleute freiwillig dienten, konnten sie ihren Treueid jederzeit aufkündigen. Als der dänische König Knut IV. im Jahr 1085 einen Feldzug gegen England vorbereitete, verweigerten ihm die Großen des Landes die Gefolgschaft. Als der König im folgenden Jahr versuchte, seine Autorität wieder herzustellen, kam es zum Aufruhr. Knut floh nach Odense, wo er von den Aufständischen in der Kirche erschlagen wurde. Auf Betreiben seines Bruders und Nachfolgers Erik I. Ejegod wurde Knut im Jahr 1101 heilig gesprochen, wohl nicht zuletzt, um damit dem Königshaus zusätzliche Legitimation zu verleihen.

In die Zeit um die Jahrtausendwende fallen auch die Anfänge des polnischen Staates. Um 960 gelang es Herzog Mieszko I., dem ersten Fürsten aus dem Hause der Piasten, verschiedene slawische Stämme unter seiner Herrschaft zu vereinigen.

Von Beginn an war die Geschichte Polens stark geprägt von dem Verhältnis zu seinen beiden großen Nachbarn, Deutschland im Westen und Russland im Osten. Nicht zuletzt aus politischen Erwägungen und um den Missionsbestrebungen aus dem Deutschen Reich zuvorzukommen, trat Miesko im Jahr 966 zum katholischen Christentum über. Damit entstand eine kulturelle Kluft zwischen Polen und dem orthodoxen Russland, die bis heute Bestand hat. Kirchenrechtlich unterstand Polen zunächst dem 968 gegründeten Missionserzbistum Magdeburg, von dem die Christianisierung Osteuropas ihren Ausgang genommen hatte.

Als Bündnispartner der ottonischen Kaiser gelang es Mieszko, sein Herrschaftsgebiet beträchtlich auszuweiten. Sein Sohn und Nachfolger Boleslaw I. Chobry („der Tapfere") führte die Expansionspolitik fort und eroberte Schlesien, Kleinpolen und Pommern. Zugleich erhielt Polen in den Jahren nach

13. + 14. Jahrhundert

1227
Schlacht von Bornhöved; das dänische Ostseeimperium bricht zusammen.

1225
Der Herzog von Masowien ruft zur Abwehr der Pruzzen den Deutschen Orden zu Hilfe.

1370
Der Friede von Stralsund markiert den Höhepunkt der Hanse.

1386
Beginn der polnisch-litauischen Personalunion.

1397
Begründung der Kalmarer Union der drei nordischen Reiche.

15. + 16. Jahrhundert

1410
Niederlage des Deutschen Ordens in der Schlacht bei Tannenberg; Beginn des Niedergangs des Deutschen Ordens.

1448
Christian von Oldenburg wird zum dänischen König gewählt.

1460
Vertrag von Ripen: Wahl des dänischen Königs Christian I. zum Herzog von Schleswig und Grafen von Holstein, Begründung der Personalunion mit Dänemark.

1523
Vertreibung König Christians II.; Ende der Kalmarer Union; Gustav I. Wasa wird schwedischer König.

1000 mit dem Erzbistum Gnesen und den ihm untergeordneten Bistümern Krakau, Kolberg und Breslau eine eigene kirchliche Organisation. Durch sein Ausgreifen auf die westslawischen Stämme zwischen Elbe und Oder geriet Boleslaw jedoch in einen Konflikt mit dem Deutschen Reich, konnte sich aber in langwierigen Kämpfen durchsetzen. Im Frieden von Bautzen 1018 wurde ihm die Lausitz und das Milzener Land als Reichslehen zugesprochen. Noch im gleichen Jahr konnte er für kurze Zeit Kiew besetzen. Nach dem Tod König Heinrichs II. ließ sich Boleslaw I. erneut zum polnischen König krönen, starb aber bereits ein Jahr später.

Mit dem Tod König Boleslaws III. im Jahr 1138 erlosch die polnische Königswürde. Zugleich zerfiel Polen in mehrere Teilherzogtümer, die zeitweilig sogar Krieg gegeneinander führten. In dem Maße, in dem die Macht der Piastenherzöge schwand, wuchsen die Macht des Adels und der Kirche, ebenso wie deren Grundbesitz.

Seit dem 10. Jahrhundert versuchten die polnischen Herrscher ebenso wie das Deutsche Reich, ihren Einfluss auf die von slawischen Stämmen besiedelten Gebiete an der südlichen Ostseeküste auszuweiten. Die deutsche Expansion nach Osten wurde jedoch durch den großen Slawenaufstand von 983 für mehr als ein Jahrhundert zum Erliegen gebracht – und damit auch das Bemühen um die Missionierung der Slawen; die christlichen Kirchen wurden niedergebrannt, die Priester erschlagen oder verjagt.

Auch die slawischen Abodriten in Mecklenburg und Ostholstein hatten der Christianisierung lange widerstanden. Ihr Siedlungsgebiet war ein ständiger Unruheherd, weshalb zu Beginn des 12. Jahrhunderts sowohl vom Deutschen Reich wie auch von Dänemark aus damit begonnen wurde, Nordelbien durch die Entsendung von tatkräftigen Statthaltern zu befrieden.

Im Jahr 1111 belehnte Lothar von Supplinburg, seit 1106 Herzog von Sachsen, seinen Gefolgsmann Adolf von Schauenburg mit Holstein und Stormarn. Damit begann die Ära der Schauenburger, die fast 350 Jahre lang die Geschicke Holsteins und später auch Schleswigs nachhaltig prägen sollten.

1115 setzte der dänische König Niels seinen Neffen Knut Laward als Herzog von Schleswig ein, um das südliche Grenzgebiet seines Reichs gegen die ständige slawische Bedrohung zu verteidigen. Im Jahr 1131 lockte Magnus, der Sohn des Dänenkönigs, der um seine Nachfolge fürchtete, Knut in einen Hinterhalt und ließ ihn ermorden.

Die Ostkolonisation

Im 12. Jahrhundert wurde der slawische Siedlungsraum allmählich zum Ziel von Kolonisationsmaßnahmen. In den Jahren 1138/39 unterwarfen die sächsischen Holsten das slawisch besiedelte Wagrien, das heutige Ostholstein. Um sein Herrschaftsgebiet zu erweitern, zog Sachsenherzog Heinrich der Löwe im Jahr 1147 unter dem Vorwand der christlichen Missionierung auf einen Kreuzzug gegen die Slawen ins Mecklenburgische. Das Unternehmen endete jedoch mit einem totalen Fehlschlag.

Im Jahr 1160 unternahm Heinrich der Löwe gemeinsam mit König Waldemar I. von Dänemark erneut einen Kriegszug gegen die mecklenburgischen Abodriten. Der Abodritenfürst Niklot fand den Tod auf dem Schlachtfeld, worauf sich seine Söhne Pribislaw und Wratislaw schließlich gezwungen sahen, Frieden zu schließen. Niklots Söhne gaben den Kampf um ihr väterliches Erbe jedoch nicht auf. Nur unter schweren Verlusten konnte Heinrich der Löwe schließlich den Sieg über die Slawen erringen. 1167 gab er das Abodritenland mit Ausnahme der 1160 eingerichteten Grafschaft Schwerin als Lehen an Pribislaw zurück, der damit zum Begründer des Mecklenburger Fürstenhauses wurde, das bis 1918 regieren sollte. Der Slawenfürst, der wahrscheinlich zu diesem Zeitpunkt auch zum Christentum übertrat, erwies sich in der Folge als treuer Vasall Heinrichs des Löwen. Doch bereits nach dem Tod seines Enkels Heinrich Borwin II. im Jahr 1226 kam es zu der ersten einer ganzen Reihe von Landesteilungen, die im Laufe der Zeit zur Entstehung von mehreren mecklenburgischen Teilfürstentümern führten.

Die Schlacht von Bornhöved 1227. Die Niederlage des dänischen König Waldemars II. gegen eine norddeutsche Fürstenkoalition bedeutete einen Wendepunkt in der Geschichte des Ostseeraums.

Mit der Christianisierung begann auch in Mecklenburg der Aufbau der Kirchenorganisation. 1171 wurde das Zisterzienserkloster Doberan gegründet, das sich rasch zu einem der wichtigsten kirchlichen Zentren in Mecklenburg entwickelte. Im 13. Jahrhundert folgte eine Reihe von Stadtgründungen, darunter Rostock 1218, Wismar 1229, Stralsund 1239 und Greifswald 1250.

Im Zuge der sogenannten Ostsiedlung wurden Wagrien, Mecklenburg und Pommern nun mehrheitlich deutsch besiedelt, wobei die slawische Bevölkerung allmählich assimiliert wurde. Diese Kolonisationsbewegung war eine Folge des allgemeinen Bevölkerungsanstiegs im Hochmittelalter. Auf der Suche nach Ackerland begannen wagemutige Bauern, nach Norden und Osten zu ziehen. Gleichzeitig versuchten die Fürsten, so viele Siedler wie möglich anzulocken, um ihre nur dünn besiedelten Territorien zu erschließen. Überdies brachten die Kolonisten neue Anbaumethoden mit und sorgten so für einen Innovationsschub in den rückständigeren Gebieten Nord- und Osteuropas. Auch slawische Herrscher beteiligten sich an dieser Siedlungsbewegung. So riefen beispielsweise die polnischen Herzöge um die Mitte des 13. Jahrhunderts deutsche Kolonisten ins Land, um das von den Mongolen geplünderte und entvölkerte Land neu zu besiedeln. Diese Siedler brachten viele kulturelle und zivilisatorische Neuerungen mit, die bis heute viele Spuren in der polnischen Sprache hinterlassen haben.

Nachdem die Christianisierung der Skandinavier und der Slawen gegen Ende des 12. Jahrhunderts weitgehend abgeschlossen war, rückte das Baltikum in den Mittelpunkt des Interesses der Kirche. Hier befanden sich die letzten noch heidnischen Gebiete Europas. Nachdem der Versuch der friedlichen Missionierung gescheitert war, wurde das Baltikum nun mit Feuer und Schwert christianisiert. Um seinen Einfluss nach Osteuropa auszudehnen, ernannte Erzbischof Hartwig von Bremen im Jahr 1199 seinen Neffen Albert von Buxhoeveden zum Bischof von Uexküll in Livland. 1201 gründete Bischof Albert die Stadt Riga, die nun zum Sitz des livländischen Bistums und bald zu einer bedeutenden Metropole wurde. Von hier aus trieb er gemeinsam mit dem 1202 zum Kampf gegen die Heiden gegründeten Schwertbrüderorden die Eroberung des Baltikums voran.

Das dänische Ostseeimperium

In Dänemark und Schweden war die erste Hälfte des 12. Jahrhunderts von Bürgerkriegen, inneren Auseinandersetzungen und Machtkämpfen rivalisierender Thronprätendenten und Adelsparteien geprägt; zwischen 1131 und 1167 starben sechs dänische und drei schwedische Könige eines gewaltsamen Todes.

In Dänemark endete diese Zeit der politischen Wirren erst, als 1157 der Sohn des ermordeten Knut Laward, Waldemar I., auch „der Große“ genannt, den dänischen Thron bestieg. Es gelang ihm, die königliche Zentralgewalt entscheidend zu stärken. Gleichzeitig leitete er mit seiner Expansionspolitik die dänische Großmachtzeit ein. So zerstörte ein dänisches Heer unter Führung des Bischofs Absalon von Roskilde im Jahr 1168 das Hauptheiligtum aller Westslawen, den Tempel des Sonnengottes Svantevit auf der

Insel Rügen; die Insel selbst kam unter die Hoheit des Bischofs von Roskilde.

Begünstigt durch die innerdeutschen Wirren nach dem Sturz des mächtigen Sachsenherzogs Heinrich des Löwen 1181 und die Auseinandersetzungen zwischen Staufern und Welfen, gelang es dem dänischen König Waldemar I. und seinen Söhnen und Nachfolgern Knut VI. und Waldemar II. ihr Herrschaftsgebiet beträchtlich zu vergrößern. Dabei weiteten sie ihren Machtbereich auch nach Süden aus: 1201 wurde Graf Adolf III. von Holstein gefangen genommen und musste auf seine Grafschaft verzichten.

Mit der Eroberung Estlands im Jahr 1219 erreichte das dänische Ostseeimperium den Gipfelpunkt seiner Macht. Zusammen mit Bischof Albert von Livland und dem Schwertbrüderorden war König Waldemar II. gegen das finno-ugrische Volk der Esten gezogen. Bei Reval kam es schließlich zur Entscheidungsschlacht; die Esten wurden geschlagen und vom siegreichen Dänenkönig unterworfen. Der Sage nach soll während dieser Schlacht der *Danebrog*, die dänische Nationalflagge, vom Himmel gefallen sein, als Zeichen der göttlichen Billigung dieser Waffentat.

Mit Recht trug Waldemar II. den Beinamen „der Sieger“. Unter seiner Herrschaft war Dänemark endgültig zu einer Macht von europäischem Rang geworden, was auch seinen Ausdruck darin fand, dass es ihm gelang, erst eine böhmische und später eine portugiesische Prinzessin zu heiraten.

Doch dem dänischen Imperium fehlte eine feste Basis, es stützte sich allein auf die Gewalt der Waffen. Bereits auf dem Höhepunkt des Erfolgs zeigte sich dessen Fragilität, als Waldemar II. im Mai 1223 bei einem Jagdausflug gefangen genommen wurde. Sogleich beschloss der Sohn des vertriebenen Holsteiner Grafen Adolf III., Adolf IV. von Schauenburg, die Gelegenheit zu nutzen und seine verlorenen Territorien zurückzuerobern. Gemeinsam mit zahlreichen anderen Adligen zog er gegen die Dänen zu Felde. Gleichzeitig erhoben sich auch die Esten gegen die dänische Herrschaft. Es gelang ihnen, die Dänen in blutigen Kämpfen aus dem Süden und Osten des Landes zu vertreiben; nur im Norden Estlands konnten sich die Dänen noch ein weiteres Jahrhundert behaupten.

Lange waren alle Verhandlungen um die Freilassung Waldemars II. an dessen Starrsinn gescheitert. Erst 1225 war der König schließlich zum Einlenken bereit. Er schwor, keine Rache zu üben. Doch kaum in Freiheit, ging Waldemar II. zum Gegenangriff über, nachdem ihn der Papst praktischerweise von seinem Schwur entbunden hatte, weil er erzwungen und nicht aus freien Stücken geleistet worden war.

Der Sieg einer norddeutschen Fürstenkoalition unter der Führung des Holsteiner Grafen Adolf IV. von Schauenburg über Waldemar II. in der Schlacht von Bornhöved im Jahr 1227 markierte nicht nur den endgültigen Zusammenbruch des dänischen Ostseeimperiums, sondern zugleich auch den Beginn der unabhängigen Landesherrschaft der Schauenburger.

Um seine neu gewonnene Macht zu festigen, suchte Graf Adolf IV. schon bald nach der Schlacht von Bornhöved die Annäherung an König Waldemar II. Dessen Sohn Abel heiratete 1237 Mechthild, die Tochter des Schauenburgers, und begründete damit das Geschlecht der Schleswiger Herzöge. Gleichzeitig versuchten die Nachfolger Adolfs IV., ihren Einfluss nördlich der Eider auszubauen, denn das Herzogtum Schleswig war für die Schauenburger Grafen ein willkommener Puffer zwischen ihren holsteinischen Territorien und Dänemark, dem mächtigen Nachbarn im Norden.

Auch in Schweden blieb die politische Lage noch lange unruhig. 1167 hatte sich Knut I. Eriksson nach der Ermordung seines Vorgängers Karl VII. Sverkersson der Krone bemächtigt, doch dauerte es einige Jahre, bis er sich gegen seine Konkurrenten endgültig durchsetzen konnte. Nach Knuts Tod im Jahr 1196 wurde Schweden fast ein Jahrhundert lang vom Machtkampf der rivalisierenden Geschlechter *Erik* und *Sverker* zerrissen. Nach deren Aussterben bestieg 1250 der Folkunger Waldemar den schwedischen Thron. Da er aber noch unmündig war, herrschte bis 1266 an seiner Stelle sein Vater Birger Jarl. Er stärkte die Zentralgewalt, schlug die Opposition des Hochadels nieder und trieb die Eroberung Finnlands voran.

Im Laufe des 12. und 13. Jahrhunderts hatten die Schweden mehrere Kreuzzüge gegen die heidnischen Finnen unternommen. Auch Birger Jarl führte mehrere Feldzüge nach Finnland, wobei er jedoch in Konflikt mit dem Großfürstentum Nowgorod geriet. 1240 hatte er in der Schlacht an der Newa gegen Fürst Alexander von Nowgorod eine empfindliche Niederlage erlitten, weshalb dieser unter dem Namen Alexander *Newskij* in die Geschichte einging. Gleichwohl gelang den Schweden 1249 die endgültige Eroberung Finnlands, das nun in den schwedischen Reichsverband eingegliedert wurde.

Nach dem Tod Birger Jarls 1266 übernahm Waldemar die Regierung, wurde aber schon nach kurzer Zeit von seinem jüngeren Bruder Magnus I. Ladulås abgesetzt. Die neue Dynastie konnte sich nur mit Mühe gegen die mächtigen Adligen durchsetzen und suchte das Bündnis mit der Kirche und den deutschen Kaufleuten, denen die Könige umfangreiche Privilegien gewährten. Dadurch geriet Schweden in Abhängigkeit von der Hanse, was die schwedischen Adligen schließlich dazu bewog, König Birger Magnusson zu vertreiben und stattdessen 1319 den norwegischen König Magnus VIII. als Magnus II. auf den Thron zu setzen, wobei sie aber seiner Macht enge Grenzen setzten.

Der Aufstieg der Hanse

Nicht zuletzt infolge der Ostsiedlung hatte der Handel in der Ostsee im 12. Jahrhundert einen neuen Aufschwung erlebt. An die Stelle der skandinavischen Händler traten nun mehr und mehr deutsche Kaufleute, die sich seit dem Beginn des 12. Jahrhunderts zu „Hansen“ genannten Schwurgemeinschaften zusammenschlossen, um den Gefahren der Reisen in fremde Länder gemeinsam zu begegnen und dort

Handelsprivilegien zu erwerben. Diese „Kaufmannshansen“ legten den Grundstein für die spätere Hanse.

Die deutschen Kaufleute folgten zum einen den alten, in der Wikingerzeit etablierten Handelsrouten, erschlossen aber auch neue Handelsverbindungen im Deutschen Reich und in den Kolonisationsgebieten Osteuropas. Ihr Handel basierte im Kern auf dem Tausch der Rohstoffe aus den Ländern im Osten mit Fertigwaren aus Westeuropa. Unter anderem trieben die deutschen Kaufleute einen schwunghaften Handel mit Heringen, die vor Schonen, einer bis ins 17. Jahrhundert dänischen, später schwedischen Provinz, gefangen, eingesalzen und nach ganz Europa verfrachtet wurden, wo sie eine beliebte Fastenspeise darstellten.

Durch eine neuartige Handelskonzeption, die Handelsgeschäft und Seetransport miteinander vereinigte, konnten die hansischen Kaufleute auch in Skandinavien einen beherrschenden Marktanteil erobern. Unter anderem erschlossen die deutschen Kaufleute in Schweden die reichen Bodenschätze des Landes. Dank des Eisen- und Kupferexports entwickelte sich das um 1250 von Birger Jarl gegründete Stockholm rasch zu einer bedeutenden Kaufmannsstadt, deren Bevölkerung zu einem großen Teil aus deutschen Kaufleuten und Handwerkern bestand. Allerdings gelang es den hansischen Kaufleuten in keinem skandinavischen Land, die einheimischen Händler vollständig zu verdrängen.

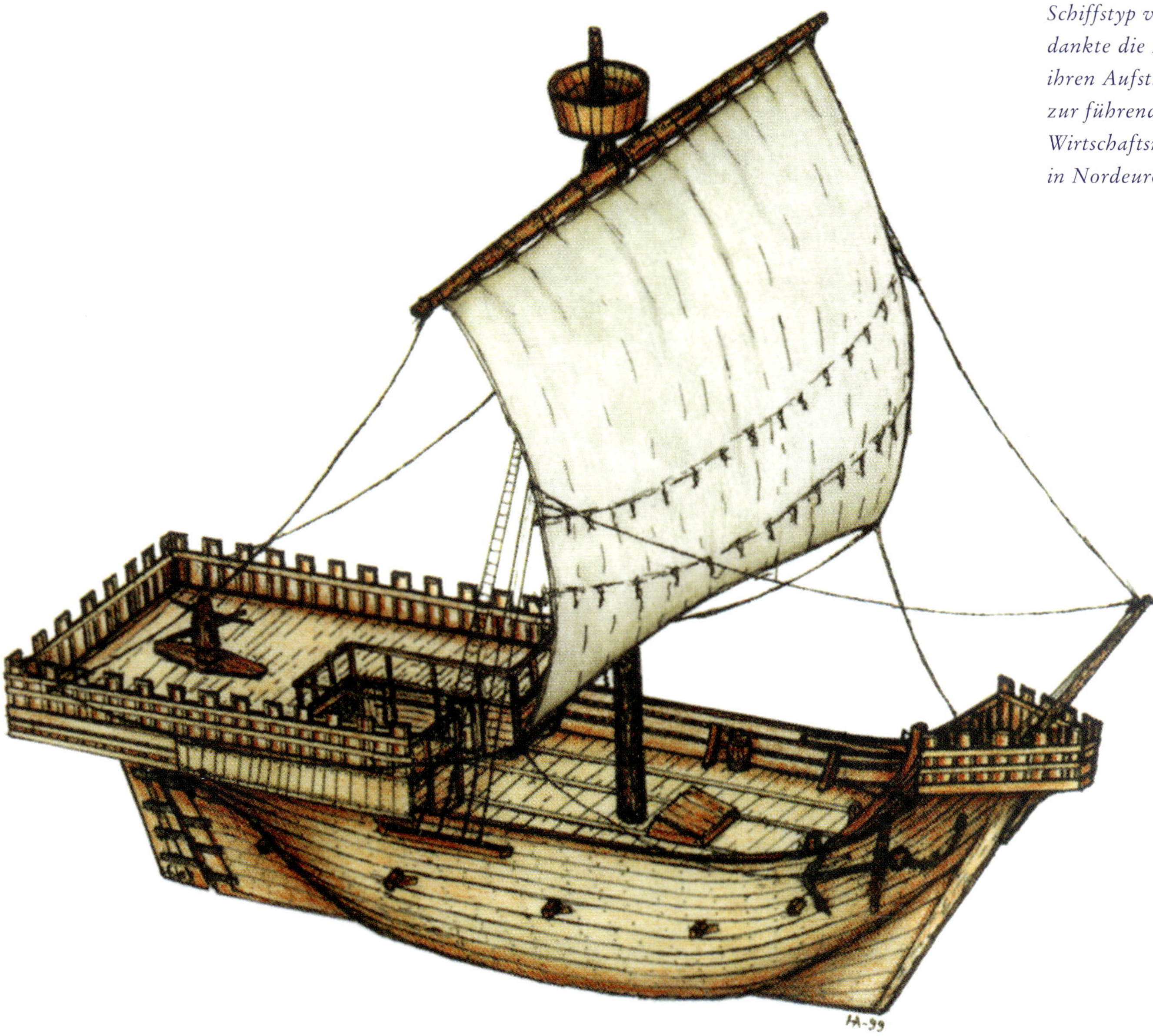

Rekonstruktion einer Kogge aus der Zeit um 1390. Nicht zuletzt diesem seetüchtigen Schiffstyp verdankte die Hanse ihren Aufstieg zur führenden Wirtschaftsmacht in Nordeuropa.

Der prosperierende Handel führte zu einem Aufblühen der Städte in Nord- und Osteuropa. Angesichts der schlechten Straßenverhältnisse waren die Seewege besonders wichtig. Nur auf dem Wasser konnte im Mittelalter Frachtgut in größerem Umfang befördert werden. Daher waren die Schiffer, die Kapitäne der Hanseschiffe, in ihren Heimatstädten eine hoch angesehene Berufsgruppe. Sie waren am Schiffseigentum ebenso wie an den Handelsgeschäften beteiligt und hatten sogar die Chance, in die städtischen Oberschichten aufzusteigen.

Neben den Schiffern verdankten Lübeck und die Hanse ihren Aufstieg zur führenden Wirtschaftsmacht in Nordeuropa vor allem einem revolutionären neuen Schiffstyp – der Kogge. Diese seetüchtigen Schiffe ermöglichten den kostengünstigen Transport großer Warenmengen, wie es der sprunghaft steigende Handelsverkehr in Nord- und Ostsee erforderte. Ein großes Rahsegel verlieh den einmastigen Koggen bei günstigem Wind eine Geschwindigkeit von fünf bis acht Knoten (etwa 9 bis 14 km/h). Erst im Verlauf des 15. Jahrhunderts wurde die Kogge allmählich von anderen Schiffstypen, wie dem Holk und dem dreimastigen Kraweel verdrängt, die sie an Ladekapazität und Seetüchtigkeit übertrafen.

Lübeck – die Königin der Hanse. Das Holstentor zeugt bis heute von der Macht und dem Reichtum der Travestadt im Mittelalter.

Die Eckpunkte des hansischen Handelssystems stellten die im Verlauf des 12. Jahrhunderts entstandenen Hansekontore von Brügge, London, Bergen und Nowgorod dar. Bei diesen Kaufmannsniederlassungen handelte es sich um eine Mischung zwischen Handelszentrum und Konsulat, die nicht nur den Handel in fremden Ländern organisierten, sondern den Hansekaufleuten wenn nötig auch Schutz und juristischen Beistand bot. Ebenso dienten die Kontore als diplomatische Vertretung.

Allmählich wuchsen die einzelnen Kaufmannshansen zu einem genossenschaftlichen Großverband zusammen. Der entscheidende Anstoß zur Bildung einer Gesamthanse scheint um 1160 von der Gotländischen Genossenschaft ausgegangen zu sein, einem Zusammenschluss westfälischer, sächsischer und lübischer Fernkaufleute, die regelmäßig die Ostseeinsel Gotland anfuhren, die damals das Zentrum des Ostseehandels war. Im 13. Jahrhundert begann die Bedeutung der Insel zu sinken; stattdessen entwickelte sich Lübeck zum neuen wirtschaftlichen Zentrum im Ostseeraum.

Im Jahr 1143 hatte Graf Adolf II. von Holstein den auf einer Traveinsel gelegenen Ort Lübeck als Kaufmannsniederlassung gegründet. 1159 zwang Heinrich der Löwe seinen Lehnsmann Adolf II. von Holstein, die Siedlung an ihn abzutreten. Mithilfe niedersächsischer und westfälischer Kaufleute wurde der Ort planmäßig zum internationalen Handelszentrum ausgebaut. Zugleich erhielt Lübeck ein neues Stadtrecht, das als Lübisches Recht im Laufe des 13. Jahrhunderts von mehr als 100 Städten im Ostseeraum übernommen wurde.

Verkehrstechnisch überaus günstig gelegen, wurde Lübeck schnell ein wichtiger Knotenpunkt im Handel zwischen Ost und West, Nord und Süd. Bald begann die junge Stadt die alte Handelsmetropole Schleswig zu überrunden. Anfang des 13. Jahrhundert war Lübeck unter die Herrschaft der dänischen Könige gekommen und hatte unter deren Schutz ihr Handelsnetz bedeutend ausweiten können. Mit der Schlacht von Bornhöved 1227 konnte die Travestadt die dänische Oberhoheit endgültig abschütteln. Doch nicht zuletzt weil Lübeck seit 1226 reichsunmittelbar, also nur dem Kaiser und nicht einem anderen Fürsten Untertan und dadurch faktisch unabhängig war, konnte die Travestadt in den folgenden Jahrhunderten dank ihres im Handel erworbenen Reichtums zur führenden Stadt der Hanse aufsteigen.

Mit dem Reichsfreiheitsprivileg von 1226 hatte Lübeck zudem als erste deutsche Stadt das Recht erhalten, eigene Münzen zu prägen, die schon bald den Charakter einer Leitwährung im Ostseeraum annahmen. Zugleich wurde Lübeck zu einem der wichtigsten kulturellen Zentren des Ostseeraums.

Lübecks Wirtschaftsgefüge, sein Reichtum und seine politische Macht basierten auf den traditionellen hansischen Handelswegen, die im Wesentlichen über Lübeck und die sogenannten wendischen Städte – Hamburg, Lüneburg, Wismar, Rostock, Stralsund und Greifswald – verliefen und ihre Endpunkte in den Kontoren von Brügge und Nowgorod hatten. Die Travestadt diente dabei gleichsam als Sammelbecken für alle hochwertigen Handelswaren Westeuropas und des Ostseeraums, doch reichten ihre Handelsverbindungen bis nach Frankreich und Spanien – es war ein wahrhaft gesamteuropäischer Wirtschaftsraum, der sich den lübischen Kaufleuten erschloss.

1477. S.P.Q.L. 1871.

Kulturelle Errungenschaften der Hanse

Mit dem Aufblühen der Hanse wurde die Sprache der Hansekaufleute gleichsam zur „Weltsprache“: Im gesamten Bereich der Hanse zwischen Russland und Flandern, England und Norwegen wurde Niederdeutsch gesprochen. Auf diese Weise fanden viele niederdeutsche Worte – vor allem aus dem kulturellen und handwerklichen Bereich – Eingang in die skandinavischen Sprachen. Zugleich entstand eine reiche niederdeutsche Literatur: Bereits 1494 erschien in Lübeck die erste niederdeutsche Bibel, und besonders die 1498 in Lübeck gedruckte Erzählung *Reynke de Vos*, eine Satire auf die mittelalterliche Gesellschaftsordnung, erhielt weite Verbreitung.

Doch seit dem 16. Jahrhundert setzte die allmähliche Verdrängung des Niederdeutschen ein. Durch den Niedergang der Hanse verlor es als Handelssprache an Bedeutung, während es zugleich als Folge der Reformation im protestantischen Norddeutschland zunehmend als Kirchen-, Amts- und Schriftsprache durch das Hochdeutsch der Lutherbibel abgelöst wurde. Das Niederdeutsche sank zur Mundart herab und wurde erst im 19. Jahrhundert wieder als Kultursprache entdeckt.

Die Marienkirche in Danzig. Mit ihren einmaligen Bau- und Schmuckformen ist die Backsteingotik im Wesentlichen ein Werk niederdeutscher Baumeister.

Dauerhafter war eine zweite kulturelle Errungenschaft der hansischen Kaufleute – die Backsteinarchitektur. Das ursprüngliche Baumaterial im Norden Europas war Holz gewesen. Als erste steinerne Gebäude waren Feldsteinkirchen errichtet worden, später importierte man für den Kirchenbau Naturstein aus dem Süden Europas. Doch um die Mitte des 12. Jahrhunderts kam mit dem Backstein ein neues Baumaterial in den Norden, das sich rasch durchsetzte, denn die Rohstoffe dafür – Holz und Ton – waren reichlich vorhanden.

Von Lübeck aus trat die Backsteingotik ihren Siegeszug rund um die Ostsee an. Schon nach kurzer Zeit erreichte die Backsteinarchitektur einen ersten Höhepunkt, als niederdeutsche Baumeister den aus Frankreich stammenden gotischen Baustil in Backstein „übersetzten“. Als erster Bau der Backsteingotik gilt die um 1250 begonnene Marienkirche in Lübeck, die zum Vorbild vieler Kirchen rund um die Ostsee wurde.

Da sich Ziegel im Gegensatz zu Natursteinen nicht beliebig bearbeiten und in Form bringen lassen, ist die Backsteingotik von äußerlicher Schlichtheit geprägt. Die Gebäude verdanken ihre Wirkung vor allem der Reinheit der geometrischen Formen und ihrer architektonischen Beschränkung auf das Wesentliche. In späterer Zeit wurden Teile des Gebäudes, beispielsweise Wandflächen, häufig weiß gekalkt, wodurch ein ansprechender Farbkontrast zu den naturbelassenen, dunklen Backsteinelementen entstand. Die Blütezeit der Backsteingotik dauerte von der Mitte des 13. bis zum Beginn des 16. Jahrhunderts. Zu den bedeutendsten Bauwerken der Backsteingotik, deren Blütezeit von 1250 bis 1500 dauerte, zählen neben der Lübecker Marienkirche die Marienkirche in Danzig, die Marienburg des Deutschen Ordens, die Stockholmer Nikolaikirche sowie der Dom zu Roskilde, die Grabkirche der dänischen Könige. Bis heute prägt die Backsteingotik das Erscheinungsbild vieler Ostseestädte.

Der Deutsche Orden erobert Preußen

Zur gleichen Zeit, als sich Lübeck anschickte, zur führenden Kaufmannsstadt im Norden Europas zu werden, erschien mit dem Deutschen Orden ein neuer Akteur auf der politischen Bühne des Ostseeraums. Der Deutsche Orden war neben dem Templer- und dem Johanniterorden der dritte große Ritterorden. Er war 1190 von Bremer und Lübecker Kaufleuten als Krankenpflegeorden gegründet, aber bereits 1199 in einen geistlichen Ritterorden umgewandelt worden, der die drei Mönchsgelübde von Armut, Keuschheit und Gehorsam mit der Pflicht zum Kampf gegen die Heiden verband.

An der Spitze des Ordens stand der auf Lebenszeit gewählte Hochmeister. Als Erkennungszeichen führten die Deutschordensritter ein schwarzes Kreuz auf weißem Mantel. Als Eisernes Kreuz wurde es 1813 wieder belebt und ist bis heute das Hoheitszeichen der Bundeswehr.

Im Jahr 1225 hatte Herzog Konrad von Masowien den Deutschen Orden unter seinem Hochmeister Hermann von Salza um Hilfe im Kampf gegen die heidnischen Pruzzen (Preußen) an der unteren Weichsel gebeten, die wie die Litauer und Letten zu den baltischen Völkern gehörten. Dieses Hilfeersuchen eröffnete dem Orden die willkommene Gelegenheit, sich ein eigenes Herrschaftsgebiet zu schaffen, denn als Gegenleistung wollte der Herzog dem Orden das in Preußen gelegene Kulmer Land überlassen.

1226 betraute Kaiser Friedrich II., dem Hermann von Salza eng verbunden war, den Deutschen Orden in der Goldbulle von Rimini offiziell mit dem Kampf gegen die Pruzzen und verlieh dem Hochmeister zugleich die Herrschaftsrechte über das Kulmer Land sowie über alle noch zu erobernden Gebiete außerhalb des Deutschen Reiches. Damit war die Grundlage für den späteren Deutschordensstaat gelegt.

Die Ordensritter begannen im Jahr 1233 mit der Eroberung Preußens. In langwierigen Kämpfen gelang es dem Deutschen Orden, seine Herrschaft in

Die Marienburg – seit 1309 Sitz des Hochmeisters des Deutschen Ordens. In ihrer Glanzzeit beherrschten die Ordensritter neben Preußen auch große Teile des Baltikums.

Preußen bis zum Ende des 13. Jahrhunderts zu festigen. Um das neu eroberte Land zu erschließen, wurden deutsche Siedler angeworben und zahlreiche Städte gegründet. Ebenso wurden Ländereien als Lehen an deutsche und polnische Adlige vergeben, die dadurch zu Vasallen des Ordens wurden.

Auch in Livland erwarb der Deutsche Orden große Territorien. 1236 hatte der Schwertbrüderorden eine vernichtende Niederlage gegen die Litauer und Semgallen erlitten. Die Reste des Ordens gingen, als Livländischer Orden neu formiert, im Deutschen Orden auf. Das baltische Ordensgebiet umfasste in etwa das Territorium der heutigen Staaten Lettland und Estland. Mit der Eroberung war auch die, wenn zunächst auch nur oberflächliche, Christianisierung der einheimischen Bevölkerung verbunden; erst mit der Reformation im 16. Jahrhundert wurde der christliche Glaube zur wirklichen Volksreligion.

Anders als in Preußen kam es im Baltikum nicht zur breiten Ansiedlung deutscher Kolonisten, stattdessen herrschte eine geringe Anzahl von deutschen Adligen über die unterworfene einheimische Bevölkerung. Auch die neu gegründeten Städte, wie Königsberg, Riga, Dorpat oder Reval, waren von Beginn an deutsch geprägt. Zwar beherrschte der Deutsche Orden den größten Teil Livlands, doch kam es immer wieder zu Konflikten mit den weitgehend unabhängigen Städten und den Bischöfen von Riga, Dorpat, Ösel-Wiek und Kurland.

Die Ritter des Deutschen Ordens kämpften aber nicht nur gegen die Heiden, sondern auch gegen die orthodoxen Nordrussen, die als Abweichler vom rechten Glauben galten. 1242 schlug Alexander Newskij, der Fürst von Nowgorod, ein Heer des Deutschen Ordens auf dem Eis des Peipus-Sees. Fortan bildete der Fluss Narwa die Grenze zwischen Livland und Russland.

Ein Jahrhundert nach Beginn der Eroberung des Baltikums hatten die Deutschen ihre Herrschaft in Preußen und Livland endgültig gefestigt; nur im Norden Estlands saßen noch die Dänen, während im Süden die heidnischen Litauer den Ordensrittern erbitterten Widerstand leisteten; alle Eroberungsversuche blieben erfolglos. Zugleich wurde das Kreuzzugprivileg des Ordens zum Vorwand für regelrechte „Heidenjagden“: Seit 1304 fanden alljährlich im Winter die sogenannten Preußenreisen statt, zu denen Adlige aus ganz Europa anreisten, um über die vereisten Sümpfe gegen die heidnischen Litauer zu ziehen.

Im Jahr 1309 verlegte der Hochmeister des Deutschen Ordens seinen Sitz von Venedig auf die Marienburg in Westpreußen. Durch den Erwerb von Pommerellen und Danzig war es dem Orden im Jahr zuvor gelungen, eine feste Verbindung zum Deutschen Reich zu schaffen. Dadurch wurde Polen von der Ostsee abgeschnitten, was neue Konflikte zur Folge hatte.

Das 14. Jahrhundert gilt als die Blütezeit des Deutschen Ordens. Der Orden war zu einer bedeutenden Wirtschaftsmacht geworden und ebenso wie viele preußische und livländische Städte Mitglied der Hanse. Zugleich hatte der Orden in seinen Territorien ein für damalige Verhältnisse modernes, effizient verwaltetes Staatswesen geschaffen.

Im Jahr 1343 kam es zum Ausgleich zwischen dem Deutschen Orden und dem polnischen König Kasimir III., als dieser im Vertrag von Kalisch auf Pommerellen und das Kulmer Land verzichtete. Zudem gelang es dem Orden 1346, Estland durch Kauf von Dänemark zu erwerben. 1398 eroberte der Orden überdies die von den Vitalienbrüdern besetzte Insel Gotland, welche bis 1407/08 in der Hand des Ordens blieb. Mit dem Erwerb der Neumark erreichte das Herrschaftsgebiet des Deutschen Ordens dann 1402 seine größte Ausdehnung.

Kriege und Pest

Nördlich der Elbe hatte das 14. Jahrhundert mit Streit und Chaos begonnen. Das dänische Reich wurde von inneren Machtkämpfen zerrissen, während in Holstein das Haus Schauenburg durch zahlreiche Landesteilungen geschwächt war. Doch einem tatkräftigen Herrscher konnte diese Zeit der Krisen ungeahnte Möglichkeiten bieten. Ein Mann von solchem Schlag war der aus der Rendsburger Linie des Schauenburger Grafengeschlechts stammende Gerhard III.: 1326 eröffneten ihm die dänischen Thronwirren die Chance, auf das Herzogtum Schleswig zuzugreifen. Nachdem der dänische König Christoph II. durch einen Adelsaufstand vertrieben worden war, beanspruchte Gerhard III. den vakanten Thron für seinen unmündigen Neffen, Herzog Waldemar IV. von Schleswig. 1326 wurde der junge

Herzog als Waldemar III. zum König von Dänemark gewählt. Noch im gleichen Jahr belehnte er seinen Onkel Gerhard mit dem Herzogtum Schleswig. Damit waren Schleswig und Holstein zum ersten Mal offiziell unter der Herrschaft eines Schauenburgers vereint.

Drei Jahre danach setzte sich Gerhards Vetter Johann III. von Plön – gestützt durch den deutschen Kaiser – erfolgreich für die Rückkehr Christophs II. auf den dänischen Thron ein. Gerhard III. stellte sich auf seine Seite. Für ihre Dienste ließen sich die beiden Schauenburger und ihre verbündeten Ritter mit Pfandrechten auf das gesamte dänische Reich belohnen. Gerhard III., der Nordjütland und Fünen kontrollierte, übernahm damit faktisch die Herrschaft über das in Wirren verstrickte Dänemark und regierte mit harter Hand, bis er 1340 in der norddänischen Stadt Randers von dem dänischen Ritter Niels Ebbesen ermordet wurde. Gerhards Nachfolger zogen sich aus Dänemark zurück; sie hatten genug damit zu tun, das Herzogtum Schleswig gegen die Rückeroberungsversuche der dänischen Könige zu behaupten.

Nach langer Zeit der Ohnmacht hatte sich auch das polnische Königtum von seinem neuen Zentrum Krakau aus erneuert. 1320 wurde der aus dem Geschlecht der Piasten stammende Wladislaw I. in Krakau zum polnischen König gekrönt. Er heiratete die Tochter von Gedymin, dem Großfürsten von Litauen, und schuf damit die Grundlage für die spätere Union Polens und Litauens. Sein Nachfolger, König Kasimir III., genannt „der Große“, dehnte das polnische Herrschaftsgebiet weiter nach Osten aus und konnte sogar den größten Teil des Kiewer Reichs erobern. Gleichzeitig trieb er die Modernisierung des Staatswesens voran und förderte die Wirtschaft, indem er deutsche Handwerker und Kaufleute ins Land rief. Ebenso fanden viele Juden aus dem Deutschen Reich Aufnahme, die sich vor den Pogromen im Gefolge der Großen Pest nach Polen gerettet hatten. Aus ihrer deutschen Mundart entstand durch die Einbindung hebräischer und slawischer Wörter im Laufe der Zeit das Jiddische.

Anfang 1350 hatte der Schwarze Tod den Ostseeraum erreicht. Aus Asien eingeschleppt, hatte sich die Pest in den Jahren 1347 bis 1351 von Italien aus über ganz Europa verbreitet. Mindestens ein Viertel

Hermann von Salza – Hochmeister des Deutschen Ordens

Der um 1170 als Sohn eines thüringischen Ministerialen geborene Hermann von Salza wurde 1209 zum Hochmeister des Deutschen Ordens gewählt. Sein Ziel war es, ein neues Herrschaftsgebiet für den Orden zu gewinnen, nachdem die Kreuzfahrerstaaten im Heiligen Land immer stärker unter Druck geraten waren. Zwar misslang der Versuch, ein Ordensland in Ungarn zu schaffen, doch ergab sich 1225 eine neue Chance, als Herzog Konrad von Masowien den Orden um Hilfe im Kampf gegen die heidnischen Pruzzen bat. Um ein erneutes Scheitern zu vermeiden, wandte sich Hermann von Salza an Kaiser Friedrich II., dem er wiederholt als Diplomat gedient hatte. Die 1226 von Friedrich II. ausgestellte Goldbulle von Rimini begründete die Ordensherrschaft in Preußen. Trotz dieses Erfolgs wuchsen die Konflikte zwischen dem Orden und seinem Hochmeister, der sich schließlich nach Salerno zurückzog, wo er 1239 starb.

1340 wurde Graf Gerhard III. von Rendsburg von dem dänischen Ritter Niels Ebbensen ermordet.

der damaligen Bevölkerung fiel dem Schwarzen Tod zum Opfer. Das große Sterben löste gewaltige soziale Veränderungen aus; das Land verödete, wodurch ganz Europa von einer schweren Agrarkrise erfasst wurde. Durch den rapiden Preisverfall von Grund und Boden und landwirtschaftlichen Erzeugnissen erlitten die adligen und kirchlichen Grundherren Einkommenseinbußen, während die Überlebenden ihre Arbeitskraft teuer verkaufen konnten. Dadurch wurde der Übergang zur Geldwirtschaft beschleunigt; zugleich lösten sich die alten Lehens- und Gefolgschaftsverhältnisse allmählich auf.

Erst im Laufe des 15. Jahrhunderts wuchs die Zahl der Menschen wieder und führte durch die verstärkte Nachfrage nach Agrarprodukten zu einem erneuten Aufschwung der Landwirtschaft. Vor dem Hintergrund einer blühenden Agrarkonjunktur bildete sich um 1500, an der Wende von Mittelalter zur Neuzeit, östlich der Elbe die Leibeigenschaft heraus. Angesichts der Gewinnmöglichkeiten wurden viele adlige Grundherren nun zu regelrechten Agrarunternehmern, indem sie ihre eigenen Anbauflächen vergrößerten, während sie gleichzeitig die von den Bauern zu leistenden Dienste steigerten. Dadurch gerieten die Bauern von Holstein bis ins Baltikum in eine immer größere Abhängigkeit von den Gutsbesitzern; unter anderem waren sie fest an ihre Hofstellen gebunden, die sie nicht verlassen durften. Auf diese Weise wurde die Grundlage für die bäuerliche Leibeigenschaft gelegt. Oft wurden die Bauern gewaltsam der Gutsherrschaft unterworfen. Im Osten Europas entstanden auf diese Weise riesige Gutsbetriebe, auf denen die adligen Großgrundbesitzer in großem Maßstab Getreide für den Export anbauten. Noch schlimmer war die Knechtschaft der Bauern in Russland; hier wurde die Leibeigenschaft zur sozialen Grundlage für die autokratische Herrschaft der Zaren.

Von der Kaufmanns- zur Städtehanse

Durch die Etablierung des hansischen Handelssystems und durch die zunehmende Schriftlichkeit der Großkaufleute hatte sich im Laufe des 14. Jahrhunderts die Praxis des Fernhandels verändert. Die Kaufleute begleiteten nun ihre Waren nicht mehr selbst, sondern leiteten ihre weitverzweigten Handelsgeschäfte vom heimatlichen Kontor aus.

Gleichzeitig bildete sich in den Hansestädten eine neue, bürgerliche Form politischen Bewusstseins heraus: Im Gegensatz zu den vom Adel und der Kirche dominierten mittelalterlichen Staaten waren in den Hansestädten die Großkaufleute die politisch maßgebliche Bevölkerungsschicht. Ohnehin besaß nur eine Minderheit der Stadtbewohner das volle Bürgerrecht, dessen Erwerb ein gewisses Mindestvermögen voraussetzte.

Die reichen Kaufherren regierten die Städte, wobei die Übernahme eines Ratsherren- oder gar Bürgermeisteramtes oftmals als der krönende Abschluss einer erfolgreichen Kaufmannskarriere betrachtet wurde. Allerdings war diese frühe Form der bürgerlichen Regierung nach heutigen Gesichtspunkten nicht sonderlich demokratisch, denn die Hansestädte wurden durch eine Oligarchie weniger führender Familien beherrscht. Schon bald gerieten die Städte und ihre von den Großkaufleuten dominierten Räte in einen Gegensatz zu den übrigen, selbstständig in Kontoren zusammengefassten, auf ihre Autonomie bedachten Kaufleute, die sich einer Bevormundung durch die Städte zu entziehen suchten. Auf dem ersten Hansetag, einer Versammlung der Mitgliedsstädte, 1356 konnten sich die Städte jedoch gegenüber den bis dahin unabhängigen Kontoren durchsetzen, weshalb dieses Datum als der Beginn einer neuen Organisationsform der Hanse, der Städtehanse, gilt. 1358 ist zum ersten Mal von den *Steden van der Dudeschen Hense* (Städten der Deutschen Hanse) die Rede.

Definitorisch ist die Hanse nur schwer zu fassen. Am ehesten lässt sie sich als lose Interessengemeinschaft zur gemeinsamen Wahrnehmung und Verteidigung der hansischen Handelsprivilegien beschreiben. Nur Städte, in denen niederdeutsche Kaufleute die führende Position innehatten, konnten Mitglied der Hanse werden. Darüber hinaus gab es wenig Verbindendes: Die Städte waren verschiedenen Stadt- und Landesherren zugehörig oder gar wie Lübeck reichsunmittelbar. Ebenso gab es weder einen Bündnisvertrag noch ein offizielles Verzeichnis der Hansestädte oder ein gemeinsames Siegel. Auch die auf den meist in Lübeck abgehaltenen, als „Hansetage" bezeichneten Versammlungen der Mitgliedsstädte gefassten Beschlüsse waren nicht verbindlich, ihre Umsetzung lag im Ermessen der einzelnen Städte. Oft genug verhinderten innerhansische Interessengegensätze ein gemeinsames Handeln.

Ungeachtet ihrer lockeren Organisationsstruktur stellte die Hanse einen politischen Machtfaktor von europäischem Rang dar und half, das durch die Schwäche des deutschen Königtums im Norden entstandene Machtvakuum auszufüllen. Zur Sicherung ihrer weitgespannten Handelsbeziehungen hatten die hansischen Kaufleute und Städte eine hoch entwickelte Diplomatie geschaffen. Ihre schärfste Waffe war die Verhängung eines Handelsembargos, das sogenannte Verhansen. Wenn es sein musste, war die Hanse zur Verteidigung ihre Privilegien aber auch bereit und in der Lage, Heere und Flotten aufzustellen.

Schon bald zeigte sich, dass die Hansetage allein zur Wahrnehmung der Interessen der Hansestädte nicht ausreichten, sodass Lübeck als dem *Caput omnium Hanze* – dem Haupt der gesamten Hanse – ab 1418 offiziell die kommissarische Geschäftsführung zwischen den Hansetagen übertragen wurde.

Nicht nur politisch und wirtschaftlich, auch intellektuell war die Hanse prägend: Im Jahr 1419 wurde in Rostock die erste Universität des Ostseeraums errichtet, gefolgt von der Gründung der Universität Greifswald im Jahr 1456.

Die ersten skandinavischen Universitäten entstanden 1477 in Uppsala und 1479 in Kopenhagen.

Krieg der Königinnen

Im 13. Jahrhundert war Norwegen für kurze Zeit zu einer nordeuropäischen Großmacht aufgestiegen. Unter König Magnus II. Eriksson wurden Norwegen und Schweden unter einer Krone vereinigt, doch war dieser Zusammenschluss nicht von Dauer; bereits

1363 vertrieben ihn die schwedischen Adligen mit deutscher Hilfe. An seiner Stelle wurde sein Neffe Albrecht von Mecklenburg zum König gewählt. Es folgte ein achtjähriger Bürgerkrieg, in dem Albrecht sich gegen seinen Onkel Magnus und dessen Sohn Håkon durchsetzen konnte. Letzterer war bereits 1343 zum norwegischen König erhoben worden und seit 1363 mit Margarete, der Tochter von König Waldemar IV. Atterdag von Dänemark, verheiratet.

Waldemar IV. zeichnete sich neben seiner staatsmännischen Begabung vor allem durch seine Beharrlichkeit aus. Weil er zu sagen pflegte: „Morgen kommt noch ein anderer Tag“ erhielt er den Beinamen *Atterdag*. Unter seiner Regierung erstarkte die dänische Königsmacht wieder. Ebenso begann Waldemar IV., den alten Traum vom dänischen Ostseeimperium wiederzubeleben. Im Jahr 1361 eroberte er die Insel Gotland einschließlich der reichen Handelsstadt Visby. Dieser Gewaltstreich schreckte die deutschen Hansestädte auf. Ein dänisches Ostseereich hätte das Ende ihrer einträglichen Handelsprivilegien bedeutet. Trotz der immensen Kosten begannen die notorisch knauserigen Kaufleute daher, zum Krieg gegen Waldemar IV. zu rüsten. Der Krieg endete 1365 faktisch mit einer Niederlage der Hanse, doch schon 1367 schlossen sich 57 Hansestädte erneut zu einem Verteidigungsbündnis, der Kölner Konföderation, zusammen. Gemeinsam mit einer norddeutschen Fürstenkoalition nahmen sie unter der Führung Lübecks den Kampf gegen den Dänenkönig auf.

Gegen die Übermacht seiner Feinde konnte selbst Waldemar IV. auf Dauer nicht bestehen. Doch noch in der Niederlage zeigte sich der dänische König als gewiefter Politiker. Durch ein Friedensangebot löste er die Hansestädte aus der gegen ihn gerichteten Allianz. Im Stralsunder Frieden von 1370 bestätigte er ihnen die alten Handelsprivilegien.

Als Waldemar IV. 1375 starb, wurden die politischen Karten in Nordeuropa neu gemischt. Da der dänische König keinen männlichen Erben hinterlassen hatte, kam es nach seinem Tod zum offenen Konflikt zwischen seinen beiden Töchtern Ingeborg und Margarete. Noch zu Lebzeiten hatte Waldemar IV. den Sohn Ingeborgs, die mit Herzog Heinrich III. von Mecklenburg, dem Bruder des schwedischen Königs Albrecht, verheiratet war, als seinen Nachfolger ausersehen. Dennoch gelang es ihrer jüngeren Schwester Margarete, die mit dem norwegischen König Håkon VI. vermählt war, den dänischen Adel für sich zu gewinnen.

Am 3. Mai 1376 ließ Margarete ihren fünfjährigen Sohn Olaf zum dänischen König wählen. Ingeborgs Antwort war Krieg. Zwei Jahrzehnte sollte der Kampf zwischen der dänischen und der mecklenburgischen Partei dauern. Nach dem Tod König Håkons VI. bestieg Olaf im Jahr 1380 zudem noch den norwegischen Thron. Damit wurde eine dynastische Verbindung von Dänemark und Norwegen begründet, die bis 1814 Bestand haben sollte.

Königin Margarete hatte ihre Position so geschickt zu sichern gewusst, dass sie sich auch nach dem plötzlichen Tod ihres Sohnes Olaf im Jahr 1387 behaupten konnte. Statt die nach dem Erbrecht ebenfalls zu Thronansprüchen berechtigten Mecklenburger ins Land zu holen, erhoben die dänischen und norwegischen Reichsräte Margarete zur Reichsverweserin. Als künftigen König wählte Margarete mit Zustimmung der Reichsräte ihren fünfjährigen Großneffen Bogislaw von Pommern-Stolp, den Enkel ihrer Schwester Ingeborg, der nun den nordischen Namen Erik bzw. Erich annahm.

Ein Jahr später ging der Kampf mit den Mecklenburgern in die entscheidende Runde, als die schwedischen Adligen, die sich mit König Albrecht überworfen hatten, Margarete ins Land riefen und ihr als Regentin huldigten. Erst 1395 endete der Kampf, an dem sich aufseiten Albrechts auch Klaus Störtebeker und die Vitalienbrüder beteiligten, mit der vollständigen Niederlage der Mecklenburger. 1397 wurde Margaretes Großneffe Erich vor einer gemeinsamen Versammlung des geistlichen und weltlichen Adels Dänemarks, Schwedens und Norwegens in Kalmar zum König der nach dem Krönungsort benannten „Kalmarer Union” der drei skandinavischen Reiche gekrönt.

Der Niedergang des Deutschen Ordens

Nach einer langen, erfolgreichen Regierungszeit starb der polnische König Kasimir III. 1370 ohne einen Sohn zu hinterlassen. Mit ihm erlosch das alte Königsgeschlecht der Piasten, das seit dem 10. Jahrhundert über Polen geherrscht hatte. Es kam zu einer kurzlebigen Personalunion mit Ungarn, doch da König Ludwig I. oft außer Landes weilte, konnten

Die Vitalienbrüder – Piraten der Ostsee

Im Kampf gegen Königin Margarete hatten die Mecklenburger seit 1389 auch zum bewährten Mittel der Kaperei gegriffen. Sie öffneten ihre Ostseehäfen allen, die bereit waren, auf eigene Kosten und auf eigenes Risiko mit ihren Schiffen gegen die Handelsschifffahrt der drei nordischen Reiche Krieg zu führen. So sammelte sich, von der Aussicht auf reiche Beute angelockt, der Bodensatz der mittelalterlichen Gesellschaft in den mecklenburgischen Häfen.

Für die mecklenburgische Sache wurde der Kaperkrieg zunächst durchaus zu einem Erfolg. Es gelang den Kaperfahrern sogar, die König Albrecht gegenüber loyal gebliebene, von den Dänen belagerte Stadt Stockholm mit Lebensmitteln oder „Vitalien" zu versorgen, weshalb sie fortan unter dem Namen „Vitalienbrüder" berühmt und berüchtigt wurden.

Zugleich stellte Königin Margarete ebenfalls bereitwillig Kaperbriefe aus, die Privatpersonen das Recht einräumten, fremdländische Schiffe auszurauben oder zu versenken, und so zogen die Vitalienbrüder in den folgenden Jahren wie ein Heuschreckenschwarm über die Ostsee und überfielen Schiffe ohne Rücksicht auf ihre Herkunft. Auch die Städte Visby und Malmö sowie viele andere Orte wurden von Kaperfahrern geplündert. Schließlich kam die Schifffahrt in der Ostsee fast völlig zum Erliegen. Im Jahr 1392 sah sich die Hanse sogar gezwungen, den Verkehr mit Schonen einzustellen.

Für den hansischen Handel hatte dieser ungebändigte Kaperkrieg katastrophale Folgen. Innerhansische Konflikte verschärften die Situation noch weiter. So weigerten sich die mecklenburgischen Hansestädte Rostock und Wismar mit dem Hinweis auf ihre Loyalitätspflicht gegenüber dem Landesherrn, den Vitalienbrüdern den Zugang zu ihren Häfen zu verwehren. Allerdings dürfte auch die Tatsache, dass die Rostocker und Wismarer Kaufleute gute Geschäfte mit der Kaperbeute machten, nicht ohne Einfluss auf ihre ablehnende Haltung gewesen sein.

Ab 1395 begannen die Hansestädte unter Führung Lübecks, sich vermittelnd in den Konflikt zwischen den skandinavischen Reichen und den Mecklenburgern einzuschalten. Schließlich gelang es den hansischen Diplomaten, die kriegführenden Parteien zu einer Waffenruhe zu bewegen. Allerdings war damit das Problem der Vitalienbrüder noch nicht gelöst. Aus mecklenburgischen Diensten entlassen, hatten Klaus Störtebeker, Goedeke Michels und deren Kumpane beschlossen, ihr Geschäft als Piraten auf eigene Rechnung fortzuführen.

Zunächst waren die Vitalienbrüder damit erfolgreich. 1397 konnten sie sogar die strategisch wichtige Insel Gotland erobern. Doch als gewöhnliche Piraten ohne politischen Rückhalt hatten die Vitalienbrüder keine Chance, sich auf Dauer in der Ostsee zu behaupten. Im Jahr 1398 vertrieb eine Flotte des Deutschen Ordens die Piraten von ihrem Stützpunkt Gotland. Einem Teil der Vitalienbrüder unter Führung von Goedeke Michels und Klaus Störtebeker gelang es, sich in die Nordsee zurückzuziehen und dort ihr Unwesen weiter zu treiben. Mit der Gefangennahme und Hinrichtung von Störtebeker, Goedeke Michels und ihren Mannen bereiteten die Hamburger zwischen 1400 und 1402 dem Spuk endgültig ein Ende.

Angebliches Porträt des berühmten Piraten Klaus Störtebeker. Tatsächlich stellt der Kupferstich den Hofnarren Kaiser Maximilians I., Kunz von der Rosen, dar.

die polnischen Adeligen ihre Macht weiter stärken; 1374 sicherten sie sich neben dem Privileg der Steuerfreiheit auch das alleinige Recht der Königswahl.

Die polnische Herrschaftskrise wurde schließlich durch eine Personalunion mit Litauen beigelegt. Litauen war damals die einzige heidnische Großmacht Europas. Unter den Großfürsten Gedemin und Algirdas war im 14. Jahrhundert ein litauisches Großreich entstanden, das sich von der Ostsee bis zum Schwarzen Meer erstreckte.

Im Jahr 1386 wurde der litauische Großfürst Jagiello nach seinem Übertritt zum Katholizismus unter dem Namen Wladislaw II. zum polnischen König gekrönt. Die damit geschaffene polnisch-litauische Union sollte bis zum Untergang des polnischen Staates 1795 Bestand haben. Zugleich begründete er gemeinsam mit Jadwiga, der Tochter König Ludwigs I. von Polen und Ungarn, die Dynastie der Jagiellonen.

Mit der polnisch-litauischen Personalunion von 1386 war mit einem Schlag ein neues Imperium im Osten Europas entstanden. Allerdings war das Reich, dessen Bevölkerung neben Polen und Litauern auch aus Weißrussen, Ukrainern, Juden und Deutschen bestand, alles andere als fest gefügt und blieb Zeit seines Bestehens im Wesentlichen ein durch Waffengewalt zusammen gehaltenes Militärreich mit unbeständigen Grenzen.

Mit dem Übertritt der Litauer zum katholischen Glauben war die Christianisierung Europas vollendet. Damit hatte der Deutsche Orden seine wichtigste Legitimationsbasis verloren. Zugleich geriet er in einen wachsenden Gegensatz zu Polen-Litauen. 1408 kam es zum Krieg. Im Jahr 1410 wurde der Deutsche Ritterorden bei Tannenberg (poln. Grunwald) durch ein polnisch-litauisches Heer unter der Führung Wladislaws II. und seines Vetters Vytautas, der seit 1401 als Großfürst über Litauen herrschte, vernichtend geschlagen; der Hochmeister Ulrich von Jungingen und eine große Zahl von Ordensrittern fielen in der Schlacht.

Der Krieg endete 1411 mit dem Ersten Frieden von Thorn. Zwar konnte der Deutsche Orden den territorialen Status quo bewahren, musste allerdings hohe Reparationszahlungen erbringen. Damit begann der Niedergang des Ordens. Ein Reformversuch des neuen Hochmeisters Heinrich von Plauen scheiterte, ebenso geriet der Orden in eine wirtschaftliche Krise. Zugleich wuchsen die Spannungen mit den preußischen Städten und Adligen, die ihre Position gegenüber dem Orden zu stärken suchten und sich 1440 zum Preußischen Bund vereinigten. Die Konflikte führten 1453 zur Kriegserklärung des Preußischen Bundes an den Orden und zur freiwilligen Unterstellung der preußischen Städte und Adligen unter den polnischen König Kasimir IV. Andreas als neuem Lehnsherrn.

Nach einem verheerenden Krieg von 13 Jahren Dauer musste der Orden schließlich seine Niederlage eingestehen. Im Zweiten Frieden von Thorn errang Polen 1466 nicht nur die Abtretung von Ermland und Westpreußen, das fortan als Königliches Preußen bezeichnet wurde, sondern auch die Oberlehnsherrschaft über den restlichen Ordensstaat und Danzig. Der polnische König gestand der Hansestadt jedoch eine weitgehende Autonomie zu, die durchaus mit Lübecks Position als reichsfreier Stadt vergleichbar war und dank der Danzig in der zweiten Hälfte des 15. Jahrhunderts zur wichtigsten Konkurrentin der Travestadt im Ostseeraum aufsteigen konnte.

Auch die Marienburg gehörte zu den verlorenen Gebieten, sodass der Hochmeister seinen Sitz nach Königsberg verlegte. Zudem sah sich der Deutsche Orden aus Geldmangel gezwungen, die Söldnerführer, die für ihn gekämpft hatten, mit der Überlassung von Grundbesitz zu entlohnen. Auf diese Weise legten Adelsfamilien wie die Dohna, Eulenburg oder Schlieben die Grundlage für ihre herausragende Stellung, die das Land lange wirtschaftlich und gesellschaftlich prägen sollte. Livland blieb dagegen unter der Herrschaft des Ordens.

Trotz seiner Erfolge im Kampf gegen den Deutschen Orden war König Kasimir IV. Andreas bei seinen polnischen Untertanen wenig beliebt, da sie glaubten, dass er die Litauer zu sehr begünstigte. Auch unter seiner Herrschaft wurde die Stellung des Adels weiter gestärkt; so waren 1483 im erstmals zusammengetretenen *Sejm*, dem polnischen Reichstag, lediglich die großadligen Magnaten und der Niederadel vertreten; Bürger und Bauern sowie die Masse der völlig rechtlosen Leibeigenen dagegen nicht.

Der Zerfall der Kalmarer Union

Im Jahr 1412 starb Margarete I. auf ihrem Schiff im Flensburger Hafen an der Pest. Der Tod der dänischen Königin bedeutete eine entscheidende Zäsur in der Geschichte Nordeuropas. Ihre erfolgreiche, auf Mäßigung und Ausgleich beruhende Politik wurde nun vom Großmachtstreben ihres Großneffen Erich von Pommern abgelöst. Als Hauptresidenz wählte er die am Öresund gelegene Kaufmannsstadt Kopenhagen.

Erich wollte in einem Zug seine Königsmacht stärken, die dänische Vormachtstellung in der Union festigen und das Herzogtum Schleswig zurückgewinnen. Doch sein Hang zur Autokratie führte schon bald zu Konflikten mit dem Adel seiner drei Reiche. Ebenso stieß die immer deutlicher werdende dänische Hegemonie innerhalb der nordischen Union auf wachsenden Widerstand. Damit nicht genug, überwarf sich Erich von Pommern auch noch mit den Hansestädten, als er versuchte, ihre wirtschaftliche Macht zugunsten der Kaufleute seiner Reiche zu brechen. Unter anderem führte er 1429 den sogenannten Sundzoll ein, den bis 1857 alle Schiffe bei der Durchfahrt durch den Öresund entrichten mussten.

Im Kampf um Schleswig unterlag Erich von Pommern schließlich den Schauenburgern. Gleichzeitig hatten sich die Konflikte mit den Adligen seiner Reiche bis hin zur offenen Rebellion gesteigert. 1434/35 vertrieb ihn ein Aufstand aus Schweden, 1439 sagte sich auch Dänemark von Erich los, Norwegen folgte wenig später. Im Jahr 1440 wählte der dänische Reichsrat Erichs nächsten männlichen Verwandten, Christoph von Pfalz-Neumarkt, zum neuen König. Dieser übertrug kurz darauf das Herzogtum Schleswig als erbliches und dienstfreies Lehen an Graf Adolf VIII. von Schauenburg, der damit Schleswig und Holstein endgültig unter einer Herrschaft vereinigte. Wenig später machte Christoph III. Kopenhagen anstelle von Roskilde zur dänischen Hauptstadt.

Doch schon 1448 starb König Christoph III. ohne einen Erben zu hinterlassen. Die besten Ansprüche auf den Thron besaß aufgrund seiner entfernten Verwandtschaft mit dem dänischen Königshaus ironischerweise Adolf VIII. von Schauenburg, der langjährige Gegner Dänemarks im Konflikt um Schleswig. Doch weil man damals noch nicht in nationalen, sondern in dynastischen Kategorien dachte, bot der dänische Reichsrat Herzog Adolf VIII. die Krone an.

Aber der Herzog lehnte die Berufung ab – mit dem Hinweis auf sein vorgerücktes Alter. Mit 47 Jahren für damalige Verhältnisse schon ein älterer Mann, wollte er nicht mehr in die sich abzeichnenden Auseinandersetzungen um die Frage des Weiterbestehens der Kalmarer Union verwickelt werden. Stattdessen schlug er seinen Neffen Christian von Oldenburg als Thronkandidaten vor. Nach langen Verhandlungen wählten die dänischen und norwegischen Reichsräte Christian im August 1448 zum König. Es zeigte sich, dass die Befürchtungen Adolfs VIII. berechtigt gewesen waren: Bereits im Frühjahr 1448 hatten die Schweden Karl Knutson zum König gekürt. Fast seine gesamte Regierungszeit hindurch kämpfte König Christian I. um den Fortbestand der Union der drei nordischen Reiche.

1459 starb Adolf VIII. von Schauenburg ohne leibliche Erben. Um zu verhindern, dass Schleswig und Holstein wieder auseinanderfielen, wählten die Vertreter des holsteinischen und schleswigschen Adels 1460 seinen Neffen, den dänischen König Christian I., zum Herzog von Schleswig und Grafen von Holstein. Im Gegenzug stellte Christian I. der Ritterschaft das sogenannte Privileg von Ripen aus, in dem er zusagte, dass Schleswig und Holstein in Zukunft unter einer gemeinsamen Herrschaft stehen sollten. Das Privileg von Ripen und seine in Kiel unterzeichnete „Tapfere Verbesserung“ schufen in Gestalt dieser Personalunion einen staatlichen Verbund von Schleswig und Holstein mit Dänemark, der bis 1864 Bestand haben sollte. Im Jahr 1474 erhob der Kaiser die bisherige Grafschaft Holstein zum reichsunmittelbaren Herzogtum; damit stieg Christian I. zum Reichsfürsten auf.

Doch ungeachtet der im Ripener Privileg festgeschriebenen Einheit von Schleswig und Holstein kam es schon bald erneut zur Teilung der Lande, als König Christians Nachfolger Johann I., der Tradition des oldenburgischen Herrscherhauses folgend, nach der alle Söhne gleichberechtigt erbten, im Jahr 1490 seinen jüngeren Bruder Friedrich gegen den Widerstand des schleswig-holsteinischen Adels mit der Herrschaft über einen Teil der Herzogtümer entschädigte.

Wie schon sein Vater, kämpfte auch König Johann während seiner gesamten Regierungszeit um das Fortbestehen der Kalmarer Union. 1497 gelang es ihm nach langem Kampf, die schwedische Krone zu

Die 1143 gegründete Kaufmannssiedlung Lübeck entwickelte sich rasch zum Wirtschaftszentrum des Ostseeraums und war im Mittelalter die größte Stadt Nordeuropas.

erringen, doch nach seiner blamablen Niederlage gegen die Dithmarscher Bauern in der Schlacht von Hemmingstedt im Februar 1500 erhoben sich die Schweden aufs Neue. Der nun einsetzende, langjährige Kampf um die Kalmarer Union wurde zum dominierenden Element der nordeuropäischen Politik im beginnenden 16. Jahrhundert.

Auch für die Hansestädte war es kaum möglich, in diesem Konflikt neutral zu bleiben. Sowohl Dänemark als auch Schweden versuchten, Lübeck und die Hanse als Bündnispartner zu gewinnen. Dies konnte eine Zeit lang darüber hinwegtäuschen, dass sich die Hanse bereits seit dem Ende des 14. Jahrhunderts in einem schleichenden Niedergang befand.

Der Stralsunder Frieden von 1370 gilt allgemein als Höhepunkt der Hanse. Es war den hansischen Städten gelungen, sich mit dem Erfolg gegen Waldemar IV. nicht nur als wirtschaftliche, sondern auch als politische Macht in Nordeuropa zu etablieren.

Doch schon wenig später setzte der politische und wirtschaftliche Abstieg der Hanse ein. Der Aufstieg der Territorialstaaten und der damit verbundene Machtzuwachs der Fürsten bedrohte in zunehmendem Maße die politische Stellung der Hanse im Ostseeraum, während das Auftauchen neuer Konkurrenten, insbesondere der Niederländer und der Engländer sowie seit dem 15. Jahrhundert auch der Augsburger Fugger, den skandinavischen Königreichen die willkommene Möglichkeit bot, sich von der wirtschaftlichen Dominanz der Hanse zu befreien. Gleichzeitig begannen sich auch die Heringsschwärme vor Schonen zu vermindern, bis sie um die Mitte des 16. Jahrhunderts fast völlig ausblieben.

Damit fiel eine wichtige Einnahmequelle der hansischen Kaufleute weg, nachdem der Ostseehering bereits seit dem Ende des 14. Jahrhundert durch den billigeren Nordseehering eine starke Konkurrenz bekommen hatte.

Angesichts der zunehmenden ökonomischen Probleme kam es in der zweiten Hälfte des 14. Jahrhunderts in vielen Hansestädten zu sozialen Unruhen. So erhoben sich in den 1380er-Jahren in Lübeck die Knochenhauer (Schlachter) zu einem Aufstand, der jedoch durch den Rat der Stadt brutal niedergeschlagen wurde. Im Jahr 1408 führten Unruhen in Lübeck sogar zur Bildung eines Neuen Rats unter Beteiligung der Handwerker. Der alte, aus Großkaufleuten bestehende Rat ging ins Exil und konnte erst 1415 durch die Vermittlung der anderen Hansestädte zurückkehren.

Zudem wurde der Ostseeraum seit dem beginnenden 16. Jahrhundert durch die Verlagerung der europäischen Fernhandelsströme in die Küstenregionen des Atlantiks als Folge der Entdeckung der Seewege nach Amerika und Indien wirtschaftlich in zunehmendem Maße an die Peripherie gedrängt, während sich gleichzeitig die im Zentrum der neuen Handelsrouten gelegenen Niederlande anschickten, zur führenden Wirtschaftsmacht Europas aufzusteigen. Es zeigte sich, dass das hansische Handelssystem zu unflexibel war, um angemessen auf die neuen Herausforderungen zu reagieren. Hinzu kamen wachsende Interessengegensätze innerhalb der Hanse, die deren inneres Gefüge zunehmend schwächten.

Diese Entwicklungen ließen auch Lübecks Stellung als Haupt der Hanse und Großmacht im Ostseeraum nicht unberührt. Durch die neue wirtschaftliche Konkurrenz, den Aufstieg der Fürsten und die zunehmende Schwäche der Hanse wurde die Travestadt seit dem 15. Jahrhundert mehr und mehr in die Defensive gedrängt und war zeitweilig sogar innerhalb der Hanse isoliert. Bereits im dänisch-hansischen Seekrieg von 1510 bis 1512 konnte die neu aufgebaute dänische Flotte den Lübeckern erfolgreich die Seeherrschaft streitig machen.

Im Jahr 1513 bestieg Christian II. den Thron der

Karte des Ostseeraums aus dem Theatrum Orbis Terrarum. *Die 1570 von dem flämischen Kartografen Abraham Ortelius veröffentlichte Kartensammlung gilt als der erste moderne Atlas.*

drei nordischen Königreiche. Sein Ziel war es, die Position des Adels zu schwächen und seine Stellung als König zu stärken. Neben der gezielten Förderung der dänischen Kaufmannsstädte betrieb Christian II. vor allem eine Politik der wirtschaftlichen Ausrichtung nach Westen, insbesondere nach den Niederlanden. Zwar gelang es Christian II. durch diese Politik, die dänischen Städte und Kaufleute auf seine Seite zu ziehen, doch machte er sich damit nicht nur seinen Adel, sondern auch die Hansestädte zu Feinden.

Andererseits hatte Christian II. gleich zu Beginn seiner Regierung durch die Heirat mit der Habsburgerin Isabella, der Schwester des späteren Kaisers Karl V. einen bedeutenden außenpolitischen Erfolg erringen können. Allerdings war Karl V. nicht sonderlich gut auf Christian II. zu sprechen, denn er konnte seinem Schwager nicht verzeihen, dass dieser die Beziehung zu seiner Geliebten Dyveke Willums auch nach seiner Hochzeit fortgesetzt hatte.

Wie alle dänischen Unionskönige seit Erich von Pommern musste sich auch Christian II. mit den schwedischen Unabhängigkeitsbestrebungen auseinandersetzen. 1512 hatten die Schweden Sten Sture den Jüngeren zum Reichsverweser gewählt. Mit Gewalt versuchte Christian II., die rebellischen Schweden seiner Herrschaft zu unterwerfen. Im Sommer 1517 fiel er in Schweden ein, erlitt jedoch eine schwere Niederlage. Der dänische König ließ sich durch diesen Misserfolg aber nicht entmutigen und setzte den Krieg in den folgenden Jahren weiter fort.

Das Jahr 1520 brachte die Entscheidung: Mit einem von seinen Zeitgenossen bewunderten Winterfeldzug fiel Christian II. erneut in Schweden ein. In Västergötland gelang es ihm, das schwedische Heer unter Sten Sture zu stellen und vernichtend zu schlagen, wobei dieser tödlich verwundet wurde. Damit brach der schwedische Widerstand faktisch zusammen: Im März 1520 erkannte der schwedische Adel Christian II. als Herrscher an. Nach der Kapitulation Stockholms ließ er sich am 4. November 1520 in der schwedischen Hauptstadt zum König von Schweden krönen.

Als typischer Renaissancefürst betrieb Christian II. eine rücksichtslose Machtpolitik. Am 7. November 1520, nur drei Tage nach seiner Krönung, ließ er mehr als 80 seiner schwedischen Gegner unter fadenscheinigen Gründen hinrichten. Diesem berüchtigten „Stockholmer Blutbad“ folgten zahlreiche weitere Exekutionen im ganzen Land, was Christian II. in Schweden den Beinamen „der Tyrann“ einbrachte.

Das „Stockholmer Blutbad“ markierte den Anfang vom Ende der Herrschaft Christians II., denn nur wenig später brach in Schweden ein erneuter Aufstand unter der Führung von Gustav Wasa, dem Neffen Sten Stures, aus.

Ungeachtet einiger Erfolge entwickelte sich der Krieg gegen Schweden für Christian II. alles andere als günstig. Dank seines unnachahmlichen Talents, sich überall nach Kräften unbeliebt zu machen, gelang es ihm schließlich, seine Gegner Lübeck und Schweden, die durch seine adelsfeindliche Politik aufgebrachten dänischen Magnaten sowie seinen Onkel, den schleswig-holsteinischen Herzog Friedrich I., gegen sich zu vereinigen.

Im Jahr 1523 geriet Christian II. in eine militärisch so aussichtslose Lage, dass er in die Niederlande floh, die damals zum Herrschaftsbereich seines Schwagers, des deutschen Kaisers Karl V., gehörten. Die politische Landschaft Nordeuropas wurde nun völlig neu geordnet: Gustav Wasa wurde zum schwedischen König gewählt, während Christians Onkel als Friedrich I. den dänischen und norwegischen Thron bestieg. Damit war die Union der drei nordischen Königreiche endgültig zerbrochen. Zugleich wurde mit der Thronbesteigung Friedrichs I. die Landesteilung in Schleswig und Holstein wieder aufgehoben.

Mit der Kalmarer Union der drei skandinavischen Königreiche war auch das alte Machtgleichgewicht im Ostseeraum zerfallen. In den folgenden Jahren wurde die Schwäche Lübecks gegenüber den neuen Territorialstaaten immer deutlicher offenbar.

1531 unternahm Christian II. den Versuch, sein Reich zurückzugewinnen. Mithilfe seines Schwagers, Kaiser Karl V., hatte er ein Heer ausgerüstet und war in Norwegen gelandet. Doch das Unternehmen scheiterte. Zu Beginn des Jahres 1532 sah er keine andere Möglichkeit mehr, als sich auf Verhandlungen mit Friedrich I. einzulassen. Auf der Reise zum Verhandlungsort wurde Christian II. jedoch unter Bruch des ihm zugesagten freien Geleites gefangengenommen und bis zu seinem Tod 1559 in Haft gehalten.

SEP
TEN
TRI
ONA
LIVM RE
GIONVM
DESCRIP.
RVSSIA
Parall. 60. grad latitud.
ORIENS
Biarmia
Lacus Albus
Scricfinnia
Boddicus sinus
Finnicus sinus
Liuoniæ pars.
Oostsee.
Prussiæ pars.
Pomeraniæ pars.
Germaniæ pars.
Cum priuilegio
SVEDIA
Dalekarlia
GOTIA
Wardhuis
Caienska semla
Motka prom.
Swentinos prom.
Santi Rustene
Semes saxum & prom. nautis formidabile.
Kegore
Corpus Christi
Tetreue
Berge
Kolmogro.
S. Nicolas.
Pinego fl.
Onega fl.
Owna
Carelēborg
Negaborg
Kexholm
Lodoga
Nowgrod
Pskoue
Narua fl.
Reuel.
Marienborch
Riga
Candau
Memmel
Ragnet
Coningsberg
Dantzg
Stolpin
Cöslin
Stetin
Rostock
Lubeck
Hamborch
Bremen
Albis fl.
Rhijn fl.
Antwerpen
Coln
Bornholm
Rugen
Gotlant
Olant
Oslia
Aland insu.
Stockholm.
Vpsalia
Abo
Coppenhagen
Elsenor
Viborg
Fyn
Wener lacus
Torsaker
Tinguallen
Orsa
Imblewick
Trondhem
Bodwijck
Helganas
Segerwar
Landbro
Domshaf
Wardhuys

Von Kriegen und Großmächten:

Der Norden in der Frühen Neuzeit

Der Zerfall der Kalmarer Union ging zeitlich einher mit einer weiteren grundlegenden Umwälzung – der Reformation. In den Jahren um 1500 hatte die Kritik an den innerkirchlichen Zuständen zugenommen, wobei vor allem die Verweltlichung der Kirche angeprangert und deren Erneuerung „an Haupt und Gliedern“ gefordert wurde. In dieser Situation fiel die neue Glaubenslehre Martin Luthers, mit der er auch die Rolle des Papstes in Frage stellte, auf fruchtbaren Boden.

Die Reformation im Ostseeraum

Ungeachtet seiner scharfen Kritik an den klerikalen Missständen hatte Martin Luther zunächst keine Kirchenspaltung beabsichtigt. Gleichwohl kam es 1519 zum Bruch mit Rom.

Rasch verbreitete sich die lutherische Glaubenslehre in ganz Mitteleuropa, im Deutschen Reich ebenso wie im Baltikum und in Skandinavien. Alle Versuche Kaiser Karls V., die Protestanten gewaltsam wieder in den Schoß der katholischen Kirche zurückzuzwingen, scheiterten; die Einheit der mittelalterlichen Kirche zerbrach.

Auch viele Herrscher griffen die neue Lehre rasch auf. Neben religiösen Motiven spielten dabei auch politische Gründe eine wichtige Rolle, denn durch die Aneignung des Kirchenbesitzes und die Etablierung einer evangelischen Landeskirche konnten die Fürsten ihre Machtstellung weiter ausbauen; die Territorialisierung des Deutschen Reichs wurde durch die Kirchenspaltung noch verstärkt.

Als erstes Territorium im Ostseeraum wurde ausgerechnet der Deutschordensstaat protestantisch. Im Jahr 1525 säkularisierte der zum Luthertum übergetretene Hochmeister Markgraf Albrecht von Brandenburg-Ansbach das preußische Ordensland und wandelte es in ein weltliches, erbliches Herzogtum unter polnischer Lehnshoheit um, was von Kaiser, Papst und Deutschmeister jedoch nicht anerkannt wurde. Der Orden zählte zu diesem Zeitpunkt nur noch knapp 50 Ritter. Am 10. April 1525 wurde Albrecht in Krakau mit „Preußen herzoglichen Anteils“ belehnt; die Hauptstadt des neuen Herzogtums Preußen wurde Königsberg. In Livland bestand die Ordensherrschaft dagegen noch bis 1561.

Auch in Mecklenburg hielt die Reformation früh Einzug; seit 1531 wurde in den Rostocker Kirchen evangelisch gepredigt, obgleich die mecklenburgischen Stände das lutherische Glaubensbekenntnis erst 1549 für das ganze Land verbindlich erklärten.

In den nordischen Königreichen setzte sich die Lehre Luthers ebenfalls rasch durch, wobei die Reformation in Dänemark, Norwegen und Schweden allerdings eine „Fürstenreformation“ von oben war und nicht zuletzt der Steigerung der königlichen Macht diente.

Die schnelle Verbreitung und Etablierung des lutherischen Glaubens in Dänemark, Norwegen und den Herzogtümern Schleswig und Holstein war unter anderem auch König Friedrich I. zu verdanken. Wie weit er persönlich der neuen Lehre anhing, ist ungewiss. Als König dürfte er aber die Möglichkeiten erkannt haben, die die Reformation durch die damit verbundene Stärkung der fürstlichen Stellung gegenüber der Kirche bot. Gleichwohl musste Friedrich I. Rücksicht auf den Adel und den Klerus nehmen; erst sein Sohn Christian III., der ein leidenschaftlicher Anhänger des Luthertums war, konnte die protestantische Lehre in Dänemark und den Herzogtümern endgültig durchsetzen.

Bereits 1531 war Lübeck lutherisch geworden. Der Sieg der Reformation stand am Ende schwerer politischer und religiöser Konflikte, die die Stadt fast ein Jahrzehnt erschüttert hatten. Schließlich mussten sich die Ratsherren dem Druck der Bürger beugen und der Einführung der Reformation sowie der Aufnahme neuer Mitglieder in den Rat zustimmen.

Auch in Polen hatte es eine Zeit lang so ausgesehen, als ob das Land protestantisch werden würde. In den 1550er-Jahren fasste hier vor allem der Calvinismus Fuß; mit der *Pax Dissidentium* von 1573, einem Toleranzedikt, das Lutheranern und Calvinisten volle Religionsfreiheit und politische Gleichstellung gewährte, wurde Polen zu einem Hort der religiösen Toleranz. Doch unter König Stephan Bathory kam es zur katholischen Gegenreformation in Polen. Die wichtigsten Verbündeten des Königs im Kampf gegen Lutheraner und Calvinisten waren die Jesuiten. Auch die Konflikte mit der orthodoxen Kirche und dem Großfürstentum Moskau führten viele Polen wieder in den Schoß der katholischen Kirche zurück.

Die Grafenfehde

Im Zuge der religiösen und politischen Umwälzungen in Lübeck war der 1488 in Hamburg geborene Kaufmann Jürgen Wullenwever rasch zu einem der wichtigsten Akteure aufgestiegen. 1533 trat er in den Rat ein und stieg sofort zum leitenden Bürgermeister auf. Sein Ziel war es, die alte wirtschaftliche und politische Machtstellung Lübecks wiederherzustellen. Als Folge dieses völlig unrealistischen Vorhabens geriet die Travestadt bald in einen folgenschweren Konflikt mit Dänemark und Schweden.

Im Jahr 1533 starb König Friedrich I. von Dänemark. Zwar konnte sich sein ältester Sohn Christian in den Herzogtümern Schleswig und Holstein rasch als Nachfolger seines Vaters durchsetzen, doch zögerte der mehrheitlich aus katholischen Adligen und Klerikern bestehende dänische Reichsrat, den der Reformation zugeneigten Herzog Christian zum König zu wählen.

In dieser Situation sah Jürgen Wullenwever den Moment gekommen, seine hochfliegenden Pläne in die Tat umzusetzen. Durch die Wiedereinsetzung des 1523 vertriebenen dänischen Königs Christian II. hoffte er, den Einfluss Lübecks auf Dänemark zu stärken, die konkurrierenden Niederländer durch die Sperrung des Öresunds aus der Ostsee zu vertreiben und so die alte Machtposition der Travestadt in der Ostsee wiederherzustellen.

Im Mai 1534 eröffneten die Lübecker den Krieg mit dem Einmarsch in Holstein. Oberbefehlshaber der lübischen Truppen war Graf Christoph von Ol-

Die Statue des Nikolaus Kopernikus vor dem Rathaus seiner Geburtsstadt Thorn. Wurde früher darüber gestritten, ob der berühmte Astronom Deutscher oder Pole war, steht Kopernikus heute symbolhaft für das gemeinsame kulturelle Erbe.

Nikolaus Kopernikus – revolutionärer Astronom

An der Ostsee, weitab von den Zentren der Renaissance in Italien, legte Nikolaus Kopernikus die Grundlagen für das moderne, wissenschaftliche Weltbild. Der 1473 in Thorn als Sohn eines wohlhabenden Kaufmanns geborene Kopernikus hatte in Krakau, Bologna und Padua Rechtswissenschaften und Medizin studiert und war 1510 zum Domherren in Frauenburg ernannt worden. Seine wahre Leidenschaft galt jedoch der Astronomie. Aber erst nach seinem Tod 1543 wurden seine Forschungsergebnisse unter dem Titel *Sechs Bücher über die Umläufe der Himmelskörper* publiziert. Darin kam er zu der Schlussfolgerung, dass die Erde, ebenso wie die übrigen Himmelskörper, die Sonne umkreisen und nicht umgekehrt die Sonne die Erde. Dieses neue, heliozentrische Weltbild stellte die biblische Weltsicht auf den Kopf. Doch anders als Gallileo Gallilei konnte Kopernikus nicht dafür haftbar gemacht werden, da er bereits vor der Veröffentlichung seiner Theorie verstorben war.

denburg, ein Cousin des abgesetzten Königs. Später kam noch Graf Johann von Hoya hinzu, weshalb das tollkühne Unterfangen auch als „Grafenfehde" bekannt wurde.

Angesichts der angespannten militärischen Lage gab ein Teil des dänischen Adels seine ablehnende Haltung auf und wählte Christian III. zum König, der andere Teil schloss sich Graf Christoph an, der als Statthalter Christians II. auftrat. Aus dem Angriff des lübischen Söldnerheeres entwickelte sich so ein dänischer Bürgerkrieg; erst im Herbst 1534 wendete sich das Kriegsglück, als es Christians III. tüchtigem Feldherrn Johann Rantzau mit seinen Truppen gelang, die Stadt Lübeck einzuschließen.

1535 trat Wullenwever auf Druck des Hansetages von seinen Ämtern zurück. Bei dem Versuch, Söldner anzuwerben, wurde er im November 1535 auf dem Gebiet des Bremer Erzbischofs gefangen genommen und am 24. September 1537 in Wolfenbüttel hingerichtet. Innenpolitisch wurde in Lübeck die alte Ratsoligarchie wiederhergestellt, die Reformation gleichwohl beibehalten.

Mit der vollständigen Niederlage Lübecks endete der Krieg 1536. Auch wenn die Travestadt als Regionalmacht eine gewisse Bedeutung behielt, war sie nicht länger in der Lage, eine eigenständige Machtpolitik im Norden Europas zu betreiben. Fortan teilten sich Dänemark und Schweden die Herrschaft über die Ostsee.

Ungeachtet des politischen Machtverlusts prosperierte Lübecks Wirtschaft. Die Stadt fungierte nach wie vor als zentrale Drehscheibe für den Handel mit westeuropäischen Handelswaren, wodurch sich Lübeck einen bedeutenden Anteil an der guten Konjunktur des 16. Jahrhunderts sichern konnte. Dessen ungeachtet setzte sich der Niedergang der Hanse weiter fort. Dank ihrer Handelsbeziehungen mit den Niederlanden konnten sich die skandinavischen Reiche nun endgültig aus ihrer früheren ökonomischen Abhängigkeit von der Hanse lösen.

Nach dem Sieg über Lübeck war Christians III. Stellung gefestigt genug, um die Reformation in Dänemark zum Abschluss zu bringen; 1537 erhielt das Königreich eine protestantische Kirchenordnung. In Schleswig und Holstein musste Christian III. dagegen behutsamer vorgehen, da ihm auch die katholischen Ständevertreter während der „Grafenfehde" treu zur Seite gestanden hatten. Erst nachdem 1542 Gottschalk von Ahlefeld, der letzte katholische Bischof von Schleswig, gestorben war, konnte Christian III. eine protestantische Landeskirche in den Herzogtümern etablieren.

Zwei Jahre später schritt Christian III. gegen den Protest der Ständeversammlung erneut zur Teilung der Herzogtümer Schleswig und Holstein, um auf diese Weise seine jüngeren Brüder Johann und Adolf abzufinden. Um die Ausbildung geschlossener Herrschaftsräume zu verhindern, wurden Gebietsstreifen gebildet, die sich die Landesherren auswählten und die nach dem jeweiligen Residenzort benannt wurden. Nach dem Tod Johanns und mehreren Neuordnungen bestanden die Herzogtümer seit 1581 im Wesentlichen neben einem gemeinschaftlich regierten Anteil aus dem königlichen und dem herzoglichen oder Gottorfer Anteil, wobei der dänische König im Herzogtum Schleswig bis 1660 Lehnsherr des Gottorfer Herzogs blieb, während in Holstein beide als Lehnsmänner des deutschen Kaisers in der Landesherrschaft gleichberechtigt nebeneinander standen.

Ungeachtet der staatsrechtlichen Einheit der Herzogtümer begann sich allmählich ein herrschaftlicher Dualismus in Schleswig und Holstein herauszubilden, da die Gottorfer Herzöge versuchten, sich eine eigenständige Machtbasis in ihrem Territorium zu schaffen.

Der Aufstieg Schwedens

Während der Herrschaft König Gustav Wasas waren die Grundlagen des schwedischen Nationalstaats gelegt worden. Konsequent hatte er die Königsmacht gestärkt und zudem die lutherische Reformation eingeführt, da sich eine der Autorität der Krone unterworfene protestantische Staatskirche leichter in die von ihm aufgebaute zentralisierte Monarchie einfügen ließ. Mithilfe des Theologen Olaus Petrie, dessen Bruder Laurentius im Jahr 1531 erster lutherischer Erzbischof Schwedens wurde, setzte Gustav Wasa die Reformation in Schweden rigoros durch. Ebenso wurde das bisherige Wahlkönigtum 1544 in eine Erbmonarchie umgewandelt.

Zugleich hatte Gustav Wasa damit begonnen, sein armes und rückständiges Land wirtschaftlich zu entwickeln; er förderte die Landwirtschaft und die Nutzung der reichen Bodenschätze. Unter anderem wurden in den Bergwerksgebieten Mittelschwedens zahlreiche Waffenschmieden errichtet, die das Land innerhalb weniger Jahrzehnte zu einem der bedeutendsten Waffenexporteure Europas machten.

Bei seinen Reformen hatte sich der König auf ausländische, vor allem deutsche Fachleute gestützt. Jeglicher Widerstand war brutal niedergeschlagen worden. Als Gustav Wasa 1560 starb, hinterließ er seinem Sohn und Nachfolger Erik XIV. Schweden als ein gefestigtes, gut organisiertes Reich, das sich nun anschickte, Dänemark die Vorherrschaft im Ostseeraum streitig zu machen.

Bereits 1563 kam es zum Krieg zwischen den beiden Mächten. Der äußerliche Anlass war der Anspruch des dänischen Königs auf die schwedische Krone, der wahre Kriegsgrund jedoch die schwedische Expansionspolitik im Baltikum.

Im 16. Jahrhundert war Livland zum Spielball der Großmächte Russland, Schweden und Polen-Litauen geworden. 1561 war auch das livländische Ordensterritorium säkularisiert und in das erbliche Herzogtum Kurland umgewandelt worden. Damit endete auch in Livland die Herrschaft des Deutschen Ordens. Ebenfalls 1561 hatten sich Reval und die estländische Ritterschaft zum Schutz vor russischen Expansionsbestrebungen unter schwedischen Schutz begeben. Im Jahr 1558 hatte Zar Iwan IV. der Schreckliche die Stadt Narwa angegriffen und damit den langwierigen „Livländischen Krieg“ ausgelöst.

Die Ausweitung des schwedischen Einflussbereichs im Baltikum kollidierte jedoch mit den Interessen Dänemarks und Lübecks, die von 1563 bis 1570 gemeinsam mit Polen den „Nordischen Siebenjährigen Krieg“ gegen Schweden führten, wobei die Travestadt in diesem Bündnis aber nur noch die Rolle eines Juniorpartners spielte.

Mitten im Krieg wurde der schwedische König Erik XIV. gestürzt. Der begabte Monarch hatte sich bereits nach kurzer Zeit mit dem Adel überworfen und zudem seit 1567 immer deutlicher Anzeichen seiner geistigen Unausgeglichenheit gezeigt. Ein Jahr später wurde er von seinen jüngeren Brüdern Johann und Karl abgesetzt und bis zu seinem Tod 1577 in Haft gehalten. An seiner Stelle bestieg nun sein Bruder Johann den schwedischen Thron.

Der Friede von Stettin beendete 1570 den für beide Seiten erfolglosen Krieg ohne territoriale Veränderungen. Zwar hatte Dänemark seine Vormachtstellung in der Ostsee behauptet, doch der Aufstieg Schwedens zur Großmacht war nicht mehr aufzuhalten; 1581 gelang es den Schweden, die Russen aus Narwa und damit von der Ostseeküste zu vertreiben.

Trotz dieser Erfolge weckten die katholisierenden Neigungen des mit einer polnischen Prinzessin verheirateten Königs bald den Argwohn seiner lutherischen Untertanen. Im Jahr 1585 wurde Johanns I. von Jesuiten erzogener Sohn Sigismund zum polnischen König gewählt. 1572 war die Jagiellonen-Dynastie ausgestorben. Fortan wurde der König vom Adel gewählt, der die Macht des Monarchen zunehmend einengte, weshalb das frühneuzeitliche Polen oft als „Adelsrepublik" bezeichnet wird.

Nach dem Tod seines Vaters im Jahr 1592 bestieg Sigismund auch den schwedischen Thron. Doch ungeachtet außenpolitischer Erfolge, wie dem Frieden von Teusina mit Russland 1595, der ganz Estland unter schwedische Herrschaft brachte, kam es in Schweden bald zu einer ernsten innenpolitischen Krise. Im Grunde war den machtbewussten schwedischen Adligen ein im fernen Polen residierender König nicht unangenehm, doch stießen Sigismunds Begünstigung des katholischen Glaubens und seine absolutistischen Bestrebungen schon bald auf den Widerstand seiner protestantischen schwedischen Untertanen. 1599 wurde er als König abgesetzt, was zu einem jahrzehntelangen dynastischen Konflikt zwischen Polen und Schweden führte.

An die Stelle des vertriebenen Sigismunds trat sein streng lutherischer Onkel Karl, genannt „Krummnase", der allerdings erst 1604 offiziell den Titel „König von Schweden" annahm. König Karl IX. war ein fähiger, wenn auch strenger Monarch. Er begann damit, die königliche Machtstellung weiter auszubauen und sein wirtschaftlich unterentwickeltes Land zu einer bedeutenden Militärmacht zu machen. Ebenso gelang es ihm, die Stellung Schwedens im Baltikum zu stärken. Seine Expansionsbestrebungen führten ihn kurz vor seinem Tod 1611 in einen militärischen Konflikt mit Dänemark, den sogenannten Kalmarkrieg, der 1613 noch einmal mit einem klaren Sieg Dänemarks endete.

Doch die Schweden hatten sich als ernstzunehmender Gegner erwiesen, und so sollte das 17. Jahrhundert im Norden ganz im Zeichen des Kampfes zwischen Dänemark und Schweden um das *Dominium Maris Baltici*, die wirtschaftliche und politische Vorherrschaft im Ostseeraum, stehen.

Auch im Osten war ein neues Reich entstanden. Im gleichen Maße wie die Tartaren, die Russland seit den Mongolenstürmen beherrscht hatten, an Stärke verloren, war die Macht der Moskauer Großfürsten gewachsen. Im Laufe der Zeit stieg das Moskowiter Reich von einem unbedeutenden Fürstentum am

Ein dänisches und ein schwedisches Kriegsschiff beschießen sich während des Nordischen Siebenjährigen Krieges.

Rande der alten Kiewer Rus zur neuen russischen Hegemonialmacht auf. Nach der Eroberung Konstantinopels durch die Türken 1453 traten die Großfürsten von Moskau zudem an die Stelle der byzantinischen Kaiser als Beschützer der orthodoxen Kirche, was sich auch in der Annahme des neuen Herrschertitels „Zar" (von lat. *Caesar*) ausdrückte.

Während die Moskauer Großfürsten im Inneren ein strikt autokratisches Herrschaftssystem errichteten, das die Grundlage für den späteren mächtigen russischen Zentralstaat legte, betrieben sie nach außen die „Sammlung der russischen Erde". Nach und nach gewannen sie die alten Fürstentümer der Kiewer Rus zurück. 1478 eroberte Zar Iwan III. auch die Stadtrepublik Nowgorod; 1494 ließ er den Peterhof schließen. Zwar wurde das Kontor zu Nowgorod 1514 wieder geöffnet, doch konnte es seine frühere Bedeutung als Zentrum für den Handel mit Russland nicht mehr zurückerlangen. An seine Stelle traten nun die drei livländischen Städte Reval, Riga und Dorpat.

1533 bestieg Iwan IV., genannt „der Schreckliche", im Alter von drei Jahren den Moskauer Thron. Mit 16 Jahren ließ er sich als erster russischer Herrscher offiziell zum Zaren krönen. Gezielt baute Iwan IV. seine Macht aus. Er herrschte mit eiserner Faust; jeglichen Widerstand schlug er mit äußerster Brutalität nieder. Im Gegensatz zu den meisten Herrschern seiner Zeit gelang es ihm auf diese Weise, den russischen Adel vollkommen seiner Kontrolle zu unterwerfen.

Außenpolitisch suchte Iwan IV. einen direkten Zugang zur Ostsee zu gewinnen. Von 1558 bis 1583 führte er den „Livländischen Krieg" gegen Polen-Litauen, Schweden und Dänemark, der jedoch mit einer empfindlichen Niederlage Russlands endete. Livland wurde zwischen Polen-Litauen und Schweden aufgeteilt, wobei Letzteres dazu noch das nördliche Estland gewann. Damit blieb Russland auch weiterhin von der Ostsee abgeschnitten.

Seit 1564 wurde Iwans IV. Herrschaft zunehmend tyrannisch. 1581 erschlug er in einem Anfall von Jähzorn seinen eigenen Sohn. Sein Schreckensregiment endete 1584, als ihn bei einem plötzlichen Wutanfall der Schlag traf. Während seiner Regierungszeit hatte Iwan IV. Russland schwere wirtschaftliche und politische Krisen beschert, die auch

Zar Iwan IV. von Russland, genannt „der Schreckliche". Vergeblich versuchte er in einem jahrzehntelangen Krieg, einen Ostseezugang für sein Land zu gewinnen.

mit seinem Tod nicht enden sollten. Es begann eine Zeit der Wirren, russisch *Smuta* genannt. Hungersnöte, soziale Konflikte, Machtkämpfe des Adels und zweifelhafte Thronanwärter stürzten Russland in ein Chaos, das auswärtige Mächte wie Polen-Litauen und Schweden ausnutzten, um eigene Machtinteressen durchzusetzen. Erst nach der Thronbesteigung von Michail Romanow im Jahr 1613 wurde die Krise beendet. Es begann eine Phase der Konsolidierung; die Rechte des Adels und der Städte wurden wieder gestärkt, während die Leibeigenschaft weiter verschärft wurde.

Schweden auf dem Weg zur Großmacht

Karl IX. hatte seinem Sohn und Nachfolger Gustav II. Adolf mit den ungelösten Konflikten mit Däne-mark und Polen ein schweres Erbe hinterlassen. Doch der junge König brachte die besten Vorausset-zungen mit, um diese Schwierigkeiten zu meistern: Seit seiner Jugend war er systematisch auf seine Rolle als Monarch vorbereitet worden und hatte eine um-fassende praktische und theoretische Ausbildung er-halten. Gemeinsam mit seinem treuen und tüchtigen Kanzler Axel Oxienstierna, der zu den bedeutendsten Staatsmännern seiner Epoche zählte, schuf er einen der modernsten Staaten Europas. Zugleich formte Gustav II. Adolf die aus wehrpflichtigen Bauern bestehende schwedische Armee zu einem formidablen Kriegsinstrument um.

Es dauerte nicht lange, und das neu strukturierte schwedische Heer konnte seine Kampfkraft unter Beweis stellen. Nachdem Gustav II. Adolf 1617 den Russen Karelien abgenommen hatte, kam es 1621 zum Krieg mit den von den Habsburgern unterstützten Polen. Auf seinem Feldzug eroberte der schwedische König die Stadt Riga, Livland sowie Teile von Preußen. Acht Jahre lang verheerten seine Truppen das Land, bis Gustav II. Adolf 1629 auf Drängen Frankreichs den Waffenstillstand von Altmark schloss, in dem Polen den größten Teil Livlands an die Schweden abtreten musste. Damit stand Schweden kurz vor dem Sprung zur europäischen Großmacht.

In der Zwischenzeit hatte der dänische König Christian IV., Gustav II. Adolfs ärgster Rivale im Kampf um die Ostseeherrschaft, eine bittere Niederlage einstecken müssen. Um seine Vormachtstellung in Nordeuropa auszubauen, hatte er in seiner Funktion als Herzog von Holstein im Jahr 1625 auf protestantischer Seite in den Dreißigjährigen Krieg eingegriffen. Bereits 1618 waren die im Heiligen Römischen Reich Deutscher Nation seit Langem schwelenden konfessionellen Spannungen zwischen Katholiken und Protestanten sowie die politischen Gegensätze zwischen Kaiser und Fürsten zum offenen Krieg eskaliert, der sich schon bald zu einem europäischen Konflikt ausweitete.

Doch der Versuch des dänischen Königs, seine Machtposition zu stärken, endete im Desaster. Nach seiner vernichtenden Niederlage bei Lutter am Barenberge im August 1626 hatte sich Christian IV. wieder nach Norden zurückziehen müssen. Kurz darauf hatte ein kaiserliches Heer unter Albrecht von Wallenstein und Johan Tserclaes Graf von Tilly die Elbe überschritten und die Herzogtümer Schleswig und Holstein besetzt. Die Bereitschaft des Gottorfer Herzogs Friedrich III. zur Zusammenarbeit mit den Kaiserlichen schürte das Misstrauen des dänischen Königs; das bis dahin gute Verhältnis zwischen den beiden Landesherren in den Herzogtümern zerbrach.

Auch Mecklenburg wurde von kaiserlichen Truppen besetzt. Zugleich wurden die mit Christian IV. verbündeten Herzöge von Mecklenburg von Kaiser Ferdinand II. für abgesetzt erklärt und ihre Territorien vom Kaiser an Wallenstein übertragen – zunächst als Pfandbesitz, später als erbliches Lehen.

1629 musste König Christian IV. den demütigenden Frieden von Lübeck schließen, der den sogenannten Kaiserlichen Krieg beendete. Der Friedensvertrag bedeutete das Scheitern seiner ehrgeizigen außenpolitischen Pläne und schwächte auch die dänische Vormachtstellung im Ostseeraum.

Gustav II. Adolf nutzte die Niederlage seines Rivalen und griff nun seinerseits in den Dreißigjährigen Krieg ein. Im Juli 1630 landete der Schwedenkönig mit einer 14 000 Mann starken Armee überraschend auf der zum Herzogtum Pommern gehörigen Insel Usedom. Die Invasion erfolgte generalstabsmäßig: Die Schweden besetzten Pommern sowie Teile von Mecklenburg und erhoben Zwangsabgaben von der Bevölkerung, um ihre Kriegskasse aufzufüllen. Zugleich erhielt der schwedische König von Frankreich hohe Unterstützungszahlungen, sodass er sein Heer für den Kampf gegen den gemeinsamen Gegner Habsburg durch die Anwerbung von Söldnern bald auf das Dreifache vergrößern konnte. Mithilfe der schwedischen Truppen kehrten nun auch die vertriebenen Mecklenburger Herzöge in ihr Land zurück.

Begleitet wurde der schwedische Feldzug von einer geschickten Propaganda, in der Gustav II. Adolf als der „Löwe aus Mitternacht“ zum Retter der deutschen Protestanten erhoben wurde. Tatsächlich ging es ihm bei seinem Eingreifen in den deutschen Bürgerkrieg nicht nur um die Verteidigung der protestantischen Sache, sondern vor allem auch um den Ausbau seiner Machtposition, denn um die schwedische Herrschaft im Ostseeraum zu festigen, musste er die gegenüberliegenden deutschen Küsten unter seine Kontrolle bringen. Zugleich wollte Gustav II. Adolf eine Ausweitung der kaiserlichen Macht bis an die Ostsee verhindern.

Mit dem Eingreifen Gustav II. Adolfs verließen die Auseinandersetzungen des Dreißigjährigen Kriegs endgültig die ursprünglichen politischen und konfessionellen Konfliktlinien. Aus einem deutschen Bürgerkrieg wurde nun ein Eroberungskrieg der Schweden und Franzosen. Dabei ging es in erster

Die Wasa – ein Flaggschiff auf dem Meeresgrund

Als Symbol für die neue Rolle Schwedens als aufstrebende Großmacht hatte Gustav II. Adolf im Jahr 1625 ein neues Flaggschiff für seine Kriegsflotte auf Kiel legen lassen, das nach dem schwedischen Königsgeschlecht den Namen Wasa erhielt.

Das 69 m lange und 12 m breite Schiff trug auf seinen zwei Kanonendecks nach dem endgültigen Entwurf insgesamt 64 Geschütze und an seinen drei Masten eine Segelfläche von rund 1300 m^2. Schiffsrisse oder Baupläne gab es noch nicht, sodass sich der verantwortliche Schiffsbaumeister, der Niederländer Henrik Hybertsson, bei der Konstruktion des Zweideckers vor allem auf seine Erfahrung verlassen musste.

Für den Bau der Wasa wurden insgesamt rund 1000 ausgewachsene Eichen benötigt. Das Schiff war verschwenderisch geschmückt mit über 700 im Renaissance- und frühen Barockstil geschnitzten und bemalten Figuren, die neben biblischen Gestalten auch römische Krieger, Löwen und griechische Gottheiten darstellten. Trotz aller Pracht wurde die Wasa in erster Linie als Kriegsschiff gebaut. Die gesamte Konstruktion zielte darauf ab, so viele Kanonen wie möglich an Bord unterzubringen. Zur weiteren Erhöhung der Feuerkraft befahl der König zwei Jahre nach Baubeginn, auf dem oberen Batteriedeck mehr und schwerere Geschütze aufstellen zu lassen als ursprünglich vorgesehen. Dies stellte Schiffsbaumeister Hybertsson vor große Probleme, denn das zusätzliche Gewicht der Kanonen verlagerte den Schwerpunkt nach oben, was die Stabilität des Schiffs gefährden konnte.

Lange Zeit nahm man an, dass der spektakuläre Untergang der Wasa bei ihrer Jungfernfahrt am 10. August 1628 auf diese Konstruktionsänderung zurückzuführen war. Tatsächlich hatte das Schiff aber nur zu wenig Ballast an Bord. Daher konnte eine nur mäßig starke Böe den topplastigen Zweidecker so stark auf die Seite legen, dass Wasser durch die offenen Geschützpforten eindrang. Innerhalb kürzester Zeit versank das stolze Schiff vor den Augen von Tausenden von Zuschauern im Hafen von Stockholm. Der Untergang kostete zwischen 30 und 50 Menschen das Leben. Insgesamt hatte die Fahrt der Wasa nur etwa 20 Minuten gedauert.

Die Wasa, der Stolz der Flotte Gustav II. Adolfs. Als Symbol für die neue Großmachtrolle Schwedens gebaut, sank das stolze Schiff 1628 auf seiner Jungfernfahrt im Hafen von Stockholm.

In den Jahren 1664/65 bargen Taucher mithilfe von Taucherglocken die wertvollen bronzenen Kanonenrohre. Danach geriet das Wrack in Vergessenheit, bis es 1956 von dem schwedischen Unterwasserarchäologen Anders Franzén wiederentdeckt wurde. 1959 wurde die Wasa gehoben. Das Schiff war erstaunlich gut erhalten und ermöglichte dank der zahlreichen Funde einen außergewöhnlichen Einblick in die Welt des 17. Jahrhunderts.

Nach der Konservierung kann die Wasa heute in Stockholm in einem eigenen Museum besichtigt werden. Allerdings hat sich in den letzten Jahren gezeigt, dass der Kampf um den Erhalt dieses einmaligen Zeugnisses der europäischen Seefahrtsgeschichte noch nicht beendet ist. So birgt das Eigengewicht des Schiffs die Gefahr der Verformung des Schiffskörpers, während durch die Oxidation des im Holz enthaltenen Schwefels Schwefelsäure entsteht, die das Holz zersetzt.

„König Christian stand am hohen Mast". 1644 verlor der dänische König Christian IV. in der Seeschlacht vor der Kolberger Heide gegen die schwedische Flotte ein Auge.

Linie um Macht, nicht um Religion: Das katholische Frankreich unterstützte das protestantische Schweden, um seine habsburgischen Gegner Kaiser Ferdinand II. und König Philipp IV. von Spanien zu schwächen, wobei die spanischen Habsburger wiederum ihre deutschen Verwandten tatkräftig mit Geld und Truppen unterstützten.

Die Plünderung und Einäscherung der vom kaiserlichen Feldherrn Tilly belagerten Stadt Magdeburg im Mai 1630 bot dem schwedischen König schließlich den ersehnten Vorwand für den Angriff auf das Reich. Zugleich veranlasste dieses Massaker die bislang zögerlichen protestantischen Fürsten, sich mit Gustav II. Adolf zu verbünden. Auch das bis dahin loyale Kursachsen ging nach dem Einmarsch kaiserlicher Truppen auf die schwedische Seite über.

Ende 1631 war Gustav II. Adolf Herr über große Teile Deutschlands. Die letzte Hoffnung des Kaisers und der deutschen Katholiken war Albrecht von Wallenstein. In seiner Verzweiflung rief Kaiser Ferdinand II. den ein Jahr zuvor auf Druck des bayerischen Kurfürsten Maximilian I. abgesetzten Feldherrn in den Dienst zurück und übertrug ihm zugleich den unbeschränkten Oberbefehl über die kaiserlichen Truppen. Es gelang Wallenstein durch geschicktes Manövrieren, seinen Gegner Gustav II. Adolf zu zwingen, das von ihm besetzte Bayern zu räumen und sich mit einem Teil seines Heeres nach Norden zurückzuziehen.

Am 17. November 1632 traf das schwedische Heer bei der südwestlich von Leipzig gelegenen Stadt Lützen auf die Truppen Wallensteins. Es war die bis dahin erbittertste Schlacht des Dreißigjährigen Kriegs, aber schließlich gewannen die Schweden die Oberhand. Doch ihre Freude über den Sieg wurde von Trauer überschattet, denn unter den Gefallenen befand sich auch Gustav II. Adolf.

Der König hatte keinen Sohn. Sein einziges Kind war seine 1626 geborene Tochter Christine, in deren Namen nun eine Vormundschaftsregierung unter Führung des Reichskanzlers Axel Oxenstierna die Macht im Staat übernahm. Konsequent führte Oxenstierna die von Gustav II. Adolf begonnene Politik weiter fort. 1633 einigte er fast alle protestantischen deutschen Fürsten im Heilbronner Bund, doch geriet der Vorstoß der Schweden nach der vernichtenden Niederlage ihres Heeres bei Nördlingen 1634 in eine Sackgasse, und sie mussten sich aus Süddeutschland zurückziehen. Auch die Front der protestantischen Fürsten begann zu bröckeln; nach und nach kehrten sie sich von den Schweden ab und begannen, mit dem Kaiser zu verhandeln. Im Jahr 1635 schlossen der Kaiser und eine Großzahl der deutschen Fürsten den Frieden von Prag, der die Schweden im Reich weiter isolierte, weshalb nun Frankreich selbst aktiv in den Krieg eingriff, der damit in seine längste und verheerendste Phase trat.

Der Konflikt eskaliert

Noch während der Dreißigjährige Krieg im verwüsteten Deutschland tobte, ohne dass eine der Seiten einen entscheidenden Vorteil erringen konnte, kam es 1643 wegen des Versuchs des dänischen Königs Christian IV., Hamburg und die Elbe unter seine Kontrolle zu bringen, und wegen der hohen Sundzölle zu einem militärischen Konflikt zwischen Dänemark und Schweden, in dem die Herzogtümer Schleswig und Holstein erneut schwer unter der Besetzung durch dänische und schwedische Truppen litten.

Der Krieg zwischen Dänemark und Schweden wurde auch zur See ausgetragen. Der dänische König Christian IV. hatte persönlich den Befehl über die Flotte übernommen. In der Schlacht vor der Kolberger Heide am 1. Juli 1644 vor der Küste Ostholsteins wurde er an Bord seines Flaggschiffs Dreifaltigkeit von einem Metallsplitter am Kopf getroffen, wobei er ein Auge verlor. Der Kampf endete unentschieden, bescherte den Dänen aber eine neue Königshymne: *König Christian stand am hohen Mast ...* Am 13. Oktober des gleichen Jahres wurde die dänische Flotte vor der Insel Fehmarn vernichtend geschlagen; von diesem Tag an war Schweden die neue Seemacht in der Ostsee.

Im August 1645 schlossen Schweden und Dänemark den Frieden von Brömsebro. Darin musste Christian IV. die Inseln Gotland und Ösel, einen Teil Norwegens sowie für 30 Jahre die Provinz Halland an Schweden abtreten, ebenso wie auch die Bistümer Bremen und Verden. Damit hatte Schweden seine neue Machtposition auch gegenüber Dänemark bestätigt. Zugleich musste sich der dänische König verpflichten, keine Maßnahmen gegen die Neutralitätspolitik der Gottorfer Herzöge zu ergreifen, die nun zu engen Verbündeten der Schweden wurden.

Als König Christian IV. am 28. Februar 1648 starb, hinterließ er ein von Kriegen zerstörtes, hoch verschuldetes Land, das seine jahrhundertelange Vormachtstellung im Ostseeraum an Schweden verloren hatte. Im gleichen Jahr endete auch der Dreißigjährige Krieg. Allmählich hatte sich die Erkenntnis durchgesetzt, dass der Konflikt militärisch nicht zu lösen war. Seit 1644 hatte Kaiser Ferdinand III. daher mit den Schweden im protestantischen Osnabrück und den Franzosen im katholischen Münster Friedensgespräche geführt. Nach langen, zähen Verhandlungen wurde schließlich am 24. Oktober 1648 der Westfälische Friede unterzeichnet, der sowohl europäischer Friedensvertrag als auch eine Verfassungsregelung für das Reich war und bis zu dessen Auflösung im Jahr 1806 als Reichsgrundgesetz galt. Die deutschen Fürsten erhielten nun die volle Landeshoheit; es war ihnen lediglich untersagt, gegen das Reich und den Kaiser gerichtete Bündnisse zu schließen. Zugleich wurden damit auch die Territorialisierung und die konfessionelle Spaltung des Deutschen Reichs fixiert.

Der Krieg hinterließ ein verwüstetes Land: Die Bevölkerungsverluste werden in den ländlichen Regionen des Deutschen Reichs auf 50 Prozent und in den Städten auf 30 Prozent geschätzt; in einzelnen Landstrichen waren die Verluste noch wesentlich höher.

Die großen Gewinner des 30-jährigen Mordens und Plünderns waren Frankreich und vor allem Schweden, das mit Vorpommern, Wismar, der Insel Rügen, dem Erzstift Bremen und dem Stift Verden umfangreiche Besitzungen in Norddeutschland erwarb und fortan die Mündungen der Flüsse Oder, Elbe und Weser kontrollierte. Zugleich wurde der schwedische König Reichsfürst. Damit war Schwe-

den endgültig zur führenden Macht im Norden Europas aufgestiegen.

Der Dreißigjährige Krieg besiegelte zugleich auch den Niedergang der Hanse, zumal so bedeutende Hansestädte wie Wismar, Stralsund und Greifswald nun unter schwedische Herrschaft kamen. 1669 fand der letzte Hansetag in Lübeck statt, an dem außer Lübeck, Hamburg und Bremen aber nur wenige Städte teilnahmen.

Mit dem Thronverzicht Königin Christines 1654 endete die Herrschaft des Hauses Wasa in Schweden. Nach ihrer Abdankung konvertierte sie zum Katholizismus und lebte bis zu ihrem Tod im Jahr 1689 vorwiegend in Rom. Die schwedische Krone fiel an ihren Cousin Karl Gustav von Zweibrücken-Kleeburg, der als Karl X. Gustav den Thron bestieg.

Der Kampf um die Ostseeherrschaft

Unterdessen versuchten die Dänen, ihre angeschlagene Machtstellung wieder zu stärken. 1657 sah König Friedrich III. von Dänemark seine Chance gekommen, die 1645 verlorenen Gebiete zurückzuerobern. Seit 1655 führte König Karl X. Gustav von Schweden Krieg gegen den polnischen König Johann II. Kasimir, der als letzter Spross des Hauses Wasa Anspruch auf die schwedische Krone erhoben hatte. Nachdem die Schweden zunächst siegreich gewesen waren, hatte Polen 1657 ein Bündnis mit Kaiser Leopold I., Brandenburg und Dänemark geschlossen.

Sogleich erklärte der dänische König seinem schwedischen Rivalen den Krieg. Dabei wurde Friedrich III. von den Niederlanden unterstützt, die damals auf dem Höhepunkt ihrer Macht standen und eine Alleinherrschaft Schwedens im Ostseeraum verhindern wollten. Ebenso begannen nun auch Frankreich und England, sich zum Schutz ihrer wirtschaftlichen und politischen Interessen durch Diplomatie, Zahlung von Hilfsgeldern und direkte militärische Intervention in den Konflikt zwischen Schweden und Dänemark einzuschalten. Für die Seemächte England und Holland war der freie Zugang zur Ostsee besonders wichtig, da sie von hier wichtige Schiffbaugüter wie Holz, Teer und Hanf bezogen.

Zwar gelang den Dänen mit der Eroberung Bremens und Verdens ein bedeutender Anfangserfolg, doch hatten sie nicht mit der raschen Reaktion des schwedischen Königs gerechnet. Eilig war Karl X. Gustav mit seinem Heer von Polen nach Norden marschiert, durch die Herzogtümer Schleswig und Holstein nach Jütland gezogen, über das Eis der Ostsee auf die dänische Insel Seeland vorgestoßen und hatte die Belagerung der dänischen Hauptstadt Kopenhagen aufgenommen, während seine Kriegsschiffe die dänische Flotte in Schach hielten.

Nur das Eingreifen der europäischen Mächte mit den Niederlanden an der Spitze verhinderte die völlige Niederlage Dänemarks. Dennoch musste der dänische König im Frieden von Roskilde seine südschwedischen Provinzen Halland, Blekinge und Schonen sowie die Landschaft Bohuslän an Schweden abtreten. Dänemark verlor damit nicht nur ein Drittel seiner Fläche, sondern auch die alleinige Kontrolle über den Öresund, was aber durchaus im Interesse der europäischen Seemächte lag. Zugleich hatte der mit den Schweden verbündete Gottorfer Herzog Friedrich III. die Souveränität im Herzogtum Schleswig und damit die Unabhängigkeit von der Oberhoheit des dänischen Königs erreicht.

Doch der Frieden war nur von kurzer Dauer. Um Dänemark endgültig in die Knie zu zwingen, ging der schwedische König Karl X. Gustav in die Offensive und führte sein Heer erneut über die zugefrorene Ostsee auf die dänischen Inseln. Zugleich beherrschte die schwedische Flotte die Ostsee, da die dänischen Kriegsschiffe aus Geldmangel im Hafen festlagen. Wieder brachte das Eingreifen der europäischen Mächte die Rettung für Dänemark, da diese fürchteten, dass Schweden die Herrschaft über beide Seiten des Öresunds erlangen und ihren freien Zugang zur Ostsee gefährden könnte.

Im Jahr 1659 unterlagen die Schweden auf der Insel Fünen einer alliierten Streitmacht. Unter Vermittlung Frankreichs, das seinen Verbündeten Schweden von der endgültigen Niederlage bewahren wollte, wurde schließlich 1660 der Frieden von Oliva geschlossen, der die Bestimmungen des Roskilder Vertrages im Wesentlichen bestätigte. Fortan war es das wichtigste Ziel der dänischen Außenpolitik, die verlorenen südschwedischen Provinzen zurückzugewinnen. Zugleich verzichtete der polnische König auf seine Ansprüche auf den schwedischen Thron, während der schwedische Besitz Livlands und Estlands bestätigt wurde. Mit der Abdankung König Johann II.

Die Hansestadt Wismar wurde nach dem Westfälischen Frieden schwedisch. 1803 wurde die Stadt für 99 Jahre an das Herzogtum Mecklenburg-Schwerin verpfändet; erst 1903 fiel sie endgültig an Deutschland zurück.

Das Schwarzhäupterhaus diente den deutschen Kaufleuten und Bürgern Rigas jahrhundertelang als Versammlungsort. Im Zweiten Weltkrieg zerstört, wurde das Gebäude anlässlich der 800-Jahrfeier der Stadt in den 1990er-Jahren originalgetreu wieder aufgebaut.

Kasimirs endete 1668 auch in Polen die Herrschaft der Wasas.

Obgleich die Schweden dank der Intervention Frankreichs noch einmal glimpflich davon gekommen waren, hatte der Krieg gezeigt, dass ihr armes, wirtschaftlich unterentwickeltes Land aus eigener Kraft nicht in der Lage war, die Herrschaft über den Ostseeraum aufrechtzuerhalten. Mit Ausnahme einiger Eisenhütten und der Kupfergrube in Falun war Schweden ein reines Agrarland, sodass es auf das Bündnis mit Frankreich und dessen Unterstützungszahlungen angewiesen blieb.

In Dänemark wiederum hatte die Niederlage gegen Schweden eine innenpolitische Krise ausgelöst, die König Friedrich III. 1660 nutzte, um den Adel zu entmachten und eine absolutistische Königsherrschaft einzuführen. Mit der Begründung, der Adel habe im Krieg gegen Schweden versagt, fasste der dänische Reichstag mit den Stimmen der nichtadligen Stände den förmlichen Beschluss, König Friedrich III. die volle Souveränität zu übertragen – ein in ganz Europa einmaliger Vorgang. 1665 wurde mit dem „Königsgesetz" die einzige schriftliche absolutistische Verfassung Europas erlassen; sie galt bis 1848. Verbunden mit dem Übergang zum Absolutismus war eine grundlegende Reform von Staat, Verwaltung und Militärwesen. Dazu gehörten auch die Aufstellung eines stehenden Heeres und die Reorganisation der Flotte nach niederländischem Vorbild. Dänemark wurde dadurch zu dem am stärksten militarisierten Staat Europas.

1675 schien die schwedische Niederlage gegen die Brandenburger bei Fehrbellin dem dänischen König Christian V. die lang erwartete Gelegenheit zu bieten, nicht nur die verlorenen südschwedischen Provinzen zurückzugewinnen, sondern auch das „Gottorfer Problem" in seinem Sinne zu lösen. Er ließ die Gottorfer Territorien besetzen und zwang Herzog Christian Albrecht zum Verzicht auf die Souveränität in Schleswig. Gleichzeitig erklärte der dänische König Schweden den Krieg. Mithilfe ihrer durch ein niederländisches Geschwader verstärkten Flotte eroberten die Dänen die Insel Gotland und landeten mit einem Heer in Schonen. Doch trotz einiger Anfangserfolge konnten sie ihr eigentliches Ziel, die Rückgewinnung der südschwedischen Provinzen, nicht erreichen, da ihre Truppen im Dezember 1676 bei Lund eine vernichtende Niederlage gegen die Schweden erlitten. Im Jahr 1679 endete der sogenannte Schonische Krieg mit der Wiederherstellung des territorialen Status quo ante: Schweden und der Gottorfer Herzog erhielten ihre von den Dänen und deren Alliierten besetzten Territorien zurück.

Der Krieg hatte die Schwäche des schwedischen Militärwesens offenbart, weshalb sich König Karl XI. nach 1679 vor allem der Neuorganisation des Heeres und der Flotte sowie der Reform der staatlichen Verwaltung widmete. Ebenso trieb er mit Unterstützung der nichtadligen Stände den von Gustav II. Adolf begonnenen Übergang zur absolutistischen Königsherrschaft voran. Außenpolitisch wahrte er eine strikte Neutralität.

Besonderes Augenmerk richtete Karl XI. auf die Sanierung der Staatsfinanzen. Im Laufe der Zeit hatte der Adel durch den Erwerb von Krongut fast drei Viertel des schwedischen Grundbesitzes in seinen Besitz gebracht. Dadurch wurden die Stellung der Bauern und zugleich auch der Staatshaushalt gefährdet, da diese das schwedische Heer nicht nur mit Soldaten versorgten, sondern auch durch ihre Steuerzahlungen finanzierten. Um die Macht des Adels zu beschränken, setzte Karl XI. 1680 eine umfassende Reduktion oder Einziehung der adeligen Güter durch. 1682 verlieh ihm der schwedische Reichstag das alleinige Gesetzgebungsrecht, sodass er fortan faktisch als Alleinherrscher regieren konnte. Mit Zustimmung des Reichsrats wurde die Durchsetzung des Absolutismus 1693 durch eine Souveränitätserklärung des Königs vollendet.

In den baltischen Küstenprovinzen versuchte Karl XI. ebenfalls, die Macht des dortigen Adels einzuschränken, da dieser nicht nur seinen Landbesitz erheblich ausgedehnt, sondern zugleich auch die Steuer- und Arbeitslast der Bauern stetig erhöht hatte. Als Reaktion darauf bildete sich in Livland eine adlige Widerstandsbewegung, die von Johann Reinhold von Patkul angeführt wurde, der seine Opposition mit dem Leben bezahlte. 1707 wurde Patkul, der seit 1701 in russischen Diensten stand, von Polen an Schweden ausgeliefert und als Verräter exekutiert. Dessen ungeachtet gelang es dem deutsch-baltischen Adel, sich zumindest der von König Karl XI. geplanten Aufhebung der Leibeigenschaft erfolgreich zu widersetzen.

ANNO 1334
RENOV. ANNO 1999

16. Jahrhundert

1534–1536
Die „Grafenfehde" läutet das Ende der Großmachtstellung Lübecks ein.

1558–1582
Livländischer Krieg zwischen Schweden, Polen und Russland um die Vorherrschaft im Baltikum.

1572
Polen wird zur Wahlmonarchie.

17. Jahrhundert

1632
Gustav II. Adolf greift in den Dreißigjährigen Krieg ein; Schweden steigt zur Großmacht auf.

1658
Vertrag von Roskilde: Dänemark verliert seinen ganzen Besitz auf der schwedischen Halbinsel.

1665
Lex Regia: Dänemark ist das einzige Land in Europa, in dem der Absolutismus schriftlich fixiert wird.

1675
Niederlage der Schweden gegen die Brandenburger bei Fehrbellin.

Der Aufstieg des Großen Kurfürsten

Gleichsam im Schatten der schwedisch-dänischen Auseinandersetzungen hatte der Aufstieg des Kurfürstentums Brandenburg zur Großmacht begonnen.

Im Jahr 1415 hatte König Siegmund dem Burggrafen von Nürnberg, Friedrich VI. von Hohenzollern, die Mark Brandenburg zum Lehen gegeben und ihm auch die dazugehörige Kurwürde, also das Recht zur Königswahl, verliehen. Dies bedeutete einen erheblichen Aufstieg für den Hohenzollern, obgleich der Kurfürst von Brandenburg unter den sieben zur Königswahl berechtigten deutschen Fürsten der rangniederste war. Als Friedrich I. wurde er zum Stammvater des brandenburgischen Herrscherhauses.

Seit 1640 herrschte in Brandenburg Friedrich Wilhelm I., genannt der „Große Kurfürst". Wie ein Flickenteppich reichten seine Territorien von Ostpreußen über die Mark Brandenburg bis zu den rheinischen Herzogtümern Kleve und Mark. Sein Ziel war der Wiederaufbau und die Modernisierung seines vom Dreißigjährigen Krieg schwer gezeichneten Herrschaftsgebiets. Wiederholt hatten dänische, schwedische und kaiserliche Truppen das Land geplündert und dabei eine breite Spur der Verwüstung hinterlassen.

Friedrich Wilhelm zentralisierte die Verwaltung und begrenzte die Macht der Stände und des Adels. Auf diese Weise wurde der Große Kurfürst zum ersten absolutistischen Herrscher Brandenburgs. Zugleich gelang es ihm dank seiner von Toleranz geprägten Religionspolitik – bereits im 16. Jahrhundert war in Brandenburg die Reformation eingeführt worden –, das Land neu zu bevölkern, indem er Glaubensflüchtlingen eine neue Heimat gab. 1671 gründeten aus Wien vertriebene Juden die erste jüdische Gemeinde in Berlin und mit dem Edikt von Potsdam rief Friedrich Wilhelm 1685 die aus Frankreich vertriebenen Hugenotten ins Land, die als geschickte Handwerker der brandenburgischen Wirtschaft wichtige Impulse gaben.

Überhaupt bemühte sich der Große Kurfürst während seiner gesamten Regierungszeit, sein rückständiges Land ökonomisch zu entwickeln. Neben einer gezielten Ansiedlungs- und Kolonisationspolitik gehörte dazu vor allem die Errichtung eines merkantilistischen Wirtschaftssystems. Mitunter überstieg Friedrich Wilhelms Ehrgeiz aber die Möglichkeiten seines kleinen Staates. So scheiterte sein Versuch, Brandenburg nach niederländischem Vorbild zu einer Kolonialmacht zu machen.

Vor allem aber legte der Große Kurfürst die machtpolitische Grundlage für den Aufstieg Brandenburgs zur Großmacht. Aus seinen Erfahrungen während des Dreißigjährigen Kriegs hatte Friedrich Wilhelm die Lehre gezogen, dass sein Land auf

18. Jahrhundert

1700–1721
Großer Nordischer Krieg um die Vorherrschaft im Ostseeraum.

1701
Proklamation des Königreichs Preußen.

1719–1771
Schwedische „Freiheitszeit“; die Stände übernehmen de facto die Regierung.

1721
Schweden verliert seine Stellung als Großmacht.

1756–1763
Siebenjähriger Krieg; Dänemark bleibt als einziger Ostseeanrainer neutral.

1767
Durch den dänisch-russischen „Tauschvertrag“ wird die „Gottorfer Frage“ endgültig gelöst.

1771
König Gustav III. stellt in Schweden die Macht der Krone wieder her.

1772–1795
Polen wird in den drei „Polnischen Teilungen“ unter Österreich, Preußen und Russland aufgeteilt.

Dauer nur als Militärmacht würde bestehen können. Er schuf daher ein stehendes Heer, das bei seinem Tod im Jahr 1688 bereits 30 000 Mann stark war.

Außenpolitisch höchst beweglich, schreckte Friedrich Wilhelm auch nicht vor mehrfachem Bündnis- und Seitenwechsel zurück. Im Zweiten Schwedisch-Polnischen Krieg von 1655 bis 1661 hatte der Große Kurfürst zunächst auf polnischer, später auf schwedischer Seite gekämpft. Als sich jedoch eine Niederlage Schwedens abzeichnete, hatte er rasch ein erneutes Bündnis mit Polen geschlossen. Der zweifache Seitenwechsel zahlte sich aus: 1657 erlangte Friedrich Wilhelm die volle Souveränität über das östliche Preußen, was 1660 im Frieden von Oliva durch Polen bestätigt wurde.

Im Jahr 1674 kam es zum Krieg zwischen Schweden und Brandenburg. Schweden war mit Frankreich verbündet, das Krieg gegen die Niederlande führte, die ihrerseits von Österreich, Brandenburg, Dänemark und Spanien unterstützt wurden. Mit dem – militärisch eher unbedeutenden – Sieg über die Schweden bei Fehrbellin legte der Große Kurfürst 1675 die Grundlage für die Tradition und das Ansehen der brandenburgisch-preußischen Armee. Ungeachtet dessen ging Brandenburg beim Friedensschluss 1679 leer aus: Zwar hatte Friedrich Wilhelm durch seinen Sieg über die Schweden erhebliche militärische Reputation gewonnen, aber nicht das von ihm erhoffte Vorpommern mit der für Brandenburg so wichtigen Odermündung. Bei seinem Tod 1688 hinterließ er einen wohlorganisierten Staat und eine schlagkräftige Armee.

Russland öffnet sich dem Westen

Zu dieser Zeit schickte sich auch Russland an, zur Großmacht aufzusteigen. 1682 hatte Peter I., genannt „der Große“, zusammen mit seinem älteren Halbbruder Iwan V. den russischen Thron bestiegen. Wenig später hatte er die alleinige Macht an sich gerissen, auch wenn Iwan V. bis zu seinem Tod im Jahr 1696 formal Zar blieb.

Peter der Große gilt bis heute als einer der herausragendsten Herrscher Russlands, das während seiner Regierungszeit einen ungeheuren Modernisierungsschub erlebte. Nachdem sich das Russische Reich lange Zeit fast völlig abgeschottet hatte, stieß Peter das Fenster nach Westen weit auf. Im Jahr 1697 nahm er inkognito an einer Gesandtschaftsreise teil und besuchte das Deutsche Reich, England und die Niederlande.

Ein Jahr später kehrte er als gelernter Schiffszimmermann und mit vielen neuen Eindrücken nach Russland zurück, um sogleich mit der rigorosen Umgestaltung seines unterentwickelten Landes zu beginnen. Dazu rief er Tausende von westeuropäischen Fachleuten nach Russland. Dabei ging es ihm aber weniger um die Verbesserung der Lebensbedingungen des einfachen Volkes als um die Stärkung des Staates. So wurde das Heer nach westlichem Vorbild reorganisiert und eine Flotte aufgebaut. Zugleich ordnete Zar Peter die Verwaltung neu, entmachtete den Adel und unterwarf auch die orthodoxe Kirche seinem Regiment. Bei der Durchsetzung seiner Ziele ging Peter I. nicht gerade zimperlich vor; so ließ er 1718 seinen Sohn und designierten Thronfolger Alexei wegen Hochverrats anklagen und zu Tode peitschen.

Nach westlichem Vorbild nahm Peter I. 1721 den Kaisertitel an und nannte sich fortan „Imperator". Er starb am 8. Februar 1725 in Sankt Petersburg. Obgleich Peters I. Wendung nach Westen in die Zukunft wies, blieben seine Reformen unvollendet. Die Modernisierung erreichte nur die Bereiche, die für den weiteren Ausbau der staatlichen Macht notwendig waren. Die Masse der Bevölkerung lebte als Leibeigene auf dem Land, und auch in den wenigen Städten konnte sich angesichts der autokratischen Herrschaft des Zaren, anders als im Westen Europas, kein selbstbewusstes Bürgertum entwickeln. Russland blieb von einer tiefen Kluft zwischen Großmachtanspruch und Rückständigkeit gekennzeichnet, die es nie vollständig überwinden sollte.

Während sich im Laufe des 17. Jahrhunderts in den meisten Ostseeanrainerstaaten der Absolutismus durchsetzte, hatte in Polen der Adel seine Macht gegenüber der Krone nicht nur behaupten, sondern sogar noch ausbauen können. Das als *Liberum Veto* (freies Veto) bekannte Einspruchsrecht der Mitglieder des Reichstags machte Polen faktisch unregierbar. Zugleich wurde das Land mehr und mehr zum Spielball ausländischer Mächte: Nach König Johanns III. Sobieskis Tod wurde im Jahr 1697 der sächsische Kurfürst August II., genannt „der Starke", nach seinem Übertritt zum Katholizismus mit Unterstützung des russischen Zaren Peters I. zum polnischen König gewählt.

Der Große Nordische Krieg

Der Tod des schwedischen Königs Karl XI. im Jahr 1697 hatte das Signal zur Bildung einer anti-schwedischen Koalition aus Russland, Brandenburg, Polen-Sachsen und Dänemark gegeben. Ihr Ziel war es, die schwedische Vorherrschaft im Ostseeraum ein für allemal zu brechen. Im Februar 1700 griff August der Starke, König von Polen und Kurfürst von Sachsen, das schwedische Livland an, während der dänische König Friedrich IV. im März in Schleswig und Holstein einmarschierte und Zar Peter I. der Große im Oktober desselben Jahres mit der Belagerung der Stadt Narwa begann.

Doch der Überfall scheiterte. Entschlossen ging der junge schwedische König Karl XII. in die Offensive, landete mit einem Heer auf Seeland und rückte auf Kopenhagen vor. Zugleich eilte ein aus schwedischen, braunschweig-lüneburgischen, niederländischen und hannoverischen Kontingenten bestehendes Heer dem bedrängten Gottorfer Herzog zu Hilfe, während die mit Schweden sympathisierenden Seemächte England und die Niederlande, die ihre Interessen durch den Konflikt bedroht sahen, ein gemeinsames Flottengeschwader in die Ostsee schickten, das Kopenhagen zweimal von See aus beschoss.

Angesichts des militärischen Drucks blieb dem dänischen König schließlich keine andere Wahl, als im August 1700 den Frieden zu Traventhal zu schließen, in dem Herzog Friedrich IV. von Gottorf noch einmal die volle Souveränität über Schleswig erringen konnte. Doch schon zwei Jahre später fiel der Herzog in der Schlacht von Klissov in Polen. Eine Vormundschaftsregierung übernahm nun die Herrschaft für seinen zweijährigen Nachfolger Karl Friedrich.

Der Friedensschluss in Norden hatte Karl XII. die notwendige Freiheit verschafft, um sich gegen seine Feinde im Osten zu wenden. Im November 1700 hatte er die Russen vor Narwa angegriffen und war dann gegen Polen und Sachsen marschiert. Nachdem er König August im Frieden von Altranstädt zugunsten seines Thronkandidaten Stanislaus I. Leszczyúski zum Verzicht auf seine Krone gezwungen hatte, war er 1706 erneut gegen Peter den Großen zu Felde gezogen. Dieser hatte sich inzwischen einen Zugang zur Ostsee erkämpft, wo er ab 1703 an der Mündung der Newa seine neue Hauptstadt St. Petersburg errichten ließ, die gleichsam als „russisches Amsterdam" ein Fenster nach Westen bilden sollte.

Nach dem Frieden von Traventhal blieb Dänemark zunächst neutral. Die Dänen nutzen die Friedenszeit, um ihr Heer zu verstärken und ihre Flotte zu modernisieren. Gleichzeitig begann der dänische König Friedrich IV., sich politisch an die Seemächte

England und Holland anzunähern, die seit 1702 an der Seite des Kaisers im Spanischen Erbfolgekrieg gegen Frankreich und Spanien kämpften.

1709 erlitt Karl XII. mit seinem Heer bei Poltawa in der heutigen Ukraine eine schwere Niederlage gegen die russische Armee unter Peter dem Großen. Die Schlacht stellte den Wendepunkt des Kriegs dar; Karl XII. floh in die Türkei, während Peter der Große in die Offensive ging. Nach seinem Sieg bei Poltawa eroberte Peter auch Riga und Reval. In den folgenden Jahren gerieten die Schweden immer mehr in Bedrängnis; ihre begrenzten Kräfte reichten nicht, um sich gegen die erdrückende Übermacht ihrer Feinde durchzusetzen.

Nach der schwedischen Niederlage bei Poltawa sah Dänemark im Jahr 1709 den Zeitpunkt gekommen, erneut in den Kampf gegen Karl XII. einzugreifen. Wiederum wurde der Krieg auch auf See ausgetragen, wobei es den Dänen bald gelang, die Seeherrschaft in der Ostsee zu erringen. Dagegen scheiterte der Versuch der Rückeroberung Schonens.

1713 wurde auch Schleswig-Holstein-Gottorf in den Krieg hineingezogen. Obgleich das kleine Herzogtum offiziell neutral war, leisteten die Gottorfer den Schweden insgeheim Hilfe, was der dänische König Friedrich IV. als willkommenen Vorwand nutzte, um die Gottorfer Territorien in Schleswig und Holstein zu besetzen.

Der Krieg verlief nach wie vor ungünstig für Schweden. Zwar war König Karl XII. im Dezember 1715 die unerwartete Rückkehr nach Schweden gelungen, doch scheiterte sein Versuch, Kopenhagen über die zugefrorene Ostsee direkt anzugreifen. Daraufhin hatte Karl XII. seine Truppen nach Norwegen geführt, wo er am 11. Dezember 1718 bei der Belagerung der Grenzfestung Frederikssten den Tod fand.

Schließlich wurde die schwedische Niederlage unabwendbar; in den Jahren von 1719 bis 1721 musste Schweden mit seinen Gegnern Friedensverträge schließen, durch die die bisherige schwedische Vorherrschaft im Ostseeraum endgültig beendet wurde. Zugleich verlor Schweden seine deutschen Territorien mit Ausnahme von Schwedisch-Vorpommern und musste Livland und Estland sowie Teile von Karelien an Russland abtreten.

Im Dezember 1718 wird der Leichnam Karls XII. nach Schweden gebracht. Seit 1700 hatte der schwedische König gegen eine übermächtige Koalition von Gegnern Krieg geführt.

„Freiheitszeit" in Schweden

Die ehemals schwedischen Besitzungen im Baltikum wurden nun als Ostseeprovinzen in das Zarenreich eingegliedert, konnten aber ihre kulturelle und religiöse Unabhängigkeit bewahren. Zugleich wurden auch die traditionellen, von den schwedischen Königen stark eingeschränkten Privilegien des baltischen Adels wiederhergestellt, die Bauern blieben dagegen faktisch rechtlos. Auf dieses Weise konnte der deutsch-baltische Adel seine dominierende Stellung bis in das 20. Jahrhundert hinein behaupten.

Russland war nun die neue Großmacht im Norden Europas, während Schweden fortan nur noch ein Staat auf gleichem Machtniveau wie Dänemark war. Dennoch verzichteten die Dänen wohlweislich auf alle Versuche, die 1660 verloren gegangenen Provinzen östlich des Öresunds zurückzugewinnen. Die Rivalität mit Schweden um die Ostseeherrschaft wurde abgelöst von dem Bemühen um einen Ausgleich mit dem alten Gegner und die Eindämmung der hegemonialen Bestrebungen Russlands. Zugleich wurde es das oberste Ziel dänischer Politik, sich aus den europäischen Konflikten herauszuhalten.

Mit dem Tod Karls XII. endete die Großmachtzeit Schwedens. Da der König kinderlos verstorben war, trat seine Schwester Ulrike Eleonore 1719 die Nachfolge an, bis im folgenden Jahr ihr Gemahl, Landgraf Friedrich von Hessen-Kassel, als Friedrich I. zum neuen König gewählt wurde. Zugleich wurde das absolutistische Regierungssystem zugunsten einer ständischen Verfassung beseitigt; Reichstag und Reichsrat gewannen ihre Macht zurück.

Fortan besaß der aus Vertretern des Adels, der Geistlichkeit, des Bürgertums und der Bauern bestehende Reichstag die gesetzgebende Gewalt. Bei Abstimmungen galt das Mehrheitsprinzip. Darüber hinaus kontrollierte der Reichstag den regierenden Reichsrat, sodass sich bald eine parlamentarische Arbeitsweise mit Parteien und Ausschüssen entwikkelte. Ungeachtet dessen konnte der Adel seine dominierende Stellung behaupten, weshalb die Spannungen zwischen Aristokratie und den nichtadligen Ständen im Laufe der Zeit wuchsen.

Wirtschaftlich blühte das Land auf; Manufakturen und Handel wurden vom Staat gefördert; durch Agrarreformen und eine Flurbereinigung wurde die Landwirtschaft modernisiert. Politisch war diese sogenannte Freiheitszeit von 1719 bis 1772 dagegen vor allem von den heftigen Auseinandersetzungen zwischen den beiden konkurrierenden Parteien der „Hüte" und der „Mützen" gekennzeichnet. Die „Hüte" vertraten dabei die Interessen des Adels und wollten die schwedische Großmachtstellung wiederherstellen, während die anti-aristokratischen „Mützen" einen Ausgleich mit Russland suchten. 1741 führte die Politik der „Hüte" Schweden in einen erneuten, erfolglosen Krieg gegen Russland, in dessen Folge Schweden im Frieden von Åbo Gebiete in Südfinnland an Russland abtreten musste. Gleichzeitig wurde auf russischen Druck Adolf Friedrich von Holstein-Gottorf zum Nachfolger des kinderlosen Königs Friedrich I. bestimmt und bestieg nach dessen Tod im Jahr 1751 den schwedischen Thron. Vergeblich versuchte König Adolf Friedrich im Jahr 1756, mit einem Staatsstreich die Macht der Krone zu stärken. Zwar blieb er König, war fortan aber faktisch machtlos, sodass seine restliche Regierungszeit von den politischen Querelen der „Hüte" und der „Mützen" dominiert wurde.

Der Niedergang Polens und die „Gottorfer Frage"

Mit dem Aufstieg Russlands zur neuen Großmacht im Norden Europas war der Niedergang Polens verbunden gewesen. Während des Großen Nordischen Kriegs war es zu einem Bürgerkrieg mit ausländischer Intervention gekommen. Die schwedische Niederlage bei Poltawa 1709 hatte August dem Starken die willkommene Gelegenheit geboten, im Bündnis mit Russland und Dänemark König Stanislaus I. aus Polen zu vertreiben, worauf dieser nach Frankreich ins Exil gegangen war.

1719 wurde August II. zwar offiziell als polnischer König bestätigt, seine Macht blieb allerdings durch die Opposition des Adels und den Einfluss Peters des Großen stark beschränkt. Als Stanislaus I. nach dem Tod Augusts des Starken im Jahr 1733 seine erneute Wahl zum polnischen König erreichte, unterstützten Russland und Österreich die Ansprüche von August III., dem Sohns Augusts des Starken. Trotz französischen Beistands unterlag Stanislaus im Polnischen Erbfolgekrieg; 1735 ging er erneut ins Exil und wurde von seinem Schwiegersohn, dem französischen König Ludwig XV., mit den Herzogtümern Lothringen und Bar entschädigt.

Die Kaiserliche Akademie der Wissenschaften in St. Petersburg. Ab 1703 hatte Peter der Große an der Newa seine neue Hauptstadt nach westlichem Vorbild errichten lassen.

Auch die Herzogtümer Schleswig und Holstein blieben noch lange im Brennpunkt der großen Politik. Seit der Mitte des 17. Jahrhunderts hatten die Gottorfer Herzöge versucht, mit schwedischer Hilfe die Lehnshoheit des dänischen Königs über ihre Anteile am Herzogtum Schleswig abzuschütteln. Doch statt die volle Souveränität über sein Territorium zu erlangen, verlor der Gottorfer Herzog als Folge der Niederlage seiner Schutzmacht Schweden im Großen Nordischen Krieg seine gesamten Besitzungen in Schleswig an den dänischen König. 1721 vereinigte König Friedrich IV. mit dem Erbfolgeeid den gottorfschen Teil des Herzogtums Schleswig mit dem königlichen Anteil unter seiner Herrschaft. Herzog Karl Friedrich blieben allein seine holsteinischen Territorien: Das südlich der Eider gelegene Herzogtum gehörte seit jeher zum Heiligen Römischen Reich, weshalb seine dortigen Besitzungen dem Zugriff des dänischen Königs entzogen waren. Als sogenannte Gottorfer Frage blieb das ungelöste Problem der aus Schleswig vertriebenen Gottorfer Herzöge für mehr als ein halbes Jahrhundert eine der beherrschenden politischen Fragen in Nordeuropa.

Da Schweden seine Großmachtstellung verloren hatte und ihm keine Unterstützung mehr bieten konnte, musste sich der junge Gottorfer Herzog Karl Friedrich notgedrungen nach einem neuen Protektor umsehen. Im Jahr 1721 war er daher heimlich nach Russland gereist, in der vergeblichen Hoffnung, die Unterstützung Zar Peters des Großen zu erhalten. Dafür heiratete er 1725 Anna Petrowna, die gemeinsame Tochter von Zar Peter I. und Zarin Katharina I. Mit der Zarin starb 1727 auch seine letzte Hoffnung auf russische Unterstützung. 1728 verstarb auch Herzogin Anna im Alter von 20 Jahren, kurz nachdem sie in Kiel einen Sohn zur Welt gebracht hatte, der den Namen Karl Peter Ulrich erhielt.

Nach dem Tod der Zarin Anna hatte 1741 die zweite Tochter Peters des Großen, Elisabeth, durch eine unblutige Palastrevolution die Macht in Russland übernommen. Während ihrer Regierungszeit begann auch in Russland die Aufklärung zaghaft Fuß zu fassen. In Moskau wurde 1755 die erste Universität des Landes und 1757 eine Akademie der Wissenschaften in St. Petersburg gegründet.

Da das Haus Romanow bereits 1730 mit dem Tod Zar Peters II. in seiner männlichen Linie ausgestorben war, wählte Elisabeth 1742 ihren Gottorfer Neffen Karl Peter Ulrich zu ihrem Nachfolger und erhob ihn in den Rang eines Großfürsten. 1745 heiratete er die in Stettin geborene Sophie Friederike Auguste von Anhalt-Zerbst, die nach ihrem Übertritt zum orthodoxen Glauben den Namen Katharina annahm. Im Jahr 1754 wurde ihr gemeinsamer Sohn Paul geboren.

Preußen wird Großmacht

Während im Norden Europas der Große Nordische Krieg tobte, hatte die Stadt Königsberg Anfang 1701 eine glanzvolle Zeremonie erlebt. Am 18. Januar 1701 krönte sich Kurfürst Friedrich III. von Brandenburg, der Sohn des Großen Kurfürsten, in der Hauptstadt des Herzogtums Preußen mit Zustimmung Kaiser Leopolds I. zum König *in* Preußen. Als Gegenleis-

tung hatte sich Friedrich I. zur politischen und militärischen Unterstützung des Kaisers verpflichtet. Leopold I. ahnte nicht, dass er damit seinem Haus Habsburg einen neuen Rivalen erschaffen hatte.

Der neue Königstitel galt aber nur für das nicht zum Heiligen Römischen Reich Deutscher Nation gehörige Preußen; in seinen übrigen Territorien führte der König weiterhin seine alten Titel – wie Kurfürst oder Herzog. Gleichwohl wurde der Name Preußen allmählich auf das gesamte brandenburgisch-preußische Staatsgebiet übertragen, während sich für das eigentliche Preußen nun die Bezeichnung „Ostpreußen" einbürgerte.

1713 starb König Friedrich I. Seine Neigung zu Pracht und Prunk hatte Preußen an den Rand des Bankrotts gebracht. Mit der Thronbesteigung seines Sohnes Friedrich Wilhelm I. hielten ein neuer, nüchterner Regierungsstil und strikte Sparsamkeit Einzug in das Land. Um den Staatsschatz zu füllen, wurde alles verkauft, was Geld brachte und nicht niet- und nagelfest war. Zugleich trat der neue König auf der Seite der Gegner Schwedens in den Großen Nordischen Krieg ein und erhielt 1720 im Frieden von Stockholm die Hafenstadt Stettin, die Insel Usedom und das östliche Vorpommern.

Unter König Friedrich Wilhelm I. stieg Preußen durch den zielgerichteten Aufbau eines effektiven Militär- und Verwaltungsstaats langsam, aber sicher in den Kreis der europäischen Mächte auf. Vor allem das Heer wurde kontinuierlich vergrößert. Man sagte damals über Preußen, es sei kein Staat, der sich eine Armee halte, sondern eine Armee, die sich einen Staat halte. Der Adel stellte die Offiziere, die der militärischen Dienstpflicht unterworfenen Bauern die Soldaten, während die Bürger mit ihren Steuern für alles bezahlten. Am Ende von Friedrich Wilhelms Regierungszeit verfügte das kleine, dünn besiedelte Preußen mit einer Heeresstärke von 83 000 Mann bereits über die viertgrößte Armee in Europa. Doch obwohl man ihn den „Soldatenkönig" nannte, hatte Friedrich Wilhelm I. mit Ausnahme seiner Beteiligung am Großen Nordischen Krieg stets den Frieden gewahrt.

Nach dem Tod des Soldatenkönigs bestieg 1740 dessen Sohn Friedrich II., genannt „der Große", den preußischen Thron. Der junge König war ein Mensch von widersprüchlichem Charakter. Obgleich sich Friedrich II. den Idealen der Aufklärung verpflichtet fühlte und einen langjährigen Briefwechsel mit dem Philosophen Voltaire führte, hielt ihn das nicht davon ab, bereits kurz nach seiner Thronbesteigung im Dezember 1740 unter einem fadenscheinigen Vorwand in Schlesien einzufallen, womit er den Österreichischen Erbfolgekrieg auslöste. Einige Wochen zuvor war Kaiser Karl VI. gestorben, um dessen Nachfolge sich rasch ein heftiger Streit entzündet hatte, der nun mit Waffengewalt ausgetragen wurde. In diesem Krieg kämpfte Preußen an der Seite Frankreichs, während Österreich mit Großbritannien verbündet war. Obgleich Karls VI. Tochter Maria Theresia ihre Erbansprüche letztlich durchsetzen konnte, musste sie 1748 im Frieden von Aachen widerstrebend die Eroberung Schlesiens durch Preußen anerkennen.

Zarin Katharina die Große. Unter ihrer Herrschaft stieg Russland endgültig zu einer europäischen Großmacht auf.

Das Bemühen Österreichs, Schlesien zurückzuerlangen, sowie die kolonialen Konflikte zwischen Großbritannien und Frankreich führten schließlich zum Ausbruch des Siebenjährigen Kriegs. Vorausgegangen war eine Umkehr der Allianzen. Im Januar 1756 hatte Großbritannien sich mit König Friedrich II. von Preußen verbündet. Für Friedrich unerwartet, schlossen Frankreich und Österreich ungeachtet ihrer traditionellen Rivalität kurz darauf ebenfalls ein Bündnis, dem wenig später auch Russland beitrat.

Friedrich II. eröffnete den Krieg, als er im August 1756 überraschend in Sachsen einfiel, um einem erwarteten österreichischen Angriff zuvorzukommen. Bis auf Dänemark, das neutral blieb, waren alle Ostseemächte am Siebenjährigen Krieg beteiligt. Allerdings hatten sich die Kriegsgegner Schweden, Russland und Preußen in der sogenannten Ostseekonvention darauf geeinigt, keine Maßnahmen gegen die Handelsschifffahrt zu ergreifen, sodass der Seehandel in der Ostsee weitgehend unbehelligt blieb.

Während Preußen und Österreich in Europa um den Besitz Schlesiens kämpften, rangen Großbritannien und Frankreich um die koloniale Vorherrschaft in Indien, Amerika und der Karibik. Dabei konzentrieren sich die Briten hauptsächlich auf den Seekrieg und überließen die Kriegführung auf dem europäischen Festland hauptsächlich dem Königreich Preußen als ihrem sogenannten Kontinentaldegen.

Zuerst waren die Preußen im Vorteil. Aber selbst ein militärisches Genie wie Friedrich der Große konnte sich auf Dauer nur mit Mühe der Übermacht seiner Feinde erwehren: Die Russen überrannten Ostpreußen und 1759 wurde Friedrich II. von einem österreichisch-russischen Heer bei Kunersdorf empfindlich geschlagen. Der Mehrfrontenkrieg zermürbte Preußen und seinen König; das Heer war ausgeblutet, die Wirtschaft ruiniert und 1760 plünderten russische Truppen sogar die preußische Hauptstadt Berlin.

Eine gewisse Erleichterung für die schwer bedrängten Preußen brachte 1761 das Ausscheiden der finanziell erschöpften Schweden aus den Reihen der Gegner, doch erst mit dem Tod von Zarin Elisabeth 1762 wendete sich das Blatt endgültig. Ihr halb debiler Neffe und Nachfolger Zar Peter III. beendete aus seiner tiefen Verehrung für Friedrich II. heraus sofort den Krieg und schloss wenig später sogar ein Bündnis mit seinem bewunderten Vorbild. Dieses „Mirakel des Hauses Brandenburg“ bedeutete für den preußischen König die Rettung. Im Frieden von Hubertusburg 1763 traten die Österreicher Schlesien endgültig an Preußen ab, das damit definitiv neben Russland, Österreich, Frankreich und England als fünfte europäische Großmacht etabliert war. Zugleich vertiefte sich dadurch der preußisch-österreichische Dualismus. Die Konkurrenz der beiden Mächte um die Vorherrschaft in Deutschland wurde erst mit dem Sieg Preußens über Österreich im Krieg von 1866 entschieden.

„Aufklärung ist der Ausgang des Menschen aus seiner selbst verschuldeten Unmündigkeit.“ So brachte Immanuel Kant das Ethos der Aufklärung auf den Punkt.

Bereits ein halbes Jahr nach seinem Regierungsantritt wurde Peter III. gestürzt und kam einige Zeit später unter ungeklärten Umständen zu Tode. An Stelle des vermutlich ermordeten Zaren bestieg nun dessen hochintelligente Gemahlin als Katharina II. den russischen Thron. Ob sie in das Komplott verwickelt war, ist bis heute ungeklärt. Sie selbst sagte dazu lediglich: „Wir erinnern uns nicht an das, was wir getan haben.“

Katharina II., die mit Voltaire und anderen Philosophen korrespondierte, fühlte sich von Beginn ihrer Herrschaft an den Idealen des aufgeklärten Absolutismus verpflichtet. Ungeachtet dessen folgte sie den autokratischen Traditionen der Zarenherrschaft und ließ sich auch nicht von ihren zahlreichen Liebhabern in die Regierungsgeschäfte hineinreden.

Katharina II. knüpfte an die Reformpolitik Peters des Großen an und versuchte, ihr rückständiges Land zu entwickeln. Doch trotz aller guten Absichten waren ihren Reformbestrebungen von Anfang an enge Grenzen gesetzt. So blieb die moderne Bildung auch unter Katharina II. auf die kleine Oberschicht begrenzt, während die Masse der Bevölkerung nach wie vor unter der geistigen Dominanz der orthodoxen Kirche stand, die allen neuen, aus dem Westen kommenden Ideen zutiefst misstraute. Der Traditionalismus der Kirche und das Fehlen eines selbstbewussten Bürgertums stellten unüberwindbare Probleme für eine umfassende Modernisierung von Staat und Gesellschaft dar. Auch die Leibeigenschaft rührte die auf die Kooperation des Adels angewiesene Zarin nicht an –, im Gegenteil, die Bauern wurden unter ihrer Herrschaft praktisch zum persönlichen Eigentum ihrer Herren, die sie nach Belieben verkaufen, bestrafen oder in die Verbannung schicken konnten. Andererseits konnte sich aber auch der Adel keiner wirklichen Unabhängigkeit erfreuen und blieb stets vom Herrscher abhängig.

Die Ruhe im Norden

In der zweiten Hälfte des 18. Jahrhunderts zählte der dänische Gesamtstaat, zu dem neben Dänemark und Norwegen auch die Herzogtümer Schleswig und Holstein gehörten, zu den fortschrittlichsten Staaten Europas.

Unter Johann Hartwig Ernst Bernstorff, der von 1751 bis zu seiner Entlassung durch Struensee 1770 an der Spitze der dänischen Regierung stand, und seinem Neffen Andreas Peter Bernstorff, der 1773 sein Nachfolger wurde und bis zu seinem Tode 1797 die dänische Politik bestimmte, begann für den dänischen Gesamtstaat eine Ära der politischen und wirtschaftlichen Reformen. Die aus einem alten deutschen Adelsgeschlecht stammenden Bernstorffs zählten zu den herausragendsten Staatsmänner des 18. Jahrhunderts. Ihre strikte Neutralitätspolitik sorgte nicht nur über lange Jahre für Frieden und politische Stabilität im Norden Europas – die viel zitierte „Ruhe des Nordens“ –, sondern gewährleistete zugleich auch den Wohlstand des Gesamtstaats.

Doch nicht nur die Spitzen von Staat und Verwaltung, auch wichtige geistige Impulse stammten oft aus Deutschland. Bis zur Mitte des 18. Jahrhunderts prägte neben den Ideen der Aufklärung vor allem der Pietismus den dänischen Hof. Beide Geistesströmungen hoben das Individuum und die Bedeutung der Arbeit hervor, doch während das Ziel

des Pietismus ein christliches, gottgefälliges Leben war, suchte die Aufklärung die Menschen von Unwissenheit und geistiger Unmündigkeit zu befreien.

Pietismus und Aufklärung wurden im dänischen Gesamtstaat des 18. Jahrhundert zur intellektuellen Grundlage für zahlreiche Reformvorhaben. Dazu gehörte vor allem die Modernisierung der Landwirtschaft. Seit 1768 wurden im Zuge einer umfassenden Agrarreform die traditionellen Flurgemeinschaften aufgelöst, die Bauern erhielten das Land zu Eigentum und bewirtschafteten es fortan eigenständig. Ebenso versuchte man, bislang ungenutzte Gebiete für die Landwirtschaft zu erschließen. Zugleich wurde auch die Leibeigenschaft aufgehoben. In Dänemark wurden die Bauern bereits im Jahr 1788 befreit, die Herzogtümer Schleswig und Holstein folgten 1805 – mehr als zwei Jahre früher als Preußen; als letztes Land Europas schaffte Russland erst 1861 die Leibeigenschaft ab.

Auch die Gottorfer Frage wurde nun zur Zufriedenheit aller Beteiligten gelöst. Zarin Katharina II. gab die Gottorfer Revanchepolitik auf und leitete eine politische Annäherung an Dänemark ein. 1767 verzichtete ihr Sohn Paul zugunsten des dänischen Königshauses auf die gottorfischen Gebiete in Holstein. Gleichzeitig wurde zwischen Russland und Dänemark ein Gebietstausch vereinbart, der 1773 nach der Mündigkeitserklärung Pauls in Kraft trat.

Immanuel Kant – einflussreicher Philosoph und Denker

Von England und Frankreich ausgehend hatte die Aufklärung im 17. und 18. Jahrhundert ganz Europa erfasst. An die Stelle des traditionellen, religiösen Weltbilds trat nun eine naturwissenschaftlich orientierte Sicht der Dinge. Der bedeutendste Denker der deutschen Aufklärung war der 1724 in Königsberg, dem heutigen Kaliningrad, geborene Immanuel Kant. Nach dem Tod seines Vaters hatte er sein Studium unterbrechen und seinen Lebensunterhalt als Hauslehrer verdienen müssen; erst 1755 kehrte Kant an die Universität zurück. Rasch erwarb er sich den Ruf eines bedeutenden Philosophen, doch erst 1770 erhielt er eine Professur. Kant, lebenslang Junggeselle, führte ein überaus asketisches Leben. Er starb 1804 in Königsberg, das er Zeit seines Lebens nie verlassen hatte. Die außerordentliche Vielseitigkeit seines Denkens hat Kant zu einem der einflussreichsten Philosophen des 19. und 20. Jahrhunderts gemacht.

Damit war eines der größten außenpolitischen Risiken in Nordeuropa beseitigt.

Der Absolutismus in Dänemark geriet 1770 in eine schwere Krise, als sich der Leibarzt des geisteskranken König Christians VII., Johann Friedrich Struensee, der Regierungsgewalt bemächtigte. Mit seinem ruhigen, aber energischen Auftreten war es dem 1737 als Sohn eines Geistlichen in Halle an der Saale geborenen Struensee rasch gelungen, das Vertrauen des gemütskranken Monarchen zu gewinnen, ebenso wie das der jungen Königin Caroline Mathilde, deren Liebhaber er schließlich wurde. In Hofintrigen verwickelt, blieb Struensee schließlich nur noch die Flucht nach vorn. Im Sommer 1770 übernahm er mit einigen Getreuen die Macht am Hofe. Seinen beherrschenden Einfluss auf den geistig verwirrten König ausnutzend, unterzog Struensee den dänischen Staat einer gut gemeinten und dringend notwendigen Radikalreform im Sinne des aufgeklärten Absolutismus.

Obwohl er guten Willens war, verfügte Struensee weder über die politischen noch die charakterlichen Fähigkeiten für eine Regierungstätigkeit. Der Widerstand gegen ihn wuchs, nicht zuletzt wegen des nicht mehr zu verschleiernden Verhältnisses mit der Königin, die ihm 1771 sogar eine Tochter gebar. Im folgenden Jahr wurde Struensee gestürzt, in einem rechtlich fragwürdigen Verfahren zum Tode verurteilt und hingerichtet. Königin Caroline Mathilde wurde dagegen verstoßen; sie starb im Alter von nur 23 Jahren im Exil. Der Prozess gegen Struensee war zugleich Ausdruck eines beginnenden dänischen Nationalismus, der im 19. Jahrhundert zum Konflikt zwischen Dänen und Deutschen führen sollte. Auch Struensees Reformvorhaben wurden größtenteils aufgehoben, aber fast alle später wieder von der Regierung aufgegriffen, nachdem Kronprinz Friedrich im Jahr 1784 in einem Staatsstreich die Regentschaft für seinen geisteskranken Vater übernommen hatte.

1772 endete in Schweden das Zeitalter der parlamentarischen Regierung, als König Gustav III. in einem unblutigen Staatsstreich die Macht an sich riss. Unter dem Vorwand, die „Selbstherrschaft der aristokratischen Macht“ brechen zu wollen, hob er die libertäre Verfassung auf und entmachtete den Reichstag. Fortan herrschte Gustav III. faktisch allein, auch wenn der Absolutismus erst 1789 offiziell wieder eingeführt wurde.

Zu Beginn seiner Regierungszeit orientierte sich die Herrschaft des jungen Königs am Ideal des aufgeklärten Absolutismus. Gustav III. begann eine Reihe von Reformen, von denen einige vom Volk begrüßt, andere, wie die Verstaatlichung der Branntweinproduktion, dagegen eher mit Unwillen aufgenommen wurden. Auch die wachsende Staatsverschuldung wurde mit wachsendem Misstrauen beäugt.

Dagegen blühte Schweden unter Gustav III. kulturell auf. Der geistreiche, vielseitig begabte Monarch gründete 1773 die Königliche Oper, 1786 die Schwedische Akademie und schrieb sogar selbst Theaterstücke. Auch wissenschaftlich spielte Schweden eine bedeutende Rolle; so entwickelte beispielsweise der schwedische Naturforscher Carl von Linné die Grundlage des bis heute gültigen Benennungssystems für Tier- und Pflanzenarten.

Vor allem aber wollte Gustav III. Schweden wieder zu einer Großmacht machen. Um sich vor den wiedererwachten schwedischen Großmachtallüren zu schützen, ging Dänemark 1773 eine „Ewige Allianz“ mit Russland ein, in der sich beide Mächte gegenseitig die Unverletzlichkeit ihrer Territorien garantierten. Das Bündnis mit Russland gab Dänemark die gewünschte Sicherheit und ermöglichte es der dänischen Regierung, den Frieden im Norden Europas, die „Ruhe des Nordens“, im Großen und Ganzen zu bewahren.

Unterdessen wuchs in Schweden der Widerstand gegen den König. Gustavs III. wenig erfolgreicher Krieg gegen Russland und Dänemark von 1788 bis 1790 hatte zur erneuten Bildung einer Adelsopposition geführt. Schließlich fiel der König einer Verschwörung zum Opfer. Am 16. März 1792 wurde Gustav III. bei einem Attentat während eines Maskenballs in den Rücken geschossen und starb gut zwei Wochen später an den Folgen seiner Verletzung. Eine Vormundschaftsregierung übernahm daraufhin die Herrschaft für seinen 13-jährigen Sohn und Nachfolger Gustav IV. Adolf.

Die Blütezeit der nordeuropäischen Schifffahrt

Die Agrarreformen hatten in Dänemark zu einer erhöhten landwirtschaftlichen Produktion geführt. Schon bald konnten die Überschüsse exportiert werden, wodurch eine breite bäuerliche Mittelschicht entstand.

Darüber hinaus hatte sich um die Mitte des 18. Jahrhunderts infolge der guten Konjunktur in Europa auch die internationale Nachfrage nach Schiffstonnage deutlich erhöht, was zu einer Belebung des gesamten Ostseehandels führte. Gleichzeitig löste Großbritannien die Niederlande als wichtigste Handelsnation ab. Neben Getreide und Agrarprodukten wurden nun auch Schiffbaumaterialien, wie Holz, Teer oder Hanf, zu wichtigen Exportgütern. Da das Zarenreich der wichtigste Lieferant dieser Rohstoffe war, erlebte der russische Außenhandel ebenfalls einen erheblichen Aufschwung.

Ebenso profitierten die schleswig-holsteinischen Hafenstädte von der Seefahrtskonjunktur. Anders als im Königreich Dänemark, wo nur die Hauptstadt Kopenhagen eine größere Handelsflotte besaß, gab es in den Herzogtümern eine ganze Reihe von Städten, wie Apenrade, Flensburg und Eckernförde, die über Schiffe verfügten, die groß genug waren, um in der Nord- und Ostsee sowie in der europäischen Schifffahrt eingesetzt zu werden. Vor allem Flensburg erlebte seit der Mitte des 18. Jahrhunderts einen gewaltigen wirtschaftlichen Aufschwung. Der Aufstieg der Fördestadt zum führenden Schifffahrtszentrum im Herzogtum Schleswig hatte 1727 mit einem königlichen Privileg begonnen, das Flensburg den Handel mit Wein, Branntwein, Salz und Tabak gestattete. 1765 hatte die Fördestadt überdies den transatlantischen Westindienhandel mit den dänischen Karibikinseln aufgenommen – neben Zucker kam so auch der Rum nach Flensburg.

Seit 1784 waren Nord- und Ostsee erstmals durch eine künstliche Wasserstraße, den Schleswig-Holsteinischen Kanal, auch „Eiderkanal“ genannt, direkt miteinander verbunden. Auf diese Weise ließ sich nicht nur der gefährliche Weg rund um Kap Skagen vermeiden, sondern auch eine Strecke von rund 300 Seemeilen (knapp 560 km) einsparen. Dabei diente die Eider bis Rendsburg als natürlicher Wasserweg. Erst hier begann der eigentliche, 34 km lange Kanalbau, der die Kieler Förde mit der Untereider verband und mithilfe von sechs Schleusen die Wasserscheide überwand – eine für das 18. Jahrhundert bewundernswerte technische Leistung.

Vor allem die zahlreichen Seekriege zwischen

Der Hafen von Kopenhagen im Jahr 1794. Die dänische Hauptstadt war auch die bedeutendste Handelsstadt des dänischen Gesamtstaats.

England und Frankreich sorgten für Hochkonjunktur im Seetransportgeschäft. So waren die Schiffe des dänischen Gesamtstaats in der Lage, unter dem Schutz ihrer neutralen Flagge, einen bedeutenden Anteil an der europäischen Fracht- und Handelsfahrt an sich zu ziehen.

Allerdings nahmen die Briten in Kriegszeiten nur wenig Rücksicht auf die neutrale Schifffahrt. Während des amerikanischen Unabhängigkeitskriegs von 1776 bis 1782 schlossen sich die neutralen Seemächte Dänemark, Schweden, Russland und Preußen daher nach zahlreichen britischen Übergriffen gegen ihre Handelsschiffe im Jahr 1780 zu einem Bündnis, der sogenannten Bewaffneten Neutralität, zusammen, um ihre Interessen gegen die Briten durchzusetzen. Dadurch sah sich Großbritannien schließlich zum Nachgeben gezwungen.

Die Blütezeit der nordeuropäischen Schifffahrt endete erst mit den Napoleonischen Kriegen.

Die polnischen Teilungen

Im Verlauf des 18. Jahrhunderts war Polen zu einem unbedeutenden Anhängsel Sachsens verkümmert. Unter der Herrschaft Augusts III. hatte sich der Niedergang des polnischen Staatswesens weiter fortgesetzt. Günstlingswirtschaft, Korruption und

Machtkämpfe des Adels leisteten der inneren Zerrüttung Vorschub, während sich der politisch uninteressierte König auf den Ausbau seiner sächsischen Hauptstadt Dresden zum Mittelpunkt barocker Kunst und Kultur konzentrierte. Mit seinem Tod endete 1763 die sächsisch-polnische Personalunion.

In der Folgezeit geriet Polen innen- und außenpolitisch mehr und mehr unter den Einfluss Russlands. Im Jahr 1764 erzwang Katharina II. die Wahl ihres früheren Geliebten Stanislaus August Poniatowski zum König von Polen. Unter seiner Herrschaft kamen neben der französischen Kultur auch die Ideen der französischen Aufklärung in das streng katholische Land, blieben aber im Wesentlichen auf den Adel beschränkt.

Aufrichtig bemühte sich König Stanislaus II. August, den zerrütteten polnischen Staat zu reformieren, brachte dadurch aber einen Teil des Adels gegen sich auf, der um seine Privilegien fürchtete. Aufstände orthodoxer Bauern gegen ihre polnischen Grundherren führten schließlich zur Intervention russischer Truppen, was wiederum die Nachbarmächte Preußen und Österreich auf den Plan rief, die Polen nicht dem alleinigen Einfluss Russlands überlassen wollten.

Auf Vorschlag Friedrichs des Großen schritten die drei Mächte 1772 zur Ersten Polnischen Teilung, wobei Preußen mit Westpreußen die strategisch wichtige Landverbindung zwischen Pommern und Ostpreußen gewann. Fortan nannte sich Friedrich II. König *von* Preußen.

Im Jahr 1786 starb Friedrich der Große. Durch den Tod seiner wenigen Freunde zunehmend vereinsamt und menschenscheu geworden, war der von der Gicht gebeugte König als „Alter Fritz" zu einer volkstümlichen, beinahe legendären Gestalt geworden. Seine Regierungsbilanz schwankt zwischen humanitärem Idealismus und kühler Staatsräson. Um den Preis von drei verlustreichen Kriegen hatte er Preußen zur zweiten Macht in Deutschland neben Österreich gemacht. Seinen militärischen Leistungen steht sein Aufbauwerk gegenüber; unter anderem hatte er den Oder-, Warthe- und Netzebruch urbar gemacht, Manufakturen gegründet sowie Straßen und Kanäle gebaut. Er selbst hatte sich stets als der „erste Diener des Staates" und seine wichtigste Aufgabe in der Förderung der Wohlfahrt des Landes gesehen. Gleichwohl hatte er Gutsherrschaft und Leibeigenschaft nicht angetastet, da der Adel die wichtigste Stütze des preußischen Staates war. Zwar hatte Friedrich II. den aufgeklärten Absolutismus als Regierungssystem begründet, dennoch blieb es eine autokratische Herrschaft. Alle Maßnahmen gingen vom König aus, seine Untergebenen, die er oft mit autoritärer Verachtung behandelte, hatten seine Anweisungen lediglich umzusetzen.

Mit Friedrichs II. Tod endete die Ära der Aufklärung in Preußen. Seine Nachfolger auf dem Thron bemühten sich nach Kräften, den Geist der Moderne einzudämmen, weshalb das Land nach 1785 gleichsam zu erstarren schien.

Unterdessen versuchte König Stanislaus II. ungeachtet der Teilung seines Landes, seine Handlungsfähigkeit zurückzugewinnen und Polen zu modernisieren. 1791 verabschiedete der polnische *Sejm* die erste geschriebene Verfassung eines europäischen Staates, die neben der Gewaltenteilung auch das Prinzip der Volkssouveränität anerkannte. Dies wurde zum Anlass für Zarin Katharina II., gegen den „revolutionären Bazillus" vorzugehen, und als konservative Adlige 1792 um russische Hilfe ersuchten, kam sie dieser Bitte gerne nach.

Am 23. Januar 1793 schlossen Russland und Preußen einen erneuten Teilungsvertrag, mit dem Polen um ein weiteres Drittel reduziert wurde. Als General Tadeusz Kosciuszko, ein Veteran des amerikanischen Unabhängigkeitskriegs, 1794 versuchte, den polnischen Staat durch einen Aufstand zu retten, beschlossen die Großmächte Russland, Österreich und Preußen 1795, die restlichen polnischen Gebiete unter sich aufzuteilen und Polen damit endgültig von der Landkarte zu tilgen.

Von 1795 bis 1918 waren die Polen eine Nation ohne Staat. Bis heute erinnert die polnische Nationalhymne an diese Zeit: „*Jezcze Polska nie zginela*" – „Noch ist Polen nicht verloren!" Im gleichen Jahr wurde auch das Herzogtum Kurland als Provinz in das Zarenreich eingegliedert.

Am 17. November 1796 starb Katharina die Große in Zarskoje Selo. Am Ende ihrer Regierungszeit war die Stellung Russlands als europäische Großmacht endgültig gefestigt, doch die grundlegenden inneren Probleme des Zarenreichs waren nach wie vor ungelöst.

Restauration, Revolution und Reichsgründung:

Das 19. Jahrhundert

Die Krise des Absolutismus hatte 1789 zur Französischen Revolution geführt. Doch was als politischer Protest unzufriedener Eliten begonnen hatte, entwickelte sich schließlich zum totalen Umsturz: Am 21. September 1792 erklärte der Nationalkonvent Frankreich zur Republik; vier Monate später wurde der französische König Ludwig XVI. öffentlich enthauptet. Schon bald erfassten die von Frankreich ausgehenden politischen und gesellschaftlichen Umwälzungen fast den gesamten Kontinent.

Seit 1792 führten Österreich und Preußen Krieg gegen das revolutionäre Frankreich, doch zogen sich die Preußen 1795 mit dem Frieden von Basel für ein Jahrzehnt aus dem Kampf gegen Frankreich zurück. Zugleich kämpften England und Frankreich von 1793 bis 1815 in einem weltweit ausgetragenen Konflikt um die Vorherrschaft in Europa.

Obwohl der Krieg, einem Flächenbrand ähnlich, im Laufe der Zeit fast ganz Europa ergriff, blieb die „Ruhe im Norden“ zunächst gewahrt. Doch angesichts der wachsenden Belästigung der neutralen Schifffahrt durch die Briten schlossen sich Preußen, Dänemark, Schweden und Russland unter der Führung des mit Napoleon sympathisierenden russischen Zaren Paul I. im Dezember 1800 erneut zu einer Bewaffneten Neutralität zusammen.

Die Allianz der nordeuropäischen Mächte stellte für England eine ernste Bedrohung dar. Durch die Bewaffnete Neutralität wurde der britische Zugang zum Ostseeraum und damit die Zufuhr des für die *Royal Navy* dringend benötigten Schiffbaumaterials gefährdet. Ohne Flotte aber war England verloren. Daher war die Reaktion der Briten schnell und hart: Die Admiräle Sir Hyde Parker und Lord Horatio Nelson wurden entsandt, um den Zugang zur Ostsee zu sichern – durch Diplomatie, notfalls aber auch mit Gewalt. Und so kam es, nachdem die Verhandlungen mit den Dänen gescheitert waren, am 2. April 1801 zur Schlacht von Kopenhagen, in der die dänische Flotte fast völlig vernichtet wurde. Eigentlich war die Schlacht unnötig gewesen, denn bereits am 24. März 1801 war Zar Paul einer Adelsverschwörung zum Opfer gefallen. Mit ihrem Initiator war auch die Bewaffnete Neutralität gestorben. Später gelang es den Dänen, einen Ausgleich mit Großbritannien zu finden und ihre Neutralität noch einmal zu bewahren.

1806 nahm Preußen den Kampf gegen Frankreich wieder auf. Ein Jahr zuvor hatte Napoleon Bonaparte, seit 1804 Kaiser der Franzosen, zur Sicherung der französischen Grenze den aus einer Reihe von Frankreich abhängigen Klein- und Mittelstaaten bestehenden Rheinbund gegründet. Preußen, mit Sachsen und Russland verbündet, hatte daraufhin ultimativ den Abzug der französischen Truppen rechts des Rheins und die Auflösung des Rheinbunds gefordert. Dies führte schließlich zum Krieg mit Frankreich, auf den das von Russland nur halbherzig unterstützte Preußen aber nicht vorbereitet war. Das schlecht ausgerüstete, von überalterten Generälen inkompetent geführte preußische Heer hatte gegen die schlachterprobten Truppen Napoleons keine Chance. Am 14. Oktober 1806 erlitten die Preußen in der Doppelschlacht von Jena und Auerstedt eine vernichtende Niederlage. König Friedrich Wilhelm III. floh mit seiner Familie nach Ostpreußen, am 27. Oktober zog der Kaiser der Franzosen im Triumphzug in die preußische Hauptstadt ein. Allein die preußische Hafen- und Festungsstadt Kolberg leistete bis zum Waffenstillstand im Juni 1807 hartnäckigen Widerstand.

Im November 1806 wurde auch Lübeck von französischen Truppen besetzt und 1811 zusammen mit Hamburg und Bremen in das französische Kaiserreich eingegliedert. Bereits im August 1806 hatte Kaiser Franz II. unter dem Druck Napoleons die römisch-deutsche Kaiserwürde abgelegt und das Heilige Römische Reich Deutscher Nation für aufgelöst erklärt. Als Franz I. trug er aber weiterhin die österreichische Kaiserkrone.

Im Frieden von Tilsit am 7. Juli 1807 verlor Preußen rund die Hälfte seines Territoriums, darunter alle westelbischen und polnischen Gebiete; zugleich wurde das Land von französischen Truppen besetzt, mit hohen Kontributionen belegt und das preußische Heer auf eine Stärke von 42 000 Mann beschränkt. Darüber hinaus schuf Napoleon aus einem Teil der von Preußen im Zuge der Polnischen Teilungen annektierten Gebiete einen neuen polnischen Staat, das Großherzogtum Warschau.

Selten in der Geschichte war eine Großmacht so schnell kollabiert wie Preußen. Unter dem Eindruck der Niederlage begann die innere Erneuerung; das morsche preußische Staatswesen wurde gründlich modernisiert. Den Anfang machte Karl Freiherr vom Stein mit der Neuordnung der Staatsverwaltung, der Aufhebung der Erbuntertänigkeit der Bauern durch das berühmte Oktoberedikt von 1807, der Einführung der kommunalen Selbstverwaltung und zahlreichen anderen Reformen. Nachdem Stein 1810 auf Verlangen Napoleons entlassen worden war, setzte

Der Einzug Napoleons in Berlin am 27. Oktober 1806. Gut zwei Wochen zuvor hatten die Preußen bei Jena und Auerstedt eine vernichtende Niederlage erlitten.

Dänemark, Schleswig-Holstein und die Kontinentalsperre

Mit dem Kriegseintritt im Oktober 1807 auf der Seite Frankreichs war Dänemark zum ersten Mal seit 1721 wieder in einen großen europäischen Konflikt verwickelt. Obwohl die Dänen mit ihren wenigen verbliebenen Kriegsschiffen, einer rasch erbauten Flotte von Ruderkanonenbooten und einer großen Zahl von Kaperschiffen aktiv in den Seekrieg gegen England eingriffen, blieb der britische Zugang zur Ostsee bis zum Kriegsende gewahrt. Ein starker britischer Flottenverband hielt die Ostseezufahrten offen und sorgte für den Schutz des Schiffsverkehrs zwischen Großbritannien und der Ostsee.

Zugleich hatte sich der dänische Gesamtstaat auch der Kontinentalsperre, dem von Napoleon verhängten, absoluten Einfuhrverbot für englische Waren angeschlossen. Im Gegenzug hatte Großbritannien seinerseits ein Handelsembargo über den europäischen Kontinent verhängt.

Ungeachtet des Kriegs und der Kontinentalsperre versuchten Kaufleute, Reeder und Seeleute auf beiden Seiten der Nordsee, ihre althergebrachten Handelsverbindungen nicht abreißen zu lassen und organisierten einen groß angelegten Schmuggel mit den begehrten englischen Produkten und Kolonialwaren wie Zucker, Tee und Kaffee. An diesem Schleichhandel waren auch viele Kaufleute, Seeleute und Fischer aus den Herzogtümern Schleswig und Holstein beteiligt. Das Geschäft war lukrativ, aber nicht ohne Risiken: Wer von den dänischen Behörden erwischt wurde, musste mit schweren Strafen rechnen.

Nachdem der Handel zwischen Dänemark und Großbritannien 1808 völlig blockiert gewesen war, wurden 1809 die britischen Embargobestimmungen für die neutralen amerikanischen Handelsschiffe gelockert, die nun wieder die Häfen des dänischen Gesamtstaats anlaufen durften. Von dieser Belebung des Handels profitierte nicht zuletzt der dänische Staat durch erhöhte Zolleinnahmen, ebenso wie die schleswig-holsteinischen Fuhrleute und Schiffer. Zur Regulierung des Handelsverkehrs mit dem Kontinent bedienten sich die Briten seit 1809 der sogenannten Lizenzen, einem flexiblen System von Sondergenehmigungen, die an Schiffe unter neutraler oder gar feindlicher Flagge erteilt wurden und diesen das Anlaufen britischer Häfen und den Export englischer Waren erlaubten. Um ein unkontrolliertes Unterlaufen der britischen Blockade Frankreichs zu verhindern, war das gesamte Lizenzsystem einer strengen Aufsicht unterworfen. Unter anderem mussten alle lizenzierten Schiffe innerhalb der englischen Konvois segeln, wobei die begleitenden Kriegsschiffe nicht nur dem Schutz vor feindlichen Angriffen, sondern auch der Überwachung der Handelsschiffe dienten.

Obwohl Dänemark einer der treuesten Verbündeten Napoleons war und sich nach Kräften bemühte, alle Durchbrechungen der Kontinentalsperre zu unterbinden, wurde das Embargo selbst von offizieller Seite nicht konsequent aufrechterhalten. So war aufgrund eines stillschweigenden Übereinkommens mit Großbritannien der Schiffsverkehr nach Norden aus humanitären Gründen praktisch freigegeben, da Norwegen, Grönland und die Faröer vom Import von Lebensmitteln abhängig waren. Ab 1810 wurden die Einfuhrbestimmungen für britische Waren im dänischen Gesamtstaat auf französischen Druck hin verschärft und der Kampf gegen den Schleichhandel intensiviert.

Auch wenn die Kontinentalsperre die englische Wirtschaft schädigte, waren die Folgen für die europäischen Staaten, vor allem für Dänemark, noch viel verheerender. Ausgelöst durch das Handelsembargo und durch die Kriegslasten noch verstärkt, kollabierten die gesamtstaatliche Wirtschaft und das ohnehin instabile dänische Währungssystem. Eine Pleitewelle rollte durch Dänemark, Norwegen und die Herzogtümer. Auch das faktische Ende der Kontinentalsperre nach dem französischen Überfall auf Russland 1812, für England die wirtschaftliche Rettung, brachte kaum Erleichterung. Anfang 1813 musste Dänemark den Staatsbankrott erklären, in den auch die Herzogtümer Schleswig und Holstein mit hineingezogen wurden.

Karl August von Hardenberg das begonnene Modernisierungswerk fort, auch wenn er im Gegensatz zu seinem Vorgänger liberalen und nationalen Ideen eher distanziert gegenüberstand. Unter anderem wurde die Gewerbefreiheit eingeführt, das Steuersystem reformiert und den bis dahin diskriminierten Juden die staatsbürgerliche Gleichstellung gewährt. Zu den bedeutendsten Umwälzungen gehörte die von Gerhard von Scharnhorst und August Neithard von Gneisenau durchgeführte Heeresreform. Unter anderem schafften sie das Adelsprivileg auf die Offiziersstellen ab und umgingen die Begrenzung der Heeresstärke durch eine verkürzte Wehrdienstdauer. Dank dieses sogenannten Krümpersystems stand bald eine große Zahl ausgebildeter Reservisten bereit, was die schnelle Aufstockung des Heeres in den Befreiungskriegen ermöglichte.

Diese „Revolution von oben" ebnete den Weg zum Wiederaufstieg Preußens zur europäischen Großmacht. Zugleich legten die Reformen den Grundstein für den Wandel vom absolutistischen Ständestaat zum staatsbürgerlichen Rechtsstaat. Dadurch sollte die Bevölkerung stärker als bisher an den preußischen Staat gebunden werden.

1807 wurde auch Dänemark endgültig in den europäischen Konflikt zwischen Großbritannien und Frankreich hineingezogen. Nach dem Sieg über Preußen und dem Friedensschluss mit Russland im Jahr 1806 hatte Napoleon auf dem Kontinent keinen Gegner mehr. Sein Ziel war es nun, seinen letzten Widersacher England in die Knie zu zwingen.

Doch da die Briten seit der Schlacht von Trafalgar 1805 die absolute Seeherrschaft besaßen, konnte der Kaiser der Franzosen sein Ziel nicht auf direktem, militärischem Weg erreichen. Daher versuchte er das vom Außenhandel abhängige Großbritannien wirtschaftlich zu ruinieren. Zu diesem Zweck hatte Napoleon 1806/07 in mehreren Dekreten mit der sogenannten Kontinentalsperre ein absolutes Einfuhrverbot für englische Waren verhängt.

Auch Russland suchte nun den Ausgleich mit Frankreich, und so beschlossen die beiden Mächte in einem Geheimabkommen, Europa in Interessenzonen aufzuteilen und England und seinen Handel vom Kontinent auszusperren. Dazu sollten auch, wenn nötig mit Gewalt, Dänemark und Schweden gewonnen werden. Dies hätte die Schließung der Ostseezugänge für die Briten und damit die Unterbrechung der Versorgung der *Royal Navy* bedeutet. Das konnte die britische Regierung, die auf geheimen Kanälen von dem Plan Kenntnis erhalten hatte, unter keinen Umständen zulassen.

Im Spätsommer 1807 entsandten die Briten daher erneut eine Flotte unter dem Befehl von Admiral Lord James Gambier nach Kopenhagen. Nachdem die dänische Regierung ein englisches Ultimatum zurückgewiesen hatte, begannen die Briten am 2. September 1807 die Stadt zu beschießen. Fünf lange Tage verteidigten die Dänen todesmutig ihre brennende Stadt, bevor die Kapitulation unvermeidbar wurde. Dieser Angriff und der anschließende „Raub der dänischen Flotte" hinterließen bei den Dänen für viele Jahre einen tiefen Hass auf die Briten und trieben sie als treue Bundesgenossen auf die Seite Frankreichs. Die ökonomischen Folgen des Kriegs waren verheerend: 1400 unter dänischer Flagge segelnde Schiffe wurden gekapert, die übrigen verrotteten vor Anker liegend. Die bis dahin blühende gesamtstaatliche Schifffahrt kam fast völlig zum Erliegen und die Wirtschaft kollabierte.

Im Gegensatz zu Dänemark und Russland stand Schweden nach wie vor auf der Seite Englands. 1808 erklärte der russische Zar Alexander I., gestärkt durch das Bündnis mit Napoleon, Schweden den Krieg und besetzte Finnland, das 1809 im Frieden von Fredriksham an Russland fiel. Damit verlor Schweden ein Drittel seines Territoriums und ein Viertel seiner Bevölkerung.

Nach der Niederlage gegen Russland wurde König Gustav IV. Adolf abgesetzt und durch eine Verfassungsreform das Gleichgewicht zwischen Krone und Reichstag wieder hergestellt; neuer König wurde sein Onkel Karl XIII., der allerdings kinderlos war. Nachdem der designierte Thronfolger Christian August aus dem Hause Schleswig-Holstein-Sonderburg-Augustenburg, einer Nebenlinie des dänischen Königshauses, 1810 überraschend verstorben war, entschied sich der schwedische Reichstag stattdessen für den französischen Marschall Jean-Baptiste Bernadotte, der nach seiner Adoption durch den König den Namen Karl Johann annahm. Er begründete damit die Herrschaft des bis heute regierenden Hauses Bernadotte.

Nachdem Karl Johann anstelle seines kränkli-

Napoleon blickt auf das brennende Moskau. Der anschließende Rückzug führte die französische Grande Armée in den Untergang.

chen Adoptivvaters die Regierung übernommen hatte, leitete er einen grundlegenden Wandel der schwedischen Außenpolitik ein. Der erzwungene, formelle Eintritt Schwedens in den Krieg gegen England und die Besetzung Schwedisch-Pommerns durch Napoleons Truppen veranlassten Kronprinz Karl Johann, sich von Frankreich abzuwenden. 1812 verzichtete er förmlich auf Finnland und schloss ein Bündnis mit dem russischen Zaren, an dessen Seite er wenig später gegen seinen ehemaligen Herrn Napoleon in den Krieg zog.

Napoleon zieht gegen Russland

Ohne Kriegserklärung war Napoleon im Juni 1812 in Russland, das aus wirtschaftlichen Gründen die Kontinentalsperre durchbrochen hatte, eingefallen. Für den Angriff auf seinen letzten potenziellen Gegner auf dem Kontinent hatte der Kaiser der Franzosen ein gewaltiges Heer von insgesamt 610 000 Soldaten aufgeboten, wobei aber nur die Hälfte aus französischen Truppen bestand. Der restliche Teil seiner *Grande Armée* setzte sich aus Kontingenten seiner Verbündeten zusammen, unter ihnen auch 180 000 Soldaten aus Preußen, Österreich und anderen deutschen Staaten.

Der Feldzug gegen Russland war der wohl folgenschwerste Fehler des genialen Feldherrn Napoleon. Weil der russische Befehlshaber Michail Kutusow wusste, dass seine Truppen in offener Feldschlacht gegen die *Grande Armée* keine Aussicht auf Erfolg besaßen, hatte er sich zur Strategie der „verbrannten Erde“ entschlossen. Bis auf die Schlacht bei Borodino vermied er jegliche Gefechtsberührung und gab sogar Moskau preis: „Wenn wir Moskau dem Feind überlassen, bewahren wir unsere Armee, wenn wir jedoch die Armee verlieren, sind Moskau und Russland verloren.“

Zwar zog Napoleon am 14. September siegreich in Moskau ein, doch erwies sich der vermeintliche Erfolg rasch als Pyrrhussieg: Anders als erwartet, gab es kein Friedensangebot. Der ausbleibende Nachschub und der vermutlich von den Bewohnern der russischen Hauptstadt selbst gelegte „Brand von Moskau“ zwangen Napoleon schließlich Ende Oktober zum Rückzug. Der bald einsetzende russische Winter besiegelte das Schicksal der *Grande Armée*. Die Unbillen der Witterung, Krankheiten und ständige Überfälle russischer Kosaken dezimierten Napoleons Truppen. Beim Übergang über den Fluss Beresina kam es schließlich zur Katastrophe: Die *Grande Armée* löste sich auf, Napoleon verließ seine Soldaten und flüchtete nach Paris. Als die kläglichen Reste der einst so stolzen *Grande Armée* im Dezember 1812 die Memel erreichten, zählte Napoleons Heer nur noch 30 000 Mann.

Europa rüstet gegen Napoleon

Die Niederlage Napoleons wurde für die unterdrückten Völker Europas das Signal, sich gegen die französische Herrschaft zu erheben. Am 30. Dezember 1812 schloss der preußische General Johann David Ludwig Yorck ein Abkommen mit den Russen. In der Konvention von Tauroggen erklärte er die von ihm befehligten Truppen für neutral – ein klarer Bruch des preußischen Bündnisses mit Frankreich.

Anfang 1813 wechselte Preußen endgültig die Fronten und verbündete sich mit Österreich und Russland gegen Napoleon. Am 16. März 1813 erklärte Friedrich Wilhelm III. Frankreich den Krieg. Um seine Untertanen zum Krieg gegen die Franzosen zu mobilisieren, erließ er am folgenden Tag den Aufruf *An mein Volk* – mit durchschlagendem Erfolg: Die Ereignisse in Preußen und die Idee eines „Volkskriegs“ gegen die französischen Besatzer beflügelte die neu erwachte deutsche Nationalbewegung. Freiwillige aus allen Schichten der Bevölkerung strömten zu den Waffen.

Im Oktober 1813 gelang den alliierten preußischen, österreichischen, russischen und schwedischen Truppen in der sogenannten Völkerschlacht bei Leipzig der erste große Sieg über Napoleon. Der Erfolg der Verbündeten zwang den Kaiser der Franzosen zum Rückzug aus Deutschland. In der Folge zerfiel das französische System von Vasallenstaaten. Im April 1814 wurde Napoleon schließlich von der Armee zur Abdankung gezwungen, kehrte aber im Februar 1815 noch einmal aus seinem Exil auf der Insel Elba nach Frankreich zurück. Erst die Niederlage bei Waterloo am 18. Juni 1815 konnte seine Macht endgültig brechen. Napoleon starb 1821 im britischen Exil auf der im Südatlantik gelegenen Insel St. Helena, vermutlich an Magenkrebs.

Der große Verlierer der Napoleonischen Kriege war Dänemark. Bereits Anfang 1814 hatten die Dänen vor einer schwedisch-russischen Armee unter dem Kommando des schwedischen Kronprinzen Bernadotte kapitulieren müssen. Im anschließenden Frieden von Kiel musste Dänemark Norwegen an Schweden abtreten. Damit war Dänemark von einer Mittelmacht zu einem Kleinstaat geschrumpft, der fortan außenpolitisch von den Großmächten abhängig war.

Noch schwerer als die Gebietsverluste wog allerdings die politische Hypothek des Kriegs. Nach dem englischen Überfall auf Kopenhagen 1807 hatte noch eine Welle des gesamtstaatlichen Patriotismus die Herzogtümer Schleswig und Holstein ergriffen. Doch sorgte die dänische Politik nun dafür, dass eine wachsende Kluft zwischen Deutschen und Dänen entstand. So ruinierten der dänische Staatsbankrott und die Auflösung der Schleswig-Holsteinischen Bank im Januar 1813 nicht nur die Wirtschaft der Herzogtümer, sondern legten zugleich das Fundament für das Zerwürfnis zwischen Deutschen und Dänen.

Dagegen zählte das aufseiten der Alliierten stehende Schweden zu den Siegern und gewann Norwegen als Kompensation für die verlorenen Gebiete Finnland und Pommern. Obgleich die Norweger in der Hoffnung auf ihre Unabhängigkeit den dänischen Statthalter Prinz Christian Frederik zum König gewählt und sich eine als vorbildhaft geltende, konstitutionelle Verfassung gegeben hatten, konnte Schweden seine Ansprüche in einem kurzen Krieg durchsetzen. Ungeachtet dessen erkannten die Schweden die – mit leichten Änderungen bis heute gültige – Verfassung sowie die innere Autonomie Norwegens an, sodass die schwedisch-norwegische Union trotz innerer Konflikte bis zu ihrer friedlichen Auflösung im Jahr 1905 hielt.

Nach dem Tod von Karl XIII. wurde Bernadotte 1818 als Karl XIV. Johann König von Schweden und Norwegen, Prinz Christian Frederik dagegen bestieg 1839 als König Christian VIII. den dänischen Thron.

Insgesamt hatten Dänemark und Schweden als Ergebnis der Napoleonischen Kriege deutlich an machtpolitischem Gewicht verloren, weshalb die skandinavischen Länder nach 1815 eine Politik der Neutralität verfolgten. Gleichzeitig kam es auch zu einer kulturellen und politischen Annäherung zwischen den jahrhundertelangen Konkurrenten Dänemark und Schweden. In den 1840er-Jahren entstand mit dem „Skandinavismus“ eine von der gemeinsamen Frühzeit Dänemarks, Schwedens und Norwegens inspirierte Bewegung zur Wiedervereinigung der nordischen Länder, die im gebildeten Bürgertum rasch weite Verbreitung gewann.

Europa wird neu geordnet

Nach der Niederlage Napoleons hatten die Großmächte Russland, England, Frankreich, Österreich und Preußen 1814/15 auf dem Wiener Kongress eine

Die Eröffnung der Eisenbahnlinie Kiel-Altona 1844. Auch im Norden Europas läutete die Eisenbahn eine Revolution des Verkehrswesens ein.

Friedensregelung beschlossen, die bis zum Ersten Weltkrieg die europäische Politik bestimmen sollte. Durch die territoriale Neuordnung Europas sollte zum einen die vorrevolutionäre politische Struktur wiederhergestellt und zum anderen ein stabiles Staatensystem auf der Grundlage des Gleichgewichts der beteiligten Mächte geschaffen werden. Auch die drei vorübergehend dem französischen Kaiserreich angegliederten Hansestädte Lübeck, Hamburg und Bremen erhielten nun ihre Eigenständigkeit zurück, wohingegen die von Napoleon vorgenommenen territorialen Veränderungen im Süden Deutschlands bestätigt wurden.

Neben Großbritannien, das zur dominierenden Seemacht und führenden Großmacht Europas aufstieg, zählte auch Russland zu den Hauptgewinnern; der Zar erwarb den größten Teil des ehemaligen Großherzogtums Warschau; als sogenanntes Kongresspolen sollte es innerhalb des russischen Zarenreichs ein autonomes Königreich mit eigener Verfassung bilden.

Finnland machte Alexander I. dagegen zu einem Großfürstentum mit weitgehender Autonomie. Durch die Förderung der finnischen Kultur und Identität wollten die neuen Machthaber den schwedischen Einfluss zurückdrängen; im Jahr 1866 wurde Finnisch neben Schwedisch als zweite Amtssprache zugelassen. Dadurch entstand allmählich ein finnisches Nationalbewusstsein.

In den baltischen Provinzen blieb dagegen alles beim Alten. Bis weit in die zweite Hälfte des 19. Jahrhunderts hinein spielte der baltische Adel die führende Rolle in Politik und Verwaltung. Auch die Aufhebung der Leibeigenschaft im Baltikum durch Zar Alexander I. im Jahr 1817 änderte daran nur wenig; die Bauern erhielten zwar die persönliche Freiheit, doch das Land blieb in der Hand des Adels.

Preußen erhielt Westpreußen, Posen, einen Teil Sachsens, die Rheinprovinz und Westfalen sowie das bisher schwedische Vorpommern. Auch die Abtretung Norwegens an Schweden und die schwedisch-norwegische Personalunion wurden bestätigt.

Zwar konnte mit dem Wiener Kongress die alte staatliche Ordnung wiederhergestellt werden, doch die Ideale der Französischen Revolution wirkten weiter. Preußen, Österreich und Russland schlossen sich daher zur „Heiligen Allianz" zusammen, deren Ziel es war, die Freiheitsbewegung in Europa zu unterdrücken, um auf diese Weise künftige Revolutionen zu verhindern.

Vor allem Russland wurde nach 1815 zum Hort der Reaktion. Ungeachtet dessen erreichte das revolutionäre Gedankengut auch das autokratische Zarenreich. Nach dem Tod Zar Alexanders I. kam es 1825 zum Aufstand der „Dekabristen", einer Konspiration liberaler, von westlichen Reformideen erfüllter Adliger und Offiziere; wer von den Verschwörern nicht auf dem Schafott endete, wurde nach Sibirien verbannt.

Der Aufstand erfüllte den neuen Zaren Nikolaus I. mit einem tiefen Abscheu gegenüber allen revolutionären Bewegungen. 1830 kam es in Polen zum sogenannten Novemberaufstand, der jedoch blutig niedergeschlagen wurde; 30 000 Polen mussten in die sibirische Verbannung ziehen, die polnische Autonomie wurde aufgehoben und die polnische Armee aufgelöst. Der Aufstand lieferte Russland und Preußen den willkommenen Vorwand, um nun auch noch die letzten, kläglichen Reste polnischer Eigenstaatlichkeit zu beseitigen.

Das Deutsche Reich wurde nicht wieder errichtet; an seine Stelle trat der am 8. Juni 1815 gegründete Deutsche Bund als Konföderation souveräner Staaten. Zu seinen Mitgliedern gehörten neben den deutschen Fürsten und den freien Reichsstädten auch die Könige Großbritanniens für Hannover, Dänemarks für Holstein und Lauenburg und der Niederlande für Luxemburg und Limburg.

Von Anfang an wurde der Deutsche Bund von der Rivalität Preußens und Österreichs um die Vormachtstellung in Deutschland belastet. Der lockere Staatenbund sollte in erster Linie die Interessen der deutschen Fürsten wahren. Dagegen wurden die Hoffnungen des von den Idealen der Französischen Revolution beeinflussten Bürgertums auf ein geeintes und freiheitliches Deutschland enttäuscht, ebenso wie die in den Befreiungskriegen von den Fürsten genährte Hoffnung auf moderne Verfassungen. Die reaktionär-konservative Restaurationspolitik in Preußen und Österreich bereitete den Wünschen der Bürger nach politischen Mitspracherechten vorerst ein Ende, doch bildete sich in den Ländern des Deutschen Bunds bald eine liberal-nationale Bewegung, die nach einem einigen Deutschland mit ei-

ner freiheitlichen Verfassung strebte und 1817 mit dem Wartburgfest einen ersten Höhepunkt erlebte. Doch nach der Ermordung des konservativen Dichters August von Kotzebue durch den Studenten Karl Ludwig Sand 1819 begannen die Staaten des Deutschen Bunds massiv gegen die liberal-nationale Bewegung vorzugehen.

Mit den sogenannten Karlsbader Beschlüssen setzte ab 1819 die Demagogenverfolgung ein, eine Epoche der Zensur und polizeilichen Überwachung von Studenten, Professoren und Intellektuellen. Wer sich widersetzte, wanderte ins Gefängnis oder musste ins Exil gehen. Es begann die Zeit des Biedermeier, eine Epoche der politischen Friedhofsruhe.

Der Freiheitsdrang im Volk war jedoch nicht mehr zu ersticken. Je stärker die Fürsten versuchten, die nationale und liberale Bewegung zu unterdrücken, desto mehr wuchs das Verlangen ihrer Untertanen nach einem freien und geeinten Deutschland.

Den ersten Ansatz zu einer Einigung Deutschlands bildete die Gründung des preußisch dominierten Deutschen Zollvereins im Jahr 1833. Am 1. Januar 1834 öffneten Preußen und 17 weitere deutsche Staaten ihre Zollgrenzen und schufen damit zum ersten Mal einen gemeinsamen Wirtschaftsraum, der einen Großteil der deutschen Staaten umfasste; Österreich blieb dagegen auf Drängen Preußens ausgeschlossen.

Auch der Ausbau des Eisenbahnnetzes ließ Deutschland weiter zusammenrücken. In den ersten Jahrzehnten des 19. Jahrhunderts revolutionierte die Eisenbahn das gesamte Verkehrswesen. Angesichts des miserablen Zustands der meisten Straßen waren Transporte über Land bis zu diesem Zeitpunkt

19. Jahrhundert

1792–1815
Revolutionskriege; Europa unter napoleonischer Vorherrschaft.

1809
Schweden verliert nach kurzem Krieg Finnland an Russland.

1814–1815
Wiener Kongress: Neuordnung Europas; Gründung des Deutschen Bunds

1814–1905
Schwedisch-norwegische Personalunion.

1831–1864
Niederschlagung mehrerer polnischer Aufstände.

1834
Gründung des Deutschen Zollvereins.

1848–1849
Revolution in Deutschland; Frankfurter Nationalversammlung.

1848–1851
Schleswig-holsteinische Erhebung gegen Dänemark.

schwierig und teuer gewesen, weshalb im gesamten Ostseeraum Küstenschiffe als wichtigstes Verkehrsmittel gedient hatten. Dank der Eisenbahn wurde es nun möglich, auch auf dem Landweg große Warenmengen schnell und preisgünstig zu transportieren – eine wichtige Voraussetzung für die Industrialisierung. Die erste Bahnlinie in Preußen von Berlin nach Potsdam wurde 1838 eröffnet. Im Jahr 1844 trat auch Schleswig-Holstein in das Eisenbahnzeitalter ein; der ersten Strecke von Altona nach Kiel folgte 1854 die Trasse nach Flensburg, Husum und Tönning. Rasch wurden weitere Bahnlinien gebaut; allein in den 1850er-Jahren sollte sich die Länge des deutschen Eisenbahnnetzes verdoppelt.

Auch in den übrigen Ostseeanrainerstaaten begann in der zweiten Hälfte des 19. Jahrhunderts der Ausbau von Eisenbahnverbindungen – selbst im rückständigen Russland wuchs das Eisenbahnnetz nach eher schleppendem Anfang zwischen 1890 und 1913 von 31 000 km auf 71 000 km um mehr als das Doppelte.

Die Küstenschifffahrt spielte aber noch bis in das 20. Jahrhundert hinein eine wichtige Rolle für den Warenaustausch in der Ostsee. Allerdings begann auch im Ostseeraum im Laufe des 19. Jahrhunderts die allmähliche Verdrängung der Segelschiffe durch die neuen Dampfschiffe. Bereits 1819 war die erste Dampfschiffslinie zwischen Kiel und Kopenhagen eröffnet worden, doch erst in den 1870er-Jahren war die technische Entwicklung so weit fortgeschritten, dass sich die Dampfschifffahrt zu einer ernsthaften Konkurrenz für die Segelschifffahrt entwickeln konnte. Der größte Vorteil der Dampfschiffe war die bessere Berechenbarkeit der Reisedauer, dennoch konnten sich die Segelschiffe vor allem in der Küstenschifffahrt noch lange behaupten. Die endgültige Ablösung der traditionellen Frachtsegler durch Dampf- und Motorschiffe erfolgte erst nach dem Ersten Weltkrieg.

Gleichzeitig erlebten auch die althergebrachten Lebensverhältnisse einen grundlegenden Wandel. Mit der beginnenden Industrialisierung begann sich die alte, ständische Gesellschaft aufzulösen; der Aufstieg eines durch den wirtschaftlichen Erfolg zunehmend selbstbewussten Bürgertums begann, während sich zugleich am anderen Ende der sozialen Hierarchie eine neue Schicht bildete: das Proletariat.

Als Folge der Agrarreformen und des starken Bevölkerungswachstums hatten sich die Lebensbedingungen der ländlichen Unterschichten erheblich verschlechtert. Viele Menschen zogen vom Land in die Städte, um sich als Tagelöhner oder Fabrikarbeiter zu verdingen, doch lebten sie auch hier meist am Rande des Existenzminimums. Das Elend der Arbeiter führte immer wieder zu Unruhen. 1844 erhoben sich in Schlesien 3000 Weber aus Protest

1849
Einführung der konstitutionellen Monarchie in Dänemark.

1853–1856
Russland unterliegt im Krimkrieg England, Frankreich und der Türkei.

1861
Aufhebung der Leibeigenschaft in Russland.

1864
Der Konflikt um Schleswig eskaliert zum Deutsch-Dänischen Krieg.

1866
Preußisch-Österreichischer Krieg; Gründung des Norddeutschen Bunds.

1870/71
Deutsch-Französischer Krieg.

1871
König Wilhelm I. wird in Versailles zum Deutschen Kaiser proklamiert.

1881
Beginn der Russifizierungspolitik in Finnland und im Baltikum.

1895
Eröffnung des Nord-Ostsee-Kanals.

gegen ihre soziale Lage. Die übermächtige Konkurrenz der englischen Leinenweberei hatte zu sinkenden Löhnen und damit zur Verelendung der Weber führte. Der Aufstand wurde durch das preußische Militär blutig niedergeschlagen.

Revolution in Europa

Anfang 1848 löste die Februarrevolution in Frankreich erneut einen politischen Flächenbrand aus, der fast den gesamten europäischen Kontinent erfasste. Der revolutionäre Funke sprang auch auf die Staaten des Deutschen Bunds über, wo die national-liberale Bewegung trotz aller Unterdrückungsversuche lebendig geblieben war. In ganz Deutschland gingen die Bürger auf die Straße und forderten politische Mitbestimmungsrechte und die Wahl einer deutschen Nationalversammlung.

Auch in Preußen kam es zu Demonstrationen und Protesten, die schließlich blutig eskalierten: Am 18. März eröffneten Soldaten bei einer Kundgebung in Berlin das Feuer auf die Bevölkerung. Daraus entwickelte sich ein erbitterter Straßenkampf, der mehr als 300 Menschen das Leben kostete, unter ihnen auch viele unbeteiligte Bürger. Am folgenden Tag rief König Friedrich Wilhelm IV. seine Truppen zurück und verkündete am 21. März, sein Streben sei fortan „auf die Wiederherstellung der Einheit Deutschlands“ gerichtet und versprach auch die Einberufung einer verfassungsgebenden Versammlung für Preußen. Die Herrschaft des Absolutismus in Preußen schien beendet, doch dies war nur ein taktisches Manöver. Insgeheim plante der König bereits, die Regierungsgewalt zurückzugewinnen. Schon im Dezember 1848 wurde auf sein Geheiß die preußische Konstituante wieder aufgelöst.

Am 18. Mai 1848 wurde in der Paulskirche in Frankfurt am Main mit der deutschen Nationalversammlung das erste frei gewählte deutsche Parlament eröffnet. Es sollte über eine Verfassung für ein geeintes Deutschland beraten. Die Mehrheit der 585 Abgeordneten waren Beamte und Akademiker; kein einziger entstammte der Arbeiterschicht. Am 27. Juni schuf die Nationalversammlung mit der Wahl Erzherzog Johanns von Österreich zum Reichsverweser und der Ernennung eines Reichsministeriums eine provisorische Zentralgewalt; die Bundesversammlung des Deutschen Bunds löste sich auf.

Bei den Verfassungsberatungen stand zunächst die Frage im Vordergrund, ob Österreich Teil des zukünftigen Deutschen Reichs werden sollte oder nicht. Nachdem sich schließlich die „kleindeutsche“ Richtung, das heißt eine Reichseinigung unter Ausschluss von Österreich, durchgesetzt hatte, wurde am 28. März 1849 die Reichsverfassung verabschiedet und der König von Preußen zum deutschen Kaiser gewählt. Doch als eine Delegation der

Karikatur König Friedrich Wilhelms IV. von Preußen. Seine Ablehnung der Kaiserkrone verhinderte 1849 eine deutsche Reichseinigung auf friedlichem Wege.

Frankfurter Nationalversammlung ihm die Kaiserkrone anbot, lehnte Friedrich Wilhelm IV. ab. Er wollte keine Krone tragen, der der „Ludergeruch der Revolution" anhaftete, ebenso wenig war er bereit, die Verfassung und die Souveränität des Parlaments anzuerkennen.

Das große Vorhaben einer nationalen Einigung von unten war gescheitert – an der politischen Spaltung der von konservativ über gemäßigt-liberal bis radikal-demokratisch reichenden Abgeordnetenschaft ebenso wie am Widerstand der Fürsten. Noch während in Frankfurt über die Verfassung beraten wurde, hatten die deutschen Fürsten mit der Niederwerfung der revolutionären Bewegung begonnen. Auch Zar Nikolaus I. blieb seiner reaktionären Linie treu; russische Truppen schlugen auf Bitten Wiens den Aufstand in Ungarn blutig nieder. Im Jahr 1850 wurde der Deutsche Bund wiederhergestellt, der aber mehr als je zuvor vom preußisch-österreichischen Konflikt um die Vorherrschaft in Deutschland beherrscht wurde.

Nach dem Scheitern der Revolution kam es in den meisten deutschen Staaten zu einer restaurativen Innenpolitik, die die Errungenschaften von 1848/49 zu revidieren suchte. Doch der Weg zum Verfassungsstaat war nicht mehr aufzuhalten.

In Preußen wurde die Verfassungsfrage von oben geregelt: Bereits im Dezember 1848 hatte König Friedrich Wilhelm IV. eine Verfassung oktroyiert, die 1850 in Kraft trat. Sie sah ein Zweikammerparlament vor, das aus dem vom Adel dominierten Herrenhaus und dem gewählten Abgeordnetenhaus bestand, in dem das konservative Besitzbürgertum dank des an der Steuerleistung orientierten Dreiklassenwahlrecht eine sichere Mehrheit stellte. Doch obgleich das Parlament das Budgetrecht besaß, lag die eigentliche politische Macht nach wie vor in den Händen des Monarchen, der auch die Regierung ernannte. Dennoch – zum ersten Mal in seiner Geschichte war Preußen ein konstitutioneller Staat.

In Mecklenburg hinterließ die Revolution von 1848 dagegen kaum Spuren. Seit 1701 war das Land in die beiden Teilherzogtümer Mecklenburg-Schwerin und Mecklenburg-Strelitz geteilt, die auf dem Wiener Kongress zu Großherzogtümern erhoben worden waren. Zusammen bildeten sie einen Staat; sie besaßen einen gemeinsamen Landtag und seit 1755 auch die gleiche Verfassung. Die versuchte Einführung einer neuen Verfassung durch Großherzog Friedrich Franz II. von Mecklenburg-Schwerin im Jahr 1849 scheiterte am Widerstand der Ritterschaft und des Großherzogs von Mecklenburg-Strelitz; 1850 wurde die alte Verfassung wieder eingeführt. Auf diese konservative Grundhaltung bezieht sich übrigens auch das berühmte Wort Otto von Bismarcks: „Wenn die Welt untergeht, so ziehe ich nach Mecklenburg, denn dort geschieht alles 50 Jahre später." Tatsächlich begann für Mecklenburg erst nach dem Sturz der Monarchie im Jahr 1918 eine Phase der nachgeholten Modernisierung, die anderswo bereits im 19. Jahrhundert abgeschlossen war. 1934 wurden die beiden Landesteile von den Nationalsozialisten zum Land Mecklenburg vereinigt.

Der Konflikt um Schleswig und Holstein

Die im Frühjahr 1848 von Paris ausgehende Revolutionsbewegung hatte auch den Konflikt um die Zukunft Schleswig-Holsteins eskalieren lassen.

Nach 1815 hatten sich innerhalb des dänischen Gesamtstaats eine schleswig-holsteinische und eine dänische Nationalbewegung entwickelt. Der wesentliche Streitpunkt war die Frage, ob das von deutsch- und dänischsprachigen Bevölkerungsteilen besiedelte

Herzogtum Schleswig Teil eines dänischen Nationalstaates werden oder mit den zum Deutschen Bund gehörigen Herzogtümern Holstein und Lauenburg einem noch zu bildenden deutschen Nationalstaat angehören sollte. Der Gegensatz machte sich auch in den Symbolen deutlich: Seit 1843/44 führten die deutschgesinnten Schleswig-Holsteiner die blau-weiß-rote Trikolore, während auf dänischer Seite der *Danebrog* zum Symbol der Nation wurde.

Unter dem Eindruck der revolutionären Stimmung in Kopenhagen sah sich der neue König Friedrich VII. im März 1848 gezwungen, Vertreter der dänisch-nationalen Bewegung in die Regierung zu berufen. Kaum war diese Nachricht nach Kiel gelangt, wurde dort in der Nacht vom 23. zum 24. März 1848 eine Provisorische Regierung gebildet, die sogleich verkündete, sich der deutschen Einheitsbewegung anschließen zu wollen. Doch die Entscheidung über die zukünftige Zugehörigkeit Schleswig-Holsteins fiel nicht in den Parlamenten, sondern auf dem Schlachtfeld und durch die internationale Diplomatie.

Die Dänen betrachteten die „Erhebung" der Schleswig-Holsteiner als Aufruhr und reagierten mit einer militärischen Intervention. Der Krieg begann hoffnungsvoll für Schleswig-Holstein. Nach der ersten Niederlage bei Bau im April 1848 hatte der Deutsche Bund ein Bundesheer unter dem Oberbefehl des preußischen Generals Friedrich Graf von Wrangel zur Unterstützung der Schleswig-Holsteiner in die Herzogtümer entsandt.

Auch die deutsche Nationalversammlung in Frankfurt unterstützte den Kampf der Schleswig-Holsteiner. Ebenso legte das Paulskirchenparlament am 14. Juni 1848 den Grundstein zur Schaffung der ersten, wenn auch nur kurzlebigen deutschen Flotte. Durch die dänische Blockade der deutschen Küsten war der Seehandel fast völlig zum Erliegen gekommen, worauf der Ruf nach einer deutschen Marine laut geworden war, der sich schon bald zu einer wah-

„Andenken an die schleswig-holsteinische Armee". Im Revolutionsjahr 1848 eskalierte der deutsch-dänische Konflikt um Schleswig-Holstein erstmals zum offenen Krieg.

ren Flottenbegeisterung gesteigert hatte. Das Scheitern der Revolution von 1848 besiegelte auch das Schicksal der sogenannten Bundesflotte; 1852 beschloss der Deutsche Bundestag, der nach dem Ende der Frankfurter Zentralgewalt die Verfügung über die Marine übernommen hatte, deren Auflösung. Parallel dazu hatte Preußen mit der Errichtung einer eigenen Flotte begonnen, aus der schließlich die Kaiserliche Marine hervorgehen sollte.

Auch die Schleswig-Holsteiner hatten eine kleine Flottille aufgebaut, die der dänischen Flotte zwar kaum etwas entgegenzusetzen hatte, aber mit dem Einsatz von Dampfschiffen und dem Bau des ersten funktionstüchtigen U-Boots, des berühmten Brandtauchers, Sinn für technische Innovation bewies.

Zusammen mit der neuen schleswig-holsteinischen Armee rückten die deutschen Truppen rasch nach Norden vor. Doch die Großmächte, insbesondere Großbritannien und Russland, die eine Verschiebung des europäischen Gleichgewichts fürchteten, drängten Preußen im August 1848 zum Malmöer Waffenstillstand.

Die Kaiserproklamation in Versailles vollendete nicht nur die deutsche Einigung, sondern war offenkundig auch ein beliebtes Motiv für patriotisch eingefärbte Reklame.

Im Frühjahr 1849 nahmen die Dänen, unzufrieden mit der Entwicklung der Dinge, die Feindseligkeiten wieder auf, doch zunächst ohne Erfolg: Am 5. April 1849 wurde vor Eckernförde das dänische Linienschiff Christian VIII. in Brand geschossen, am 13. April stürmten die deutschen Truppen die Düppeler Schanzen und marschierten kurz darauf erneut in Jütland ein. Erst im Juli konnten die Dänen mit dem Entsatz der von deutschen Truppen belagerten Festungsstadt Fredericia das Blatt wenden. Der dänische Erfolg war vor allem politisch bedeutsam, denn die Großmächte erneuerten jetzt ihren Druck auf Preußen. Am 10. Juli 1849 wurde in Berlin ein neuer Waffenstillstand geschlossen, dem am 2. Juli 1850 der Friede von Berlin folgen sollte. Preußen schied damit endgültig aus dem Krieg gegen Dänemark aus, die Frankfurter Zentralgewalt schloss sich kurz darauf widerstrebend an, sodass die Schleswig-Holsteiner fortan allein gegen die militärisch überlegenen Dänen standen, die den Großteil des Herzogtums Schleswig besetzt hatten. Dennoch zog sich der Krieg noch eine Weile hin, bis die Schleswig-Holsteiner schließlich Anfang 1851 kapitulierten.

Obgleich die Schleswig-Holsteiner am Ende der dänischen Übermacht unterlegen waren, hatte auch die dänische nationale Bewegung keinen wirklichen Sieg errungen. Statt der Eingliederung des Herzogtums Schleswig erfolgte auf Druck der europäischen Großmächte die Wiederherstellung des dänischen Gesamtstaats. Dänemark musste verbindlich zusagen, auf einen Anschluss Schleswigs an das Königreich zu verzichten, dafür wurde im Zweiten Londoner Protokoll vom 8. Mai 1852 die von König Christian VIII. angesichts der Kinderlosigkeit seines Sohnes Friedrich VI. geplante Erbfolge des Hauses Schleswig-Holstein-Sonderburg-Glücksburg zugesichert. Die Rechte des Deutschen Bunds in Holstein und Lauenburg wurden bestätigt, zugleich verpflichtete sich Dänemark auch gegenüber Preußen und Österreich, Schleswig nicht in Dänemark zu inkorporieren und die dänische und deutsche Nationalität im Herzogtum Schleswig gleichberechtigt zu behandeln. Die dänische Regierung begann allerdings schon bald, gegen diese Vereinbarungen zu verstoßen. So wurde in den gemischt besiedelten mittelschleswigschen Gebieten gegen den Widerstand der deutschsprachigen Bevölkerung das Dänische als Schulsprache festgelegt. Statt zu einem Ausgleich kam es so zu einer Verschärfung des nationalen Gegensatzes.

Die deutsche Einigung

Nach dem Tod von König Friedrich Wilhelm IV. hatte 1861 sein Bruder Wilhelm, der für den erkrankten Monarchen bereits seit 1857 die Regentschaft geführt hatte, den preußischen Thron bestiegen. Schon nach kurzer Zeit kam es zum Streit zwischen König und Abgeordnetenhaus. Wilhelm I. wollte das Heer vergrößern und die Wehrdienstzeit von zwei auf drei Jahre verlängern, doch lehnte die liberale Mehrheit im Abgeordnetenhaus die Heeresreform und die Erhöhung des Heeresetats in der vom König gewünschten Form ab.

Im Jahr 1862 berief der König Otto von Bismarck als neuen preußischen Ministerpräsidenten. Friedrich Wilhelm IV. hatte über den hochintelligenten, aber erzkonservativen Junker einst geschrieben: „Riecht nach Blut! Nur zu gebrauchen, wenn das Bajonett schrankenlos waltet." Bedenkenlos regierte Bismarck fortan entgegen der Verfassung ohne Budget und ohne Parlament. Gleichzeitig versuchte der geschickte Politiker durch außenpolitische Erfolge von der innenpolitischen Krise abzulenken.

Bismarcks Ziel war die Einigung Deutschlands unter preußischer Führung. Er wusste, dass dies unweigerlich zum Konflikt mit Österreich führen würde, und Preußen dabei auf die Unterstützung oder zumindest die Neutralität der übrigen Großmächte angewiesen wäre. Um sich Russlands Sympathie zu sichern, hatte er sich zur großen Empörung der öffentlichen Meinung in Deutschland und Europa während der polnischen Erhebung Anfang 1863 auf die Seite des Zaren gestellt; der Aufstand wurde niedergeschlagen und Polen verlor endgültig alle Freiheits- und Autonomierechte.

Auch Bismarcks Vorgehen in der Schleswig-Holstein-Frage missfiel der deutschen Nationalbewegung. Im November 1863 war König Friedrich VII. von Dänemark gestorben. Entsprechend der Nachfolgeregelung bestieg nun Christian von Schleswig-Holstein-Sonderburg-Glücksburg als Christian IX. den dänischen Thron. Kurz darauf eskalierte der Konflikt um die Herzogtümer erneut, als der neue König eine gemeinsame Verfassung für Dänemark und Schleswig unterzeichnete. Damit verstieß Dänemark offen gegen die Vereinbarungen von 1851/52.

Die Vertragsverletzung bot Bismarck die Rechtfertigung für einen Krieg gegen Dänemark, wobei sein eigentliches Ziel die Annexion der Herzogtümer durch Preußen war. Die Empörung der deutschen Nationalbewegung ignorierend, hielt er sich strikt an das Völkerrecht und forderte zunächst gemeinsam mit Österreich ultimativ die Rücknahme der dänischen Verfassung für Schleswig. Zur Wahrung der Rechte des Deutschen Bunds wurden die Herzogtümer Lauenburg und Holstein besetzt. Erst nachdem die dänische Regierung das Ultimatum zur Aufhebung der Verfassung zurückgewiesen hatte, über-

Zwei Arbeiter beim Bau des Nord-Ostsee-Kanals. Nach achtjähriger Bauzeit wurde die rund 100 km lange künstliche Wasserstraße im Juni 1895 eröffnet.

schritten preußische und österreichische Truppen am 1. Februar 1864 die Eider. Vom Geist des Skandinavismus beflügelt, meldeten sich zahlreiche Freiwillige aus Norwegen und Schweden, um an der Seite der Dänen gegen die deutschen Soldaten zu kämpfen.

Nach einem kurzen Krieg, dessen erste große militärische Entscheidung am 18. April 1864 bei der Erstürmung der Düppeler Schanzen durch preußische Truppen fiel, musste König Christian IX. am 30. Oktober im Wiener Frieden die Herzogtümer Schleswig, Holstein und Lauenburg und damit zwei Fünftel des Territoriums und ein Drittel der Einwohner des dänischen Gesamtstaates an Preußen und Österreich abtreten.

Damit hatte der übernationale Gesamtstaat sein Ende gefunden, zugleich war der dänische König aus dem Deutschen Bund ausgeschieden. Zur großen Enttäuschung der liberalen Öffentlichkeit gingen die Herzogtümer Schleswig und Holstein jedoch nicht als eigenständiger Staat im Deutschen Bund auf, sondern wurden unter die gemeinsame Verwaltung Österreichs und Preußens gestellt. Doch das war nur ein Etappenziel auf Bismarcks Weg der Einigung Deutschlands unter Führung Preußens.

1866 eskalierte der preußisch-österreichische Gegensatz zum offenen Kampf um die Vorherrschaft in Deutschland. Den Anlass hatte der Streit über das sogenannte Kondominium, die zunächst gemeinsam, dann getrennt von Preußen und Österreich ausgeübte Verwaltung Schleswigs und Holsteins, geboten.

Die von Bismarck geschürten Kontroversen um die Zukunft der Herzogtümer führten schließlich erneut zum Krieg: Nachdem Österreich die Schleswig-Holstein-Frage vor den Bundestag gebracht hatte, ließ er Truppen in das von Österreich verwaltete Holstein einrücken. Als daraufhin der Bundestag am 14. Juni auf Antrag Österreichs die Mobilmachung beschloss, trat Preußen aus dem Deutschen Bund aus. Nur wenige Wochen später, am 3. Juli 1866, kam es bei Königgrätz in Ostböhmen zur Entscheidungsschlacht, in der die Österreicher eine vernichtende Niederlage erlitten. Im Frieden von Prag trat Österreich seine Rechte an den Herzogtümern Schleswig und Holstein ab, die 1867 von Preußen annektiert und als Provinz Schleswig-Holstein in das Königreich Preußen eingliedert wurden. Ebenso annektierte Preußen Hannover, Kurhessen, Nassau und Frankfurt am Main, die im Krieg aufseiten Österreichs gestanden hatten.

Mit dem preußischen Sieg war der Weg frei für eine Neuordnung Deutschlands ohne Österreich. Am 18. August 1866 schlossen sich 22 Mittel- und Kleinstaaten sowie die Freien Städte Hamburg, Bremen und Lübeck unter Führung Preußens zum Norddeutschen Bund zusammen, der damit an die Stelle des aufgelösten Deutschen Bunds trat. Die am 1. Juli in Kraft getretene Verfassung wurde später mit geringen Änderungen als Verfassung des Kaiserreichs übernommen. Auch die süddeutschen Staaten schlossen sich zollpolitisch und militärisch eng an den Norddeutschen Bund an. Damit wurden die Umrisse eines zukünftigen einheitlichen deutschen Nationalstaats sichtbar.

Erst jetzt, nach den Siegen über Dänemark und Österreich, kam es zur Aussöhnung zwischen Bismarck und dem preußischen Abgeordnetenhaus, das nun, gleichsam im Siegesrausch, mit großer Mehrheit den Verfassungsbruch nachträglich legitimierte.

Bismarck eröffnete sich 1870 die Gelegenheit, die Einigung Deutschlands unter preußischer Führung zu vollenden. Der Streit um die Kandidatur eines Hohenzollern für den spanischen Thron bot ihm die Chance, in Deutschland nationale Begeisterung zu schüren und Frankreich zum Krieg zu reizen. Als die Franzosen von König Wilhelm I. die Zusage verlangten, auch in Zukunft auf eine solche Kandidatur zu verzichten, gab Bismarck eine verschärfte Fassung des Berichts an die Presse, die später als Emser Depesche bekannt wurde. Wie von Bismarck erwartet, reagierte die französische Regierung auf diese gezielte Provokation am 19. Juli 1870 mit einer Kriegserklärung an Preußen, an dessen Seite sich aber nicht nur die Staaten des Norddeutschen Bunds, sondern auch die insgeheim mit Preußen verbündeten vier süddeutschen Länder stellten. Da Frankreich offiziell als Aggressor galt, blieben die übrigen europäischen Großmächte neutral. In der Schlacht von Sedan errangen die deutschen Truppen am 2. September 1870 den entscheidenden Sieg.

Bismarck nutzte die nationale Euphorie angesichts der militärischen Erfolge, um den Norddeutschen Bund mit den süddeutschen Staaten zu einem neuen deutschen Nationalstaat zusammenzuschließen und damit seinen Plan der deutschen Einigung

„von oben" unter preußischer Führung zu vollenden. Als Deutscher Kaiser sollte der preußische König an der Spitze des neuen Reichs stehen, das ein föderaler Zusammenschluss aller 22 deutschen Fürsten und der drei Freien Hansestädte Bremen, Hamburg und Lübeck war.

Am 18. Januar 1871, genau 170 Jahre nach der Erhebung Preußens zum Königtum, wurde im Spiegelsaal des Schlosses in Versailles das Deutsche Reich und der preußische König Wilhelm I. zum Deutschen Kaiser ausgerufen. Die Forderung von 1848 nach nationaler Einheit war damit zwar erfüllt, das Streben nach Freiheit und Demokratie trat dagegen in den Hintergrund. Zugleich wurde mit der erzwungenen Abtretung der französischen Provinzen Elsass und Lothringen die Grundlage für eine stabile Feindschaft zwischen Frankreich und dem Deutschen Reich gelegt.

Der Ostseeraum zwischen Vergangenheit und Moderne

Durch die Gründung des Deutschen Reichs war in der Mitte Europas mit einem Schlag eine neue Großmacht entstanden. Als Reichskanzler bemühte sich Bismarck, den neuen deutschen Nationalstaat im europäischen Mächtesystem zu etablieren. Das Ziel seiner Außenpolitik war der Erhalt des Friedens und der Machtstellung des Deutschen Reichs. Vor allem fürchtete er einen Zweifrontenkrieg gegen Frankreich und Russland. Um Frankreich zu isolieren, schuf Bismarck ein kompliziertes System von einander zum Teil widersprechenden Bündnissen mit Österreich-Ungarn, Russland und Italien, das in erster Linie dazu dienen sollte, den Bündnisfall und somit den Krieg von vornherein zu verhindern.

Auch wirtschaftlich prosperierte das Deutsche Reich. Als erstem Ostseeanrainer gelang dem Deutschen Reich nach 1871 der Sprung zur Industrienation; innerhalb weniger Jahrzehnte entwickelte es sich zur dominierenden Wirtschaftsmacht auf dem europäischen Kontinent.

Nun erreichte die Industrialisierung auch Schleswig-Holstein, wobei vor allem Kiel ein rasantes Wachstum erlebte. Bereits 1865 war die Fördestadt preußische Flottenstation und 1871 Reichskriegshafen geworden. Durch den Aufbau einer mo-

„Der Lotse geht von Bord."
Die berühmte Karikatur bringt es auf den Punkt:
Mit der Entlassung Bismarcks ging eine Epoche zu Ende.

dernen Werftindustrie, die insbesondere durch den Flottenbau nach 1895 stark expandierte, und den Bau des Kaiser-Wilhelm-Kanals, des späteren Nord-Ostsee-Kanal, wurde innerhalb weniger Jahrzehnte aus einer kleinen Provinzstadt eine moderne Großstadt, in der 1914 bereits mehr als 250 000 Menschen lebten. Als Handelshafen spielte die Marinestadt Kiel dagegen keine Rolle. 1910 war Flensburg die führende Hafenstadt an der Ostsee, wurde aber in den folgenden Jahren von Stettin überflügelt. Dagegen konnte Lübeck seinen Rang als wichtigster Hafen für den Verkehr mit Finnland und Schweden behaupten und konkurrierte zugleich mit Königsberg um die Stellung als wichtigster deutscher Holzumschlagplatz.

Zeit seines Bestehens schwankte das Kaiserreich zwischen Vergangenheit und Moderne. Einerseits übten die Fürsten die oberste Staatsgewalt aus, während die Befugnisse und der politische Einfluss des Reichstags beschränkt waren. Andererseits wurde der Reichstag anders als das preußische Abgeordnetenhaus nach dem Prinzip des allgemeinen, gleichen Wahlrechts gewählt, was damals europaweit als vorbildlich galt. Allerdings durften nur Männer abstimmen; das Frauenwahlrecht wurde in Deutschland erst 1918/19 eingeführt.

Hinzu kamen strukturelle Spannungen zwischen dem industriell geprägten Westen und dem agrarisch geprägten Osten, dem liberal-katholischen Süden und dem protestantisch-preußischen Norden. Insbesondere beobachtete Bismarck den Einfluss des Papstes und der Kirche in den katholischen Gebieten mit großem Misstrauen – vor allem in den preußischen Regierungsbezirken im Osten mit ihrer starken polnischen Minderheit. Dazu traten soziale Konflikte. Die schlechten Arbeits- und Lebensbedingungen der unteren Schichten hatten zur Entstehung der Arbeiterbewegung geführt. Nach der Reichsgründung entwickelte sich Deutschland schnell zu einem Zentrum der sozialistischen Arbeiterbewegung und der Sozialdemokratie, die von Bismarck als Gefahr für Staat und Gesellschaft betrachtet wurden.

Besorgt um die innere Einheit des Reichs, versuchte Bismarck daher den Einfluss des politischen Katholizismus und der Sozialdemokratie zurückzudrängen. Von 1871 bis 1879 führte er den sogenannten Kulturkampf gegen die katholische Kirche. Nach dem zweiten Attentat auf Kaiser Wilhelm I. erließ

Der Nord-Ostsee-Kanal – ein nationales Prestigeprojekt

Der alte Eiderkanal war für die sehr viel größer gewordenen Seeschiffe längst unpassierbar geworden. Pläne für einen Neubau gab es genug. Doch erst nachdem es Reichskanzler Otto von Bismarck gelungen war, Kaiser Wilhelm I. für das Projekt zu begeistern, wurde der neue Kanal zu einem nationalen Prestigeprojekt.

Im Juni 1887 legte der 90-jährige Kaiser Wilhelm I. in Kiel den Grundstein für den neuen Kanalbau; im Juni 1895 eröffnete sein Enkel, Kaiser Wilhelm II., feierlich die zu seinen Ehren „Kaiser-Wilhelm-Kanal" benannte, fast 100 km lange Wasserstraße von Holtenau an der Kieler Förde nach Brunsbüttel an der Elbe. In den acht Jahren Bauzeit hatten Tausende von Arbeitern mehr als 80 Millionen Kubikmeter Erde bewegt sowie Schleusen, Uferbefestigungen und Brücken gebaut. Der neue Kanal war 9 m tief und hatte 22 m Breite am Grund und 67 m am Wasserspiegel. Das war für die damalige Handelsschifffahrt ausreichend, für die ständig größer werdenden Kriegsschiffe aber schon bald zu klein. Ausgerechnet die Marine, die ursprünglich dem Kanalprojekt skeptisch gegenübergestanden hatte, forderte nun den weiteren Ausbau des Kanals.

Von 1907 bis 1913 wurde der Kanal um 2 m vertieft, die Sohlenbreite wurde verdoppelt, die Spiegelbreite auf 102 m erweitert – ohne dass der Schifffahrtsbetrieb eingestellt werden musste. Zugleich wurden die Dreh- und Schwimmbrücken durch Hochbrücken ersetzt. Der spektakulärste Brückenneubau war die Rendsburger Eisenbahnbrücke. Bei einer Länge von fast 2,5 km verschlang sie 16 700 Tonnen Stahl. In Brunsbüttel und Holtenau entstanden neue Schleusen, die bis heute in Betrieb sind. Mit 330 m Länge, 45 m Breite sowie 12 m Tiefe galten sie seinerzeit als die größten der Welt.

Obgleich der Kanal nach seiner feierlichen Eröffnung durch Kaiser Wilhelm II. bald von der internationalen Schifffahrt gut frequentiert wurde, profitierte der Kieler Hafen nicht in dem erhofften Maße von der neuen Wasserstraße; ein Großteil des Verkehrsstroms lief an der Stadt vorbei. Die Hauptnutznießer waren die beiden großen Nordseehäfen Hamburg und Bremen, die nun neue Ostseedienste einrichteten.

Die Jahre nach dem Ersten Weltkrieg brachten schwere Zeiten für das einstige Renommierstück. Während der Weltwirtschaftskrise Ende der 1920er-Jahre fehlte das Geld für die notwendigen Instandsetzungsarbeiten, und der Zweite Weltkrieg verursachte erneut schwere Schäden. Im Jahr 1948 wurde die in der internationalen Schifffahrt als Kiel Canal bekannte Wasserstraße auf Befehl der alliierten Besatzungsmächte in Nord-Ostsee-Kanal umbenannt. 1966 begann der bislang letzte Ausbau des Kanals. Die Kanaltiefe von 11 m blieb, doch wurde die Sohlenbreite auf 90 m, die Spiegelbreite auf 162 m erweitert.

Bis heute ist der Nord-Ostsee-Kanal die meistbefahrene künstliche Wasserstraße der Welt. Mit 32 071 Handelsschiffspassagen im Durchgangsverkehr wies der Nord-Ostsee-Kanal 2006 mehr Passagen auf als der Panama- und der Suez-Kanal zusammen.

An Bord der Kaiseryacht Hohenzollern eröffnete Kaiser Wilhelm II. 1895 den nach seinem Großvater benannten Kaiser-Wilhelm-Kanal, den heutigen Nord-Ostsee-Kanal.

Bismarck 1878 das sogenannte Sozialistengesetz mit dem Ziel, die 1875 gegründete Sozialistische Arbeiterpartei (SAP) zu zerschlagen und durch das Verbot sozialistischer Vereine und Verbände die Sozialdemokratie als politischen Faktor auszuschalten. Um gleichzeitig die Arbeiter stärker an den Staat zu binden, wurde ab 1883 die damals als beispielhaft geltende Sozialgesetzgebung mit Unfall-, Alters- und Krankenversicherung eingeführt. Dennoch scheiterte Bismarck letztlich mit seinem Kampf gegen die Sozialdemokratie: Nach der Aufhebung der Sozialistengesetze im Jahr 1890 entwickelte sich die Sozialdemokratische Partei Deutschlands (SPD), wie die SAP nun hieß, zu einer Massenpartei. Ebenso wenig gelang es bis zum Ende des Kaiserreichs, die „soziale Frage" zu lösen.

Auch das Problem der nicht unbeträchtlichen nationalen Minderheiten blieb unbewältigt. Die im Deutschen Reich lebenden Polen, Dänen und Elsass-Lothringer wurden als eine Gefahr für die Einheit und politische Stabilität des Reichs betrachtet und sollten daher „germanisiert", das heißt zwangsweise eingedeutscht werden. Doch oft wurde das Gegenteil erreicht; so veranlasste beispielsweise der wachsende Druck der preußischen Regierung auf die dänisch gesinnte Bevölkerung viele Nordschleswiger zur Auswanderung.

Zugleich wurden auch die Vorurteile gegenüber den Juden neu belebt. Zwar hatten diese mit der Reichsgründung 1871 die staatsbürgerliche Gleichstellung erhalten, doch blieben sie sozial ausgegrenzt. Zugleich wandelte sich der bis dahin religiös begründete Judenhass zum rassistischen Antisemitismus. Dies war kein spezifisch deutsches Phänomen, antijüdische Verschwörungsphantasien breiteten sich gegen Ende des 19. Jahrhunderts über ganz Europa aus und von Frankreich bis Russland gab es eine tief verwurzelte Feindschaft gegenüber den Juden. Im Zarenreich war der Judenhass seit jeher besonders stark ausgeprägt und brach sich immer wieder in blutigen Pogromen mörderische Bahn.

Im Jahr 1888 bestieg Wilhelm II. den deutschen Kaiserthron. Die Konflikte zwischen dem jungen, nach einem „persönlichen Regiment" strebenden Monarchen und dem alten Kanzler, der seine Machtstellung zu behaupten suchte, endete 1890 mit der Entlassung Bismarcks. Sein Nachfolger als Reichs-

Wilhelm II. – Repräsentant einer neuen Zeit?

Mit 29 Jahren wurde Wilhelm II. im Drei-Kaiser-Jahr 1888 nach dem Tod seines Großvaters Wilhelm I. und seines Vaters Friedrich III. König von Preußen und deutscher Kaiser. Zeitgenossen erschien der 1859 geborene Monarch als Repräsentant einer neuen Zeit. Vor allem seine Leidenschaft für alles Militärische färbte bald auf die deutsche Gesellschaft ab. Innenpolitisch war seine Regierungszeit von der Industrialisierung und den damit verbundenen sozialen und politischen Problemen, außenpolitisch dagegen von imperialistischem Machtgehabe und der wachsenden Isolation des Deutschen Reichs geprägt. Im Laufe des Ersten Weltkriegs trat Wilhelm II. immer mehr in den Hintergrund, während die politische und militärische Führungsrolle seit 1916 in zunehmendem Maße auf die Oberste Heeresleitung unter Führung von Paul von Hindenburg und Erich Ludendorff überging. Nach Ausbruch der Revolution dankte Wilhelm II. am 9. November 1918 ab und ging ins Exil in die Niederlande, wo er am 4. Juni 1941 starb.

kanzler wurde Leo von Caprivi, der das von Bismarck geflochtene, filigrane Netzwerk aus verschiedenen, teilweise einander widersprechenden Bündnissen mit Österreich-Ungarn, Italien und Russland zugunsten einer engen Allianz mit Österreich aufgab. Gleichzeitig begann sich das traditionell freunschaftliche Verhältnis zwischen Preußen und Russland zu lockern und schlug allmählich in Feindschaft um.

Auf dem Weg ins 20. Jahrhundert

Ab 1897 kam es zudem – durch die persönlichen Eingriffe des Kaisers noch verstärkt – zu einer folgenschweren Neuausrichtung der deutschen Außenpolitik: Das Deutsche Reich, das bereits die stärkste Militär- und Wirtschaftsmacht auf dem Kontinent war, sollte nun auch zur Weltmacht werden. Der Aufbau der aus modernen Schlachtschiffen bestehenden deutschen Hochseeflotte ab 1898 hatte ein maritimes Wettrüsten mit der damals führenden Seemacht Großbritannien zur Folge und trug stark zur außenpolitischen Isolierung des Deutschen Reichs bei. Auch die soziale und politische Distanz zwischen Arbeiterschaft, Bürgertum und Adel war kaum zu überbrücken. Ebenso wenig gelang der von Liberalen und Sozialdemokraten geforderte Übergang zu einem parlamentarischen Regierungssystem nach dem Vorbild Englands und Frankreichs.

In Dänemark hatte die Niederlage gegen Preußen und Österreich im Krieg von 1864 schwerwiegende Folgen für die Entwicklung der nationalen Identität gehabt. Zwar verfolgte das Land außenpolitisch einen strikten Neutralitätskurs, doch blieb der Verlust Nordschleswigs mit seiner zu großen Teilen dänischgesinnten Bevölkerung eine schwärende Wunde im dänischen Nationalbewusstsein und hinterließ einen tiefen Groll gegenüber Deutschland.

Gleichzeitig verlor auch das nordische Einheitsgefühl an Bedeutung, da nun die innerskandinavischen Gegensätze wieder stärker in den Vordergrund traten. Ungeachtet dessen gründeten Schweden und Dänemark 1872 die skandinavische Währungsunion, der 1877 auch Norwegen beitrat. Bis zum Ersten Weltkrieg waren dänische, schwedische und norwegische Münzen und Banknoten in allen drei skandinavischen Ländern gültig. Aufgrund der unterschiedlichen Geldpolitik der Mitgliedsstaaten wurde die Währungsunion jedoch 1924 faktisch aufgegeben.

Die Erfahrungen von 1864 prägten aber nicht nur das Deutschlandbild der Dänen, sondern auch ihr Selbstverständnis. Fortan galt das Motto: „Was draußen verloren wurde, muss innen gewonnen werden." Damit begann das Zeitalter der dänischen Sozialreformen. Die Idee des Theologen, Pädagogen und Dichters Nikolai Frederik Severin Grundtvigs von einem freien, humanistischen Schulsystem inspirierte die dänische Bauernbewegung in ihrem Kampf gegen die konservativen Oberschichten. Im Jahr 1844 hatte Grundtvig die erste Volkshochschule gegründet, um das dänische Nationalgefühl in Schleswig zu stärken, die Volksbildung zu fördern und neue Aufstiegschancen für die einfache Bevölkerung zu schaffen. Schon bald ergriff die Volkshochschulbewegung nicht nur ganz Dänemark, sondern auch die anderen skandinavischen Länder.

Wirtschaftlich prosperierte Dänemark. Nach 1866 entwickelte sich eine Nahrungs- und Genussmittelindustrie, die ihre Produkte, wie Butter, Käse oder Schinken, nach Großbritannien, Deutschland und den Rest Skandinaviens ausführte. Auch die dänische Handelsflotte wuchs beständig und zählte um 1900 zu den modernsten der Welt.

Innenpolitisch war die zweite Hälfte des 19. Jahrhunderts in Dänemark dagegen von einem lang andauernden Verfassungsstreit gekennzeichnet. Erst die Revolution von 1848 hatte zur Aufhebung des Absolutismus geführt. Mit dem *Grundlov*, der neuen liberalen Verfassung von 1849, war in Dänemark eine konstitutionelle Monarchie etabliert worden. Später hatten die seit 1864 regierenden Konservativen versucht, ihre Vorherrschaft durch eine Verfassungsänderung zu festigen, durch die das *Landsting*, die Kammer der Großgrundbesitzer, dem *Folketing*, der Kammer der Volksparteien, übergeordnet wurde. Auch wenn die Konservativen dadurch ihre Macht lange behaupten konnten, wuchs der Einfluss der liberalen *Venstre*, die seit 1872 die stärkste Partei im *Folketing* war. Nach 1880 spielte auch die 1871 gegründete, im Gegensatz zur deutschen SPD aber weniger radikale und eher reformorientierte Sozialdemokratische Partei eine wichtige Rolle in der dänischen Innenpolitik.

Nach den Wahlen von 1901 blieb König Christian IX. keine andere Wahl mehr, als die *Venstre* mit der Regierungsbildung zu betrauen, die in den folgenden Jahren gemeinsam mit den Sozialdemokraten eine Reihe umfassender politischer und sozialer Reformen durchsetzte. Dazu trugen ebenfalls die Gewerkschaften bei, die mithilfe von Streiks Tarifverträge und soziale Verbesserungen erreichen konnten. Auch in Norwegen und Schweden konnten sich die eng mit der Sozialdemokratie verbundenen Gewerkschaften zu Beginn des 20. Jahrhunderts als offizielle Vertretung der Arbeitnehmer etablieren.

Grundtvig hält eine volkstümliche Vorlesung. Um die Volksbildung zu fördern, hatte der dänische Theologe und Pädagoge 1844 die erste Volkshochschule gegründet.

Im Gegensatz zu seinem südlichen Nachbarn war das 19. Jahrhundert in Schweden von einer ruhigen und friedlichen Entwicklung geprägt, auch wenn die konservative, reformfeindliche Politik König Karl XIV. Johanns schon bald zur Bildung einer liberalen Opposition geführt hatte. Doch während der Regierungszeit von König Oskar I. und seinem Sohn Karl XV. kam es dann seit der Jahrhundertmitte zur Durchsetzung einer Reihe von Reformen; unter anderem wurden die allgemeine Schulpflicht und die Gewerbefreiheit eingeführt und 1866 der seit dem 15. Jahrhundert bestehende Vierständereichstag zugunsten eines Zweikammerparlaments abgeschafft.

In der zweiten Hälfte des 19. Jahrhunderts begann auch in Schweden die Industrialisierung. Neben Sägewerken entstanden Möbel-, Papier- und vor allem Zündholzfabriken, die zu Beginn des 20. Jahrhunderts den Weltmarkt beherrschten. Ebenso wurde hochwertiges Eisenerz exportiert, und mit der Übernahme moderner Verhüttungsmethoden entwickelte sich eine leistungsfähige Stahlindustrie. Dennoch blieb Schweden bis in die zweite Hälfte des 19. Jahrhunderts ein wirtschaftlich unterentwickeltes Land. Die Folge war eine massenhafte Auswanderung, vor allem nach Nordamerika. Erst nach 1900 verwandelte sich Schweden als Folge einer rasanten wirtschaftlichen Entwicklung innerhalb weniger Jahrzehnte von einem Agrarstaat in eine der führenden Industrienationen Europas.

Mit der beginnenden Industrialisierung im 19. Jahrhundert verbunden war eine Zeit der sozialen Erneuerung und Reform. Typisch für Schweden war das Aufkommen starker Volksbewegungen wie die Frauenbewegung, die freikirchlichen, gegen die dogmatische lutherische Staatskirche gerichtete Erweckungsbewegungen oder die Arbeiterbewegung, die schon bald zu einem bedeutenden politischen Faktor wurde.

1905 kam es zum Bruch mit Norwegen, als die Mehrheit der Norweger in einer Volksabstimmung für die Unabhängigkeit stimmte. Seither ist Norwegen eine parlamentarische Erbmonarchie. Zum König wurde der dänische Prinz Carl gewählt, der in Anknüpfung an Norwegens letzten mittelalterlichen Monarchen den Namen Håkon VII. wählte.

Anfang des 20. Jahrhunderts setzte sich der Demokratisierungsprozess in Schweden fort. 1909 wurde für Männer, 1921 für Frauen das allgemeine, gleiche Wahlrecht eingeführt. Vertreter der Sozialdemokratie traten erstmals 1917 in die Regierung ein und stellten 1920 zum ersten Mal einen Ministerpräsidenten.

Eine schwedische Eigentümlichkeit war die starke Abstinenzbewegung. Bis ins 19. Jahrhundert war der Alkoholismus weit verbreitet. 1910 beschloss eine Volksabstimmung in Schweden ein totales Alkoholverbot. Da dies aber nicht durchsetzbar war, wurde 1917 ein Rationierungsverfahren für alkoholische Getränke eingeführt, das sogenannte *System*. Bis 1954 musste jeder Alkoholkauf in einem Buch verzeichnet werden, das den Inhaber zum Bezug einer festgelegten Menge alkoholischer Getränke berechtigte. Zugleich wurde der Alkoholhandel unter dem Namen *Systembolaget* verstaatlicht und ist bis heute ein überaus profitables Staatsmonopol.

Zeitalter der Extreme

Das 20. Jahrhundert

Zu Beginn des 20. Jahrhunderts war der Ostseeraum eine Region, die bei wechselnden Konjunkturen insgesamt von einer positiven wirtschaftlichen Entwicklung geprägt war. Das Deutsche Reich war zu einer der führenden Industrienationen Europas aufgestiegen, und auch in den skandinavischen Ländern erlebten Wirtschaft und Industrialisierung einen lebhaften Aufschwung, der zugleich mit umfassenden inneren Reformen verbunden war. In der Politik zogen dagegen dunkle Wolken am Horizont auf; die Spannungen zwischen Deutschland und Russland nahmen in den Jahren nach 1900 zu.

Während des gesamten 19. Jahrhunderts hatte das Zarenreich im Spannungsfeld zwischen Autokratie und Revolution gestanden. Entsprechend war auch die russische Innenpolitik von einem Wechsel zwischen Modernisierung und Repression gekennzeichnet gewesen. Das größte Problem stellte die allgemeine Rückständigkeit des Landes dar.

Unter Zar Alexander II. hatte für Russland eine Zeit der Reformen begonnen. Im Jahr 1861 wurde die Leibeigenschaft aufgehoben, doch verarmten in der Folge viele landlose Bauern. Auch die Industrialisierung entwickelte sich spät und nur regional, etwa in Moskau, St. Petersburg und Teilen des Baltikums – vor allem in Riga, das als das „Fenster Russlands nach Westen“ große wirtschaftliche Bedeutung besaß. Durch Subventionen und Privilegierung wurden Anreize für ausländische Investoren geschaffen, um mit deren Kapital Fabriken zu errichten, die jedoch in erster Linie für den Staatsbedarf produzierten. Die übrigen Bereiche der russischen Wirtschaft wurden dagegen kaum von den neuen Entwicklungen erfasst.

Zugleich wuchsen die nationalen Konflikte im russischen Vielvölkerstaat. 1863 war es in Polen erneut zu einem Aufstand gekommen, der eine rigorose Russifizierungspolitik zur Folge gehabt hatte. Dadurch wurde jedoch unfreiwillig das polnische Nationalbewusstsein gestärkt, wobei die katholische Kirche als identitätsstiftender Faktor eine bedeutende Rolle spielte. Auch Litauen hatte an den polnischen Aufständen von 1831 und 1863 teilgenommen, sodass auch hier die Russifizierung vorangetrieben wurde, die wiederum die Entstehung eines litauischen Nationalismus zur Folge hatte. Gleichzeitig hatten sich auch in Estland und Lettland nationale Bewegungen gebildet, die sich nicht nur gegen die Russen, sondern auch gegen die politisch, kulturell und wirtschaftlich nach wie vor dominierende deutsche Oberschicht richteten.

Dabei hatte ausgerechnet das Werk des deutschen Schriftstellers und Philosophen Johann Gottfried Herders großen Einfluss auf die Nationalbewegungen der baltischen Völker. Herder hatte von 1764 bis 1769 an der Domschule in Riga unterrichtet und dabei die lettische Kultur kennen und schätzen gelernt. Seine Idee der „Kulturnation“ und eines in der Sprache und Literatur einer Nation verkörperten „Volksgeistes“ legte den Grundstein zum Wiedererwachen des Nationalbewusstseins der slawischen und baltischen Völker. Charakteristisch für die baltischen Nationalbewegungen wurden die „Sängerfeste“ als Ausdruck der kulturellen Identität; 1869 fand in Dorpat/Tartu das erste estnische und 1873 in Riga das erste lettische Sängerfest statt.

Die in der zweiten Hälfte des 19. Jahrhunderts intensivierte Russifizierungspolitik betraf auch die Baltendeutschen. Erst Nikolaus II. nahm angesichts der wachsenden sozialen Spannungen die deutschfeindlichen Maßnahmen zurück, um die Zahl seiner

Der Newskij Prospekt, die Hauptstraße von St. Petersburg um 1900. Die damalige russische Hauptstadt war zugleich eines der Zentren der russischen Industrialisierung.

Terrakottaköpfe an der Johanniskirche in Dorpat. Die livländische Hansestadt besaß im Mittelalter große Bedeutung im Russlandhandel. Die deutschen Kaufleute brachten unter anderem auch die Backsteingotik ins Baltikum.

Feinde zu reduzieren. Ungeachtet dessen blieb das Baltikum ein politischer Unruheherd.

Auch im Großfürstentum Finnland entwickelte sich in dieser Zeit ein starkes Nationalgefühl, das in der radikalen Bewegung der Fennomanen gipfelte, die einen unabhängigen finnischen Nationalstaat anstrebten. Das Erstarken des finnischen Nationalismus wiederum löste gegen Ende des 19. Jahrhunderts eine verstärkte Russifizierungspolitik aus; 1899 wurde sogar die innere Autonomie Finnlands aufgehoben, wogegen sich aber schon bald erheblicher Widerstand erhob. Gleichzeitig führte der russische Druck zum nationalen Schulterschluss zwischen der finnischen und der schwedischen Volksgruppe.

Die innenpolitischen Auseinandersetzungen dieser Jahre spiegeln sich in den Werken der großen russischen Literaten, von Alexander Puschkin über Fjodor Dostojewski bis Leo Tolstoi, wider. Die mit der Industrialisierung verbundenen sozialen Probleme, die Armut auf dem Land und die ausbleibenden politischen Reformen ließen aus radikalisierten Proletariern und bürgerlichen Intellektuellen revolutionäre Gruppen entstehen, die auch vor Terroranschlägen nicht zurückschreckten.

Im Jahr 1881 fiel Zar Alexander II. einem Bombenattentat zum Opfer. Damit endete die Ära der Reformen in Russland. Während der Herrschaft Zar Alexanders III. wurden Intellektuelle, Sozialisten und Anarchisten brutal verfolgt; sie sahen sich Zensur, Repression und der Überwachung durch die zaristische Geheimpolizei *Ochrana* ausgesetzt, die alles und jeden bespitzelte, dem der Ruch des Revolutionären anhaftete. Dessen ungeachtet bildeten sich im Exil und im Untergrund zahlreiche revolutionäre Organisationen, deren bedeutendste die 1898 gegründete Sozialdemokratische Arbeiterpartei Russlands war. Doch schon auf ihrem zweiten Parteitag 1903 in London spalteten sich die russischen Sozialdemokraten in die reformistischen *Menschewiki* oder Minderheitler und die von Wladimir Iljitsch Uljanow, genannt Lenin, geführten revolutionären Mehrheitler oder *Bolschewiki.*

Während der Regierungszeit Zar Nikolaus II. verschärfte sich die innenpolitische Situation weiter. Um von den tiefgreifenden wirtschaftlichen und sozialen Spannungen innerhalb des riesigen, aber unterentwickelten Landes abzulenken, hatte die zaristische Regierung seit den 1880er-Jahren damit begonnen, die traditionelle judenfeindliche Haltung vieler Russen zu instrumentalisieren, wobei gewalttätige antisemitische Pogrome bewusst in Kauf genommen wurden.

Die Niederlage im Krieg gegen Japan löste schließlich Anfang 1905 die erste russische Revolution aus. Durch den Verlauf des Kriegs hatte das zaristische Regime weiter an Prestige verloren. Nachdem am „Blutsonntag“ vom 9. Januar 1905 Wachmann-

schaften in St. Petersburg das Feuer auf friedlich demonstrierende Arbeiter eröffnet hatten, ergriff eine Welle revolutionärer Unruhen das Zarenreich und erschütterte es in seinen Grundfesten. Bauern, Arbeiter und die liberale Intelligenz erhoben sich gegen die autokratische Herrschaft des Zaren. Im September wurde in St. Petersburg der erste Arbeiterrat oder *Sowjet* gegründet, zu dessen Vorsitzenden der Bolschewist Leo Trotzki gewählt wurde. Ganz Russland folgte dem St. Petersburger Vorbild, sodass sich der Zar schließlich zu Zugeständnissen gezwungen sah.

Auch in den baltischen Provinzen fand die Revolution viele Anhänger. Wie in anderen Teilen des Zarenreichs wurde der Aufstand auch im Baltikum im Dezember 1905 durch die Armee blutig niedergeschlagen, wobei das drakonische Vorgehen der russischen Behörden den Wunsch nach nationaler Unabhängigkeit aber nur noch stärker werden ließ. Während Litauen zumindest ein eigenes Parlament erhielt, wurden Estland und Lettland von einem direkt dem Zaren unterstehenden Generalgouverneur regiert.

In Finnland kam es im Zuge der Revolution ebenfalls zu Unruhen. Ein Generalstreik zwang Nikolaus II. zur Wiederherstellung der finnischen Autonomie und zur Einrichtung eines nach allgemeinem und gleichem Wahlrecht gewählten finnischen Parlaments, wobei auch Frauen das Stimmrecht besaßen.

In Russland war das Ergebnis der Revolution ein eingeschränkter Verfassungsstaat, wobei das neu geschaffene Parlament, die *Duma*, aber nur begrenzte Kompetenzen besaß und vom Wohlwollen des Zaren abhängig war. Andere Reformen blieben in den Ansätzen stecken, sodass die grundlegenden Probleme des Zarenreichs weiterhin ungelöst blieben.

Der Große Krieg

Die Jahre vor dem Ersten Weltkrieg waren gekennzeichnet gewesen von den Rivalitäten der europäischen Großmächte, die wiederholt zu internationalen Krisen geführt hatten. 1914 zerfiel Europa in zwei hochgerüstete Lager. Den Mittelmächten Deutschland und Österreich-Ungarn standen die Ententemächte Frankreich, Großbritannien und Russland gegenüber, als aus der durch das Attentat von Sarajewo, der Ermordung des österreichisch-ungarischen Thronfolgers Franz Ferdinand, ausgelösten Balkankrise ein Krieg wurde, der rasch alle europäischen Großmächte und schließlich fast die ganze Welt erfasste: Auf die österreichische Kriegserklärung an Serbien am 28. Juli reagierte Russland mit der Mobilmachung, worauf das Deutsche Reich am 1. August 1914 Russland und zwei Tage später Frankreich den Krieg erklärte.

Weil es der deutsche Generalstab versäumt hatte, einen Operationsplan für einen Krieg gegen Russland auszuarbeiten, griff man auf den sogenannten Schlieffenplan von 1905 zurück, der einen schnellen Sieg über Frankreich vorsah, um dann alle Kräfte gegen Russland zu werfen. Durch die Verletzung der völkerrechtlich garantierten Neutralität Belgiens durch das Deutsche Reich im Zuge des Schlieffenplans wurde jedoch England auf der Seite Frankreichs und Russlands in den Krieg hineingezogen. Die skandinavischen Länder blieben neutral, auch wenn in Dänemark eine starke anti-deutsche Stimmung herrschte.

Schon nach kurzer Zeit blieb die deutsche Anfangsoffensive im Westen am französischen Fluss Marne stecken, der Krieg erstarrte in einem erbarmungslosen Stellungskrieg, dessen blutige Höhepunkte die Schlachten von Verdun, an der Somme und in Flandern waren. Auf die britische Blockade der Nordsee, die nicht nur Deutschland, sondern auch die exportabhängigen neutralen Staaten Dänemark und Schweden in Mitleidenschaft zog, antwortete die kaiserliche Marineführung mit dem uneingeschränkten U-Bootkrieg, von dem sie sich die Niederlage Englands erhoffte. Doch die wiederholten Angriffe deutscher U-Boote auf amerikanische Schiffe führten am 6. April 1917 zur Kriegserklärung der USA an das Deutsche Reich, wodurch die deutsche Niederlage schließlich unausweichlich wurde.

An der Ostfront verlief der Krieg zunächst wenig erfolgreich für die schwachen deutschen Kräfte, die vom unerwartet raschen Vormarsch der russischen Armee in Ostpreußen überrascht wurden. Im August wurde der aus dem Ruhestand zurückgerufene Generaloberst Paul von Hindenburg zum neuen Oberbefehlshaber ernannt; zum neuen Chef des Generalstabs wurde Generalmajor Erich Ludendorff bestimmt. Gemeinsam bereiteten sie in der Schlacht von Tannenberg vom 26. bis 30. August 1914 einer überlegenen russischen Streitmacht eine vernichtende Niederlage. Dieser Erfolg machte Hindenburg mit einem Schlag zu einem der populärsten deutschen Kriegshelden, obgleich der Sieg eigentlich der Planung Ludendorffs zu verdanken gewesen war.

Es gelang Hindenburg und Ludendorff, Ostpreußen bis zum folgenden Februar endgültig zu befreien und gemeinsam mit den Österreichern bis zum Oktober 1915 Litauen, Kurland und Polen zu erobern; russische Gegenoffensiven in den Jahren 1916 und 1917 konnten zurückgeschlagen werden. Eine Folge des russischen Vorstoßes im Sommer 1916 war die Ablösung der deutschen Obersten Heeresleitung unter Erich von Falkenhayn durch Hindenburg und Ludendorff. Mit umfassenden Vollmachten ausgestattet, griffen die beiden immer stärker in die Reichspolitik ein und errichteten am Ende faktisch eine Militärdiktatur.

Für die Kaiserliche Marine war die Ostsee während des gesamten Kriegs nur ein Nebenkriegsschauplatz. Gleich nach Kriegsbeginn hatten Deutsche und Dänen die Ostseezugänge durch Minenfelder abgeriegelt; lediglich einigen britischen U-Booten gelang der Durchbruch. Obgleich die russische Marine in der Ostsee über starke Verbände verfügte, scheute sie die offene Konfrontation mit der Kaiserlichen Marine und konzentrierte sich vor allem auf das Legen von Minensperren, denen zahlreiche deutsche Schiffe zum Opfer fielen.

Oberbefehlshaber der deutschen Seestreitkräfte in der Ostsee war Großadmiral Heinrich von Preußen, der jüngere Bruder Kaiser Wilhelms II. Da die Hauptkräfte der deutschen Flotte in der Nordsee konzentriert waren, standen ihm nur einige meist ältere Kreuzer sowie eine Anzahl Torpedoboote und U-Boote zur Verfügung, wobei es aber bei Bedarf jederzeit möglich war, über den Nord-Ostsee-Kanal Verstärkung heranzuführen.

Die wichtigste Aufgabe der deutschen Seestreitkräfte in der Ostsee war die Sicherung der Erztransporte von Schweden nach Deutschland, die von großer Bedeutung für die deutsche Rüstungsindustrie waren. Im Gegenzug lieferte das Deutsche Reich Kohle für die schwedische Industrie. Abgesehen von britischen U-Booten und russischen Minen bestand jedoch kaum eine Gefahr für die deutschen Handelsschiffe, und so ging der Seehandel in der Ostsee fast ungestört weiter.

Die bedeutendste Operation der kaiserlichen Marine in der Ostsee war das „Unternehmen Albion", die Landung auf den dem Rigaischen Meerbusen vorgelagerten Inseln Ösel und Dagö im Oktober 1917. Dabei wurden zum ersten Mal in der Kriegsgeschichte See-, Land- und Luftstreitkräfte bei einer gemeinsamen Operation eingesetzt. Der Angriff war ein voller Erfolg für das Deutsche Reich: Bei geringen eigenen Verlusten gelang es den Deutschen, die Insel zu besetzten und damit die russische Bedrohung der deutschen Flanke aufzuheben. Erst nach der deutschen Kapitulation 1918 wurden die Baltischen Inseln wieder geräumt.

Revolution in Russland

Die militärischen Niederlagen und die hohen Verluste im Ersten Weltkrieg hatten das ohnehin angeschlagene zaristische Herrschaftssystem vollends zerrüttet. Anfang 1917 mündeten die ungelösten wirtschaftlichen, politischen und sozialen Probleme Russlands schließlich erneut in eine Revolution.

Im Februar 1917 brachen spontane Hungerrevolten und Streiks aus, die schließlich zum Zusammenbruch der zaristischen Herrschaft führten. Nach der Abdankung des Zaren am 15. März (3. März nach westlichem Kalender) 1917 übernahm eine provisorische Regierung unter Fürst Georgij Lwow die Macht, musste diese aber mit den Arbeiter- und Soldatenräten teilen. Nach mehreren Regierungsumbildungen wurde schließlich im Juli der Sozialist Alexander Kerenski Ministerpräsident. Ebenso wie sein Vorgänger führte auch Kerenski den aussichtslosen Krieg gegen den Willen der Bevölkerung weiter und scheiterte schließlich am militärischen Misserfolg und der sich verschärfenden innenpolitischen Lage, woran auch die Bolschewiken unter Lenin erheblichen Anteil hatten.

Nach vielen Jahren im schweizerischen Exil war Lenin im April 1917 mit Unterstützung der deutschen Regierung, die sich davon eine Destabilisierung der politischen Verhältnisse in Russland erhoffte, nach St. Petersburg zurückgekehrt. Zunächst zeigte seine Agitation jedoch nur wenig Erfolg; im August 1917 setzte sich Lenin nach Finnland ab, die Sache der Bolschewiken schien gescheitert.

Doch am 22. Oktober (4. November nach westlichem Kalender) 1917 stürzten die Bolschewi-ken unter Leo Trotzki mit einem in der sowjetischen Folklore später zur Oktoberrevolution hochstilisierten Putsch die geschwächte Regierung Kerenski und rissen die Macht an sich. Am folgenden Tag bildete Lenin eine neue Regierung; an die Stelle der autokratischen Herrschaft des Zaren trat nun die Ein-Parteien-Diktatur der Bolschewiken: Als die Wahl zur konstituierenden Versammlung keine Mehrheit für die Bolschewiken brachte, wurde sie von Lenin

Rasputin – Aufstieg und Fall eines Mystikers

Symptomatisch für den Niedergang der Zarenherrschaft sind Aufstieg und Fall des sibirischen Mystikers Grigori Rasputin. Der 1869 geborene Mönch hatte früh seine Begabung erkannt, Menschen zu beeinflussen. Seit 1907 war Rasputin häufiger Gast am Zarenhof. Vor allem bei Zarin Alexandra genoss er hohes Ansehen, nachdem es ihm wiederholt gelungen war, den an der Bluterkrankheit leidenden russischen Thronfolger erfolgreich zu behandeln. Dadurch besaß der von vielen als „Heiliger“ verehrte, von anderen als Scharlatan oder gar als „Antichrist“ verteufelte Rasputin auch erheblichen Einfluss auf politische Entscheidungen, weshalb ihn viele für die schlechte Lage Russlands verantwortlich machten. Aus diesem Grund schmiedeten einige adlige Verschwörer schließlich ein Komplott zu seiner Ermordung. Rasputins gewaltsamer Tod am 30. Dezember 1916 wurde gleichsam zum Fanal für den Untergang der Zarenherrschaft.

Der Mönch Grigori Rasputin wurde von vielen verehrt, von anderen verteufelt. Sein Fall wurde zum Symbol für den Niedergang der Zarenherrschaft.

kurzerhand aufgelöst. Zugleich begann der „rote Terror" gegen echte und vermeintliche Feinde der Bolschewiken zu wüten: Tausende wurden in die sibirischen Lager verschleppt oder kurzerhand erschossen, darunter auch die Zarenfamilie.

Um die neu errungene Macht zu festigen, beschloss Lenin, den Krieg ungeachtet des Bündnisses mit Frankreich und England zu beenden. Seine Devise lautete: „Frieden um jeden Preis." Im Dezember 1917 schloss Russland einen Waffenstillstand mit dem Deutschen Reich und Österreich-Ungarn; wenig später wurden Friedensverhandlungen aufgenommen. Das Ergebnis war der Diktatfrieden von Brest-Litowsk vom 3. März 1918, in dem Russland auf seine Hoheitsrechte in Polen und im Baltikum verzichtete und die Unabhängigkeit Finnlands und der Ukraine anerkennen musste, die, ebenso wie die baltischen Provinzen, den Zusammenbruch der Zarenherrschaft genutzt hatten, um sich aus dem russischen Machtbereich zu lösen.

Die baltischen Provinzen werden unabhängig

Obgleich die bolschewistische Regierung die Souveränität Finnlands am 31. Dezember 1917 anerkannt hatte, war im Januar 1918 ein blutiger Bürgerkrieg zwischen den bolschewistischen „Roten Garden" und den bürgerlichen „weißen" Truppen unter General Carl Gustaf Freiherr von Mannerheim ausgebrochen. Daher wandte sich die bürgerliche finnische Regierung kurz darauf mit der Bitte um Unterstützung an das Deutsche Reich. Es wurde ein deutsch-finnischer Separatfrieden geschlossen sowie Hilfslieferungen und eine deutsche Expeditionsstreitmacht entsandt, deren Kern aus 2000 finnischen Jägern bestand, die auf deutscher Seite gegen Russland gekämpft hatten. Mithilfe der deutschen Truppen gelang es den Finnen, die Bolschewiken zu besiegen und zum ersten Mal in ihrer Geschichte die staatliche Eigenständigkeit zu erlangen. Nachdem der Plan, einen deutschen Fürsten zum finnischen König zu krönen, durch die Niederlage des Deutschen Reichs vereitelt worden war, wurde Finnland mit der Verfassung vom 17. Juli 1919 zur ersten Republik Nordeuropas.

Am 16. Februar 1918 erklärte Litauen ebenfalls seine Unabhängigkeit. Im Juli 1918 wurde der deutsche Herzog Wilhelm von Urach zum litauischen König gewählt, doch wurde auch diese Entscheidung nach der deutschen Niederlage hinfällig.

In der Nacht vom 24. auf den 25. Februar 1918 erklärte auch das von deutschen Truppen besetzte Estland seine Unabhängigkeit. Da diese aber von der bolschewistischen Regierung nicht anerkannt wurde, mussten die Esten ihre Freiheit mit militärischen Mitteln erkämpfen, wobei sie nach dem deutschen Abzug von den Finnen und den Alliierten unterstützt wurden; 1920 wurde Estland zur Republik mit einer demokratischen Verfassung.

Als letzte baltische Provinz erklärte das nach der Auflösung der alten Provinz Livland neu entstandene Lettland am 18. November 1918 seine Unabhängigkeit. Lenins Antwort war die Proklamation der Sowjetrepublik Lettland und ein Angriff bolschewistischer Truppen, die von den Lettischen Roten Schützen unterstützt wurden. Mithilfe baltendeutscher Freiwilligenverbände und deutscher Einheiten unter General Rüdiger von der Goltz konnte die bürgerliche Regierung unter Karlis Ulmanis jedoch die Kontrolle über das Land zurückgewinnen.

Ungeachtet der deutschen Unterstützung wurde in Lettland, ebenso wie in den beiden anderen baltischen Ländern, im Zuge einer Bodenreform der Großgrundbesitz enteignet und damit nach Jahrhunderten die Vorherrschaft des baltendeutschen Adels gebrochen.

Auch wenn Russland im Separatfrieden von Brest-Litowsk die Unabhängigkeit Estlands, Lettlands und Litauens zugestanden hatte, erfolgte die endgültige Anerkennung der Souveränität der drei baltischen Republiken erst 1920 in separaten Friedensverträgen. Das von inneren Konflikten zermürbte Sowjetrussland war dabei auf einen Friedensschluss ebenso angewiesen wie die Baltischen Staaten.

Seit dem Sommer 1918 hatte in Russland ein blutiger Bürgerkrieg getobt. Monarchisten, Bürgerliche und gemäßigte Sozialisten hatten versucht, im Bündnis mit den Kosaken und ausländischen Interventionstruppen die Bolschewisten zu vertreiben. Nur unter schweren Opfern gelang es der neu formierten Roten Armee, sich gegen die „weißen" Bürgerkriegsarmeen der Revolutionsgegner und die Armee des erst kurz zuvor neu erstandenen Polens durchzusetzen.

Am 7. November 1918 war in Lublin die polnische Republik ausgerufen worden. Doch die Wiedererstehung Polens verlief nicht ohne Geburtswehen. Deutschland musste im Versailler Vertrag die preußischen Provinzen Westpreußen und Posen an Polen abtreten, ebenso kam es bald zu militärischen Konflikten mit Litauen und Russland. Im März 1920 war der mit der unabhängigen Ukraine verbündete polnische Präsident und Oberbefehlshaber, Marschall Józef Pilsudski, mit seinen Truppen bis nach Kiew vorgestoßen, aber im Zuge einer russischen Gegenoffensive bis Warschau zurückgeworfen worden, bevor er den feindlichen Vormarsch durch das „Wunder an der Weichsel" stoppen konnte. Der Krieg endete mit dem Frieden von Riga vom 18. März 1921, der die polnische Ostgrenze um etwa 250 km nach Osten verschob.

Bereits 1920 hatten die Bolschewiken den Bürgerkrieg im europäischen Teil Russlands für sich entschieden; im Fernen Osten dauerten die Kämpfe noch bis 1922. Die Folgen des russischen Bürgerkriegs waren schrecklich: Die Wirtschaft brach zusammen, Hunger und Krankheiten forderten fünf Millionen Todesopfer; erst als Lenin 1921 mit der Neuen Ökonomischen Politik den Zentralismus vorübergehend lockerte, erholte sich das Land.

1922 wurde die UdSSR, die „Union der Sozialistischen Sowjet-Republiken" gegründet. Formal gesehen eine Konföderation souveräner Staaten, war die Sowjetunion tatsächlich ein straff organisierter, russisch dominierter Einheitsstaat unter der Herrschaft der Kommunistischen Partei der Sowjetunion (KPdSU). Bis zu seinem Schlaganfall 1922 war Lenin der führende Mann. Nach seinem Tod 1924 wurde St. Petersburg zu seinen Ehren in Leningrad umbenannt, auch wenn der Regierungssitz bereits 1918 nach Moskau verlegt worden war. Gleichzeitig begann innerhalb der KPdSU ein erbitterter interner Machtkampf, in dem sich schließlich Josef Stalin, seit 1922 Generalsekretär der Partei, gegen seine Konkurrenten durchsetzen konnte.

Revolution in Deutschland

Nachdem der Krieg im Osten Anfang 1918 durch den Separatfrieden von Brest-Litowsk beendet worden war, hatte die deutsche Heeresführung die dadurch frei gewordenen Truppen an die Westfront verlegt, in der Hoffnung, damit den entscheidenden Durchbruch im Stellungskrieg zu erreichen. Doch die militärische Entlastung im Osten reichte nicht, um auch im Westen das Blatt zu wenden. Der Zusammenbruch der deutschen Verbündeten Bulgarien, der Türkei und Österreich-Ungarns besiegelte schließlich die Niederlage des Deutschen Reichs.

Auch in der deutschen Bevölkerung war die Begeisterung der ersten Kriegstage bald der Ernüchterung gewichen, hatte der Krieg doch einen ganz anderen Verlauf genommen als erwartet. Die blutige Realität der modernen Kriegsführung hatte an der Front und in der Heimat bald zu Kriegsmüdigkeit geführt. Ebenso war 1916 der innere „Burgfrieden" unter den Parteien an der Frage der Kriegsziele zerbrochen. Während die politische Rechte einen „Siegfrieden" und die Annexion großer Gebiete anstrebte, waren die SPD und die Parteien der Mitte um Ausgleich und einen Verständigungsfrieden bemüht, konnten sich damit jedoch nicht gegen Hindenburg und Ludendorff durchsetzen. 1917 hatten sich die Linken und Kriegsgegner innerhalb der SPD abgespalten und die Unabhängige Sozialdemokratische

Partei Deutschlands (USPD) gegründet, aus der später die Kommunistische Partei Deutschlands (KPD) hervorging.

Unterdessen hatte sich die innenpolitische Lage weiter verschärft, nicht zuletzt wegen der infolge der britischen Blockade immer schlechter werdenden Versorgungslage – allein in Deutschland starben während des Ersten Weltkriegs rund 750 000 Menschen an Unterernährung.

Doch nicht ziviler Protest, sondern die Verhältnisse auf den Kriegsschiffen der kaiserlichen Marine wurden schließlich zum Zündfunken für die Revolution vom November 1918.

Die Aussicht, in den letzten Tagen eines bereits verlorenen Kriegs noch in ein sinnloses letztes Seegefecht geführt zu werden, hatte unter den Matrosen der Hochseeflotte eine Meuterei ausgelöst, die schließlich zur Revolution und zum Sturz der Monarchie in Deutschland führte. Am 9. November rief Philipp Scheidemann in Berlin die Republik aus; Kaiser Wilhelm II. ging ins niederländische Exil. Das war das Ende der Monarchie in Deutschland. Um ein Abgleiten in die Anarchie zu verhindern, bildeten SPD und USPD unter Führung des Sozialdemokraten Friedrich Ebert einen Tag später den Rat der Volksbeauftragten als Übergangsregierung, deren wichtigstes Ziel die Konsolidierung des neuen Staates war. Auch militärisch war Deutschland am Ende. Das Deutsche Reich ersuchte die Alliierten um einen Waffenstillstand, der am 11. November unterzeichnet wurde und faktisch einer Kapitulation gleichkam.

Die deutsche Nation war tiefer gespalten als je zuvor. Parallel zu Scheidemann hatte der Kommunist Karl Liebknecht die Freie Sozialistische Republik Deutschland proklamiert. Es kam zum Bürgerkrieg: Im Januar 1919 wurde ein kommunistischer Aufstand in Berlin niedergeschlagen; im April beseitigten rechtsradikale Freikorpstruppen die linke Räterepublik in Bayern.

Auch der am 28. Juni 1919 in Versailles unterzeichnete Friedensvertrag wurde zu einer schweren Belastung für die junge deutsche Republik. Die meisten Deutschen empfanden den unter massivem Druck der Alliierten unterzeichneten Vertrag, der Deutschland harte Bedingungen auferlegte, als „Schanddiktat"; sie fühlten sich ungerecht und unehrenhaft behandelt. Dem Deutschen Reich wurden neben der alleinigen Schuld am Ausbruch des Ersten Weltkriegs hohe Reparationszahlungen aufgebürdet. Gleichzeitig wurde die Stärke des Heeres auf 100 000 Soldaten und die der Marine auf 15 000 Mann beschränkt.

Darüber hinaus musste Deutschland seine Kolonien und rund ein Siebtel seines Territoriums abtreten. Elsass-Lothringen fiel zurück an Frankreich, während Oberschlesien, Posen, der Großteil Westpreußens an das wieder erstandene Polen abgetreten wurden, wobei Danzig als sogenannte „Freie Stadt" der Oberhoheit des Völkerbunds unterstellt wurde. Fortan war Ostpreußen durch den sogenannten polnischen Korridor vom übrigen Reichsgebiet getrennt. In Nordschleswig entschieden sich 1920 bei einer durch den Versailler Vertrag verfügten Volksabstimmung rund 75 Prozent der Bevölkerung für die Zugehörigkeit zu Dänemark; die Folge war die Verschiebung der deutsch-dänischen Grenze nach Süden auf ihren heutigen Verlauf, wobei es beiderseits der neuen Grenze starke nationale Minderheiten gab.

Von Anfang an war die Weimarer Republik mit schweren politischen und wirtschaftlichen Hypotheken belastet. Breite Teile der Bevölkerung lehnten Demokratie und Republik ab und wählten schon früh republikfeindliche Parteien. Auch die ökonomische Lage war infolge der hohen Kriegs- und Reparationslasten katastrophal. Eine rasante Nachkriegsinflation vernichtete unzählige Vermögen; erst die Währungsreform von 1923 stabilisierte die deutsche Wirtschaft.

Die Jahre zwischen 1918 und 1933 waren von politischer Unruhe, wirtschaftlichen Krisen und dem sukzessiven Zerfall der – nie sehr stabilen – parlamentarischen Demokratie geprägt. So gelang es der „Weimarer Koalition" aus SPD, Zentrum und Deutscher Demokratischer Partei (DDP) nicht mehr, die bereits 1920 verlorene parlamentarische Mehrheit zurückzugewinnen. Fortan wurde die Republik von instabilen Regierungen mit wechselnden Mehrheiten regiert. Die Wahl des greisen Feldmarschalls Hindenburg zum Nachfolger des verstorbenen ersten Reichspräsidenten Friedrich Ebert markierte 1925 einen Rechtsruck der Republik.

Nach einigen politisch und ökonomisch stabileren Jahren kündigte der New Yorker Börsenkrach vom Oktober 1929 den Anfang vom Ende der Wei-

Meuterei der Matrosen

Bereits im Sommer 1917 war es auf den Schiffen der in Wilhelmshaven liegenden Hochseeflotte zu ersten Gehorsamsverweigerungen und Meutereien gekommen. Der Hauptgrund für die Unruhen in der Hochseeflotte waren die Lebensbedingungen an Bord gewesen; politische Motive hatten dagegen nur eine untergeordnete Rolle gespielt. Doch die Marineführung tat nichts, um die Missstände zu beseitigen, sodass die Verbitterung unter den Matrosen weiter wuchs.

Im Oktober 1918 beschloss die deutsche Seekriegsleitung unter Admiral Reinhard Scheer angesichts der unmittelbar bevorstehenden Niederlage einen letzten Flottenvorstoß. Um die „Ehre der Flotte" zu retten, sollte die Hochseeflotte unter dem Befehl von Admiral Franz Ritter von Hipper von Wilhelmshaven aus in die Nordsee auslaufen, um „im letzten Kampf ihr Äußerstes" zu geben.

Den Matrosen waren die Vorbereitungen zu diesem Verzweiflungsunternehmen nicht verborgen geblieben. Am 29. Oktober 1918 löschten sie die Feuer unter den Kesseln und verhinderten auf diese Weise das Auslaufen der Schiffe. Die Offiziere reagierten vollkommen hilflos; sie waren auf die Gehorsamsverweigerung der Matrosen in keiner Weise vorbereitet. Am 31. Oktober ließ Admiral Hipper das III. Geschwader der Hochseeflotte von Wilhelmshaven in seinen Heimat-hafen Kiel verlegen. Unterwegs wurden 47 Matrosen als Haupträdelsführer verhaftet. In Kiel eskalierte die Meuterei, da die rebellierenden Matrosen schon bald nach ihrer Ankunft Kontakt zur Arbeiterschaft und den an Land stationierten Marinesoldaten aufnahmen. Am 3. November zogen Matrosen und Arbeiter durch Kiel und forderten das Ende des Kriegs. Nachdem es dabei zu Schießereien mit Regierungstruppen und zahlreichen Toten und Verwundeten gekommen war, wurde am Tag darauf der Generalstreik ausgerufen.

Am Morgen des 4. November wehte auf den in Kiel liegenden Kriegsschiffen anstelle der kaiserlichen Flagge die rote Fahne. Die Offiziere hatten inzwischen jegliche Autorität eingebüßt; Großadmiral Prinz Heinrich von Preußen, Bruder des Kaisers und Generalinspekteur der Marine, musste sogar verkleidet aus Kiel fliehen. Am gleichen Tag wurde in der Fördestadt der erste Arbeiter- und Soldatenrat gewählt.

Gustav Noske spricht in Kiel zu meuternden Matrosen. Die im November 1918 von der Fördestadt ausgehende Revolution läutete das Ende der Monarchie in Deutschland ein.

Um die Ordnung wiederherzustellen, entsandte die Reichsregierung noch am Abend des 4. November den SPD-Reichstagsabgeordneten Gustav Noske nach Kiel, wo er von den Matrosen und Arbeitern begeistert begrüßt und am folgenden Tag zum Vorsitzenden des Soldatenrats gewählt wurde. Am 7. November übertrug ihm der Arbeiter- und Soldatenrat auch den Gouverneursposten. Durch sein energisches und tatkräftiges Eingreifen gelang es Noske alsbald, die Revolution in Kiel in gemäßigte Bahnen zu lenken.

Von Kiel ausgehend, griffen die revolutionären Ereignisse rasch auf ganz Deutschland über. Bis zum 10. November hatten Arbeiter- und Soldatenräte in fast allen größeren deutschen Städten die Regierung übernommen und forderten die demokratische Umgestaltung des Deutschen Reichs sowie die Abdankung des Kaisers. Der Kollaps des Kaiserreichs war nicht mehr aufzuhalten.

Die Plakate zur Volksabstimmung von 1920 zeigen, dass weder Deutsche noch Dänen davor zurückschreckten, offen an Ressentiments und Emotionen zu appellieren und sich dabei unverhohlen historischer Klischees und nationaler Vorurteile zu bedienen.

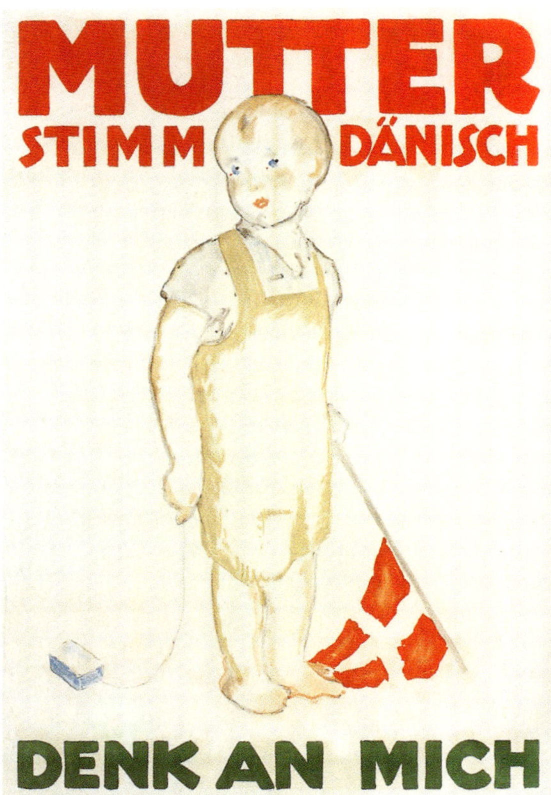

marer Republik an. Die dadurch ausgelöste Weltwirtschaftskrise beendete die kurze Zeit der wirtschaftlichen Blüte in Deutschland; die Arbeitslosigkeit und damit die Hoffnungslosigkeit der Menschen wuchsen unaufhaltsam. 1930 zerbrach die letzte parlamentarische Reichsregierung an den Folgen der Weltwirtschaftskrise.

Immer tiefer rutschte das Deutsche Reich in die Agonie. Radikale Parteien, wie die antisemitische NSDAP und die linksextreme, von Moskau gelenkte KPD, trugen zur weiteren Destabilisierung der innenpolitischen Lage bei. Kommunisten und Nationalsozialisten lieferten sich blutige Straßenschlachten, während die demokratischen Parteien immer mehr an Rückhalt in der Bevölkerung verloren. Mit mehr als sechs Millionen Erwerbslosen erreichte die Massenarbeitslosigkeit in Deutschland im Winter 1932/33 ihren Höhepunkt.

Zwischen den Kriegen

Überall im Ostseeraum war die Zwischenkriegszeit von Inflation und wirtschaftlichen Problemen geprägt. Zugleich hatten die politischen Umwälzungen am Ende des Ersten Weltkriegs neue Spannungen zur Folge, die eine dauerhafte Friedensordnung in Mittel- und Osteuropa fast unmöglich machten.

Vor allem Polens Wiedergeburt entzündete sogleich neue Konflikte, da die politischen Grenzen nicht den Volkstumsgrenzen entsprachen; so lebten in Polen auch deutsche, russische, tschechische und jüdische Minderheiten, die nun zwangsweise polonisiert werden sollten. Hinzu kam das Problem, die ehemals deutschen, österreichischen und russischen Gebiete mit ihren unterschiedlichen Prägungen zu einem einheitlichen Staatswesen zusammenzufügen. Die Schwierigkeiten bei der Integration und Konsolidierung des polnischen Staatswesens führten 1926 zu einem Staatsstreich durch Marschall Pilsudski, der ein autoritäres Regime errichtete, das 1933 durch eine neue Verfassung institutionalisiert wurde. Obgleich er nur zweimal kurz als Ministerpräsident amtierte und die längste Zeit lediglich das Amt des Kriegsministers und Oberbefehlshabers innehatte, war Pilsudski bis zu seinem Tod 1935 der starke Mann in Polen.

Zu diesen inneren Problemen kamen außenpolitische Spannungen. Innerhalb kurzer Zeit war Polen in Konflikt mit seinen Nachbarn geraten: Von 1920 bis 1921 führte Polen Krieg mit Russland, gleichzeitig kam es nach der polnischen Besetzung Wilnas zum Konflikt mit Litauen; bis 1927 herrschte zwischen den beiden Ländern offiziell der Kriegszustand. Auch das deutsch-polnische Verhältnis war von Anfang an gespannt; vor allem die Frage des Status der Freien Stadt Danzig sorgte für heftige Kontroversen. Eingeklemmt zwischen der Sowjetunion und Deutschland blieb Polen daher nur die außenpolitische Annäherung an Frankreich, das einen *cordon sanitaire*, einen Sicherheitsgürtel, zwischen Deutschland und der UdSSR schaffen wollte.

In der Sowjetunion hatte sich nach Lenins Tod Stalin als neuer Machthaber etabliert. Der skrupellose Diktator begann sogleich damit, nach und nach seine Konkurrenten zu beseitigen und eine gnadenlose Gewaltherrschaft zu errichten, die ihm die absolute Macht über das Riesenreich der Sowjetunion gab.

Im Jahr 1928 führte Stalin die Planwirtschaft ein, wobei vor allem der Ausbau der Schwerindustrie energisch vorangetrieben wurde. Zugleich begann er mit der Zwangskollektivierung der Landwirtschaft, was zu erneuten Versorgungsengpässen und 1931/32 zu einer schweren Hungersnot mit Millionen von Toten führte. In der Folge wurde das einstige Getreideexportland Russland von Lebensmittelimporten abhängig.

Stalins wichtigstes Herrschaftsmittel war der Terror. Von 1936 bis 1939 schaltete er in der „Großen Säuberung" alle noch verbliebenen Gegner aus. Tausende von Parteifunktionären wurden in Schauprozessen verurteilt und hingerichtet; ebenso fiel über die Hälfte der hochrangigen Offiziere der Roten Armee der „Säuberung" zum Opfer. Unzählige Menschen verschwanden in den Lagern des Archipel GULAG, wo sie sich systematisch zu Tode schuften mussten, wenn sie nicht Krankheiten oder der Unterernährung erlagen. Mindestens 20 Millionen Menschen kostete Stalins Schreckensherrschaft das Leben.

Ungeachtet ihrer ideologischen Differenzen begannen sich das Deutsche Reich und die Sowjetunion zu Beginn der 1920er-Jahre einander anzunähern. Beide Staaten waren außenpolitisch isoliert, so dass ihnen bei der Suche nach einem Partner kaum eine andere Wahl blieb. 1922 schlossen die UdSSR und das Deutsche Reich den Vertrag von Rapallo, mit dem die Sowjetunion erstmals völkerrechtlich anerkannt wurde. Das Deutsche Reich wurde damit zu einem wichtigen außenpolitischen Partner der Sowjetunion, und es kam zu einer engen wirtschaftlichen und militärischen Zusammenarbeit, die erst mit der Machtergreifung der Nationalsozialisten endete.

In den drei baltischen Republiken erwies sich die innenpolitische Konsolidierung schwieriger als die äußere Behauptung der Unabhängigkeit. Der Anfang war durchaus vielversprechend gewesen, denn die neuen Verfassungen sahen in allen drei Ländern parlamentarische Demokratien vor. Doch obgleich sich die baltischen Republiken wirtschaftlich zunehmend nach Westen orientierten, gelang es nicht, die Loslösung aus dem russischen Imperium zu kompensieren; Landwirtschaftsexporte blieben ihre wichtigste Einnahmequelle. Ökonomische Krisen und die zunehmende innenpolitische Destabilisierung führten schließlich zum Zerfall der Demokratie, sodass sich schließlich in allen drei baltischen Republiken Einparteien-Diktaturen bildeten. Gefangen zwischen den Großmächten Deutschland und Sowjetunion, erklärten die drei baltischen Staaten in den 1930er-Jahren ihre Neutralität und schlossen einen Verteidigungspakt.

Infolge der militärischen Auseinandersetzungen mit Polen hatte Litauen seine historische Hauptstadt Wilna an Polen abtreten müssen; neue provisorische Hauptstadt wurde Kaunas. Gleichsam als Kompensation besetzte Litauen 1923 das unter Völkerbundsmandat stehende Memelgebiet, das ihm 1924 offiziell zuerkannt wurde, was in Deutschland als neue nationale Demütigung empfunden wurde. Die politische Instabilität in Litauen führte bereits 1926 zu einem Staatsstreich nationalistischer Kräfte unter Präsident Antanas Smetona und zur Errichtung der ersten Militärdiktatur im Baltikum.

Auch Lettland litt unter starken innenpolitischen Problemen. 1920 hatte Sowjetrussland im Frieden von Riga die Unabhängigkeit des Landes anerkennen müssen, das sich 1922 eine demokratisch-republikanische Verfassung gab. Obgleich Lettland in den 1920er-Jahren einen wirtschaftlichen Aufschwung erlebte, blieb die politische Lage unbeständig. 1934 wurde die Demokratie im Zuge eines Staatsstreichs durch ein autoritäres Regime unter

20. Jahrhundert – 1. Hälfte

1905
Revolution in Russland; Auflösung der schwedisch-norwegischen Personalunion.

1914–1918
Erster Weltkrieg.

1917
Revolution und Sturz der Zarenherrschaft in Russland; Unabhängigkeitserklärung Finnlands.

1918
Revolution und Sturz der Monarchie in Deutschland.

1919
Annahme des Versailler Vertrags, Weimarer Verfassung.

1920–1921
Polnisch-Russischer Krieg.

1924–1953
Herrschaft von Josef Stalin.

1926
Militärputsch in Polen; Errichtung einer autoritären Herrschaft in Litauen.

1929
Beginn der Weltwirtschaftskrise; Beginn des Ausbaus des dänischen Wohlfahrtsstaats.

Karlis Ulmanis ersetzt.

Innenpolitische Auseinandersetzungen, der Niedergang der Demokratie und die Weltwirtschaftskrise führten im Jahr 1934 auch in Estland zum Staatsstreich durch Konstantin Päts, der fortan als autoritärer Diktator herrschte.

Im Gegensatz zu den meisten anderen Ostseeanrainern erlebte Dänemark in den Jahren nach dem Ersten Weltkrieg eine Ära der politischen und sozialen Reformen. 1920 trat das neue, demokratische Grundgesetz von 1915 in Kraft. Im gleichen Jahr waren als Ergebnis der Volksabstimmung die vorwiegend dänisch geprägten Gebiete Nordschleswigs vom Deutschen Reich an Dänemark abgetreten worden, was von den Dänen und den dänisch gesinnten Nordschleswigern als Wiedervereinigung ihrer Nation betrachtet wurde.

Mit dem neuen Grundgesetz waren auch die Einführung des allgemeinen Wahlrechts für Männer und Frauen sowie der Übergang vom Mehrheits- zum Verhältniswahlrecht verbunden. In der Folge bildete sich ein Vier-Parteien-System heraus, bestehend aus Sozialdemokraten, Liberalen (*Venstre*), Radikalliberalen (*Radikale Venstre*) und Konservativen, das bis in die 1970er-Jahre hinein stabil blieb. Zur wichtigsten politischen Kraft wurden die Sozialdemokraten; sie stellten die Weichen für die Errichtung des dänischen Wohlfahrtsstaates.

Schweden verfolgte seit 1914 offiziell eine strikte Neutralitätspolitik, trat aber dennoch 1920 dem Völkerbund bei. In den 1920er-Jahren erlebte das Land einen starken industriellen Aufschwung, während die innenpolitische Lage von Minderheitsregierungen und häufigen Regierungswechseln gekennzeichnet war. Dennoch wurden in diesen Jahren die Grundlagen für den schwedischen Wohlfahrtsstaat gelegt, der seit Mitte der 1930er-Jahre durch eine lange Reihe von sozialdemokratisch geführten Regierungen als „dritter Weg zwischen Sozialismus und Kapitalismus“ systematisch ausgebaut wurde.

Ähnlich war die Entwicklung in Norwegen. In den ersten Jahrzehnten des 20. Jahrhunderts wandelte sich das Land vom reinen Agrar- zum modernen Industriestaat, nicht ohne schwerwiegende soziale Folgen. Erst in den 1930er-Jahren stabilisierten sich die wirtschaftlichen Verhältnisse. Gleichzeitig übernahmen die Sozialdemokraten die Regierung und begannen mit dem Aufbau des Wohlfahrtsstaates.

Anders als die übrigen skandinavischen Länder wurde Finnland in der Zwischenkriegszeit von nationalen Konflikten zwischen den schwedischen und finnischen Bevölkerungsteilen sowie von politischen

1932
Beginn des Ausbaus des schwedischen Wohlfahrtsstaats.

1933–1945
Nationalsozialistische Diktatur.

1934
Etablierung autoritärer Diktaturen in Estland und Lettland.

1939
Deutscher Überfall auf Polen;
Beginn des Zweiten Weltkriegs.

1940
Besetzung Dänemarks und Norwegens durch deutsche Truppen; Besetzung des Baltikums durch die UdSSR.

1941
Überfall der deutschen Wehrmacht auf die UdSSR.

1943
Aufstand im Warschauer Ghetto;
Flucht der dänischen Juden nach Schweden.

1944
Warschauer Aufstand;
Rückeroberung des Baltikums durch die Rote Armee.

1944–1950
Flucht und Vertreibung aus den deutschen Ostgebieten.

1945
Kapitulation der deutschen Wehrmacht;
Ende des Zweiten Weltkriegs; Potsdamer Abkommen.

Kämpfen zwischen Links- und Rechtsextremisten geprägt. Die Auseinandersetzungen zeigten sich nicht nur in häufig wechselnden Regierungen, sondern auch in wiederholten Aufstands- und Putschversuchen von links und rechts. 1930 erzwang der Marsch der rechten, militant antikommunistischen *Lapua*-Bewegung nach Helsinki die Ausschaltung der Kommunisten aus der finnischen Politik. In den folgenden Jahren erlebte Finnland unter sozialdemokratischer Regierung einen bedeutenden wirtschaftlichen Aufschwung. 1932 wurde das 1919 erlassene Verbot alkoholischer Getränke in den Städten aufgehoben und durch ein Staatsmonopol nach schwedischem Vorbild ersetzt. Auf dem Land wurde die Prohibition erst 1968 abgeschafft.

Ungeachtet eines seit 1922 bestehenden Nichtangriffspaktes begann die Sowjetunion in den 1930er-Jahren den politischen Druck auf Finnland zu erhöhen, was die bürgerlichen Parteien aus Furcht vor Stalin wieder enger zusammenrücken ließ.

Auch die skandinavischen Länder wurden 1929 von der Weltwirtschaftskrise erfasst. Doch ungeachtet dramatisch steigender Arbeitslosenzahlen – allein in Dänemark stieg ihre Zahl im Winter 1932/33 auf bis zu 44 Prozent der gewerkschaftlich organisierten Arbeiter –, blieb die Demokratie in Dänemark, Schweden und Norwegen stabil. In Dänemark und Schweden schlossen die Sozialdemokraten Bündnisse mit anderen Parteien, um gemeinsam die ökonomische Krise zu bewältigen und soziale Notfälle zukünftig durch ein neues Wohlfahrtssystem abzumildern. Ebenso gaben Arbeitgeber und Arbeitnehmer in den skandinavischen Ländern ihre Konfrontation auf, um gemeinsam die Krise zu bewältigen. Beispielsweise unterzeichneten die schwedischen Gewerkschaften 1937 ein Abkommen, das den Arbeitsfrieden sicherte und die Grundlage für das schwedische Konsensmodell legte.

Deutschland unter dem Hakenkreuz

Während sich die Demokratie in den skandinavischen Ländern bei der Bewältigung der ökonomischen Krise bewährte, hatte sich in Deutschland der Zerfall der Weimarer Republik weiter fortgesetzt. Am 30. Januar 1933 wurde Adolf Hitler zum Reichskanzler ernannt.

Gleich nach der Machtergreifung begannen die Nationalsozialisten mit der systematischen Errichtung einer totalitären Diktatur. Parallel dazu gingen sie mit zahlreichen Gewaltakten gegen ihre Gegner vor. Bereits im April 1933 begann mit dem Boykott jüdischer Geschäfte auch die Verfolgung und systematische Entrechtung der jüdischen Bevölkerung. Doch obgleich ein Großteil der Bevölkerung antisemitische Gewaltakte wie die „Reichskristallnacht“ vom 9. November 1938 missbilligte, verharrten die Deutschen bis auf wenige Ausnahmen in Schweigen.

Nur wenige Menschen hatten den Mut, gegen die NS-Herrschaft aufzubegehren, darunter vor allem Kommunisten und Sozialdemokraten. Für einige Jahre wurde die kleine Stadt Eckernförde zu einem der wichtigsten kommunistischen Widerstandszentren in Schleswig-Holstein. Über eine illegale Seeverbindung wurden von hier aus Flüchtlinge aus dem ganzen Reichsgebiet nach Dänemark geschleust. Erst 1936/1937 wurde die kommunistische Widerstandsbewegung in Eckernförde zerschlagen.

Die Mehrheit der Deutschen stand hinter den braunen Machthabern. Die Nationalsozialisten banden das Volk nicht allein durch politische Überzeugung und Propaganda an sich, sondern auch mit den Mitteln des Sozialstaats – durch materielle Umverteilung, die Steigerung des Lebensstandards und Aufstiegschancen für die Masse der Bevölkerung. Erst als sich die Niederlage im Zweiten Weltkrieg immer deutlicher abzeichnete, begann sich die Akzeptanz des NS-Regimes in der Bevölkerung zu lockern.

Außenpolitisch versuchte Hitler zunächst, seine Nachbarn von seinem Friedenswillen zu überzeugen. 1934 schloss das Reich ein Nichtangriffsabkommen mit Polen. Doch das war nur Fassade; das wahre Ziel der nationalsozialistischen Machthaber war es, Deutschland so schnell wie möglich kriegsbereit zu machen. Bereits am 3. Februar 1933, nur wenige Tage nach seiner Machtübernahme, hatte Hitler vor hohen Reichswehroffizieren erklärt, dass der Endzweck seiner Außenpolitik die Eroberung von „Lebensraum im Osten“ sei.

Schon bald wurden die Kriegsvorbereitungen des NS-Regimes offenkundig. Entgegen den

Eine Sandburg im Ostseebad Schönberger Strand 1938. Erfolgreich band Hitler die Deutschen an sich – nicht nur durch Propaganda, sondern auch mit sozialstaatlichen Mitteln.

Bestimmungen des Versailler Vertrages führte Hitler im März 1935 die Wehrpflicht wieder ein und begann mit der massiven Aufrüstung der Wehrmacht. Kiel wurde erneut Reichskriegshafen; statt Frachtern bauten die Kieler Werften wieder Kriegsschiffe, während in Mecklenburg und Pommern eine bedeutende Flugzeugindustrie entstand.

Zugleich wurde die deutsche Außenpolitik immer aggressiver: Im März 1936 marschierte die Wehrmacht in das entmilitarisierte Gebiet westlich des Rheins ein, im März 1938 proklamierte Hitler den Anschluss Österreichs an das Deutsche Reich, im Oktober 1938 besetzten deutsche Truppen das Sudetenland. Die Großmächte Europas sahen tatenlos zu. Erst die Besetzung der Resttschechei im März 1939 beendete die britische *Appeasement*-Politik. Als sich der deutsche Druck auf Polen zu erhöhen begann, gab Großbritannien am 31. März 1939 eine Garantieerklärung für den Fall eines deutschen Angriffs auf Polen ab, der sich wenig später auch Frankreich anschloss.

Im September 1939 begrüßt die deutsch gesinnte Bevölkerung die in Posen einrückende Wehrmacht.

Der Zweite Weltkrieg beginnt

Mit dem Überfall auf Polen löste das nationalsozialistische Deutschland schließlich den Zweiten Weltkrieg aus. Am frühen Morgen des 1. September 1939 eröffnete das vor Danzig liegende Linienschiff Schleswig-Holstein das Feuer auf die polnischen Stellungen auf der Westerplatte. Gleichzeitig marschierten deutsche Truppen in Polen ein.

Nur wenige Tage zuvor hatten das Deutsche Reich und die Sowjetunion einen Nichtangriffspakt geschlossen, der Hitler die notwendige Rückenfreiheit für den Überfall auf Polen gegeben hatte. Dieser Vertrag zwischen den ideologischen Todfeinden Hitler und Stalin war allein schon eine politische Sensation, doch viel bedeutsamer war die in einem geheimen Zusatzprotokoll vereinbarte Teilung Polens zwischen Deutschland und der UdSSR.

Anders als 1914 weckte der Kriegsausbruch 1939 in Deutschland keine Begeisterung – zu lebendig waren die Erinnerungen an die Schrecken des Ersten Weltkriegs. Dennoch ließen sich viele Menschen zunächst durch die „Blitzsiege" der deutschen Wehrmacht mitreißen. So konnte Hitler das Volk noch einmal fest an sich binden.

Entsprechend ihrer Garantieverpflichtung erklärten England und Frankreich drei Tage nach dem deutschen Überfall auf Polen Deutschland den Krieg, griffen aber zunächst nicht in den Kampf ein. Der deutsche Vormarsch war unaufhaltsam. Abgesehen von ihrer Tapferkeit hatte die polnische Armee der modernsten Militärmaschinerie der Welt kaum etwas entgegenzusetzen.

Innerhalb weniger Wochen war Polen geschlagen: Ende September kapitulierten die polnischen Streitkräfte, die Regierung floh ins Ausland. Der polnische Staat hörte auf zu existieren. Die 1919 von Deutschland abgetretenen Gebiete wurden wieder in das Deutsche Reich eingegliedert, die übrigen polnischen Gebiete unter deutscher Herrschaft wurden zum „Generalgouvernement" mit der Hauptstadt Krakau zusammengefasst, die polnische Bevölkerung brutal unterdrückt, die Führungsschichten ermordet, das Land rücksichtslos ausgeplündert. Gleichzeitig begann auch die Verfolgung der Juden, die in den völlig überfüllten Ghettos zusammengepfercht wurden. Insgesamt verloren während der deutschen Besatzung etwa sechs Millionen Polen, davon drei Millionen Juden, ihr Leben. Zwei Millionen polnische Männer und Frauen wurden als sogenannte Fremdarbeiter zur Zwangsarbeit ins Deutsche Reich abtransportiert.

Als sich der Sieg der Deutschen abzeichnete, ließ Stalin am 17. September Ostpolen durch die Rote Armee besetzten. Brutal nahm der sowjetische Diktator Rache für die schmachvolle Niederlage von 1921, ebenso wurden die im Frieden von Riga verlorenen Gebiete wieder der UdSSR einverleibt. Bei der Inbesitznahme ihrer Beute gingen die Sowjets ähnlich rücksichtslos vor wie die Deutschen; 15 000 polnische Gefangene verschwanden, 4000 polnische Offiziere wurden bei Katyn erschossen, mehr als eine Million Polen wurde deportiert.

Gleichzeitig verstärkte Stalin den Druck auf die baltischen Republiken, indem er sie zwang, „Beistandspakte" mit der Sowjetunion abzuschließen. Nur wenige Monate später, im Sommer 1940, wurden Estland, Lettland und Litauen als Sowjetrepubliken direkt in den Machtbereich Stalins eingegliedert. Sogleich setzten auch hier die üblichen Massenverhaftungen und Deportationen ein. Unter tätiger Mithilfe baltischer Kommunisten wurden die Angehörigen der bürgerlichen Führungsschichten zu Tausenden ermordet oder von der sowjetischen Geheimpolizei NKWD verhaftet und nach Sibirien verschleppt. Auch die Baltendeutschen mussten ihre Heimat verlassen und „heim ins Reich" ziehen, wo sie im Warthegebiet um Posen angesiedelt wurden.

Im Gegensatz zu den baltischen Republiken hatte Finnland die sowjetischen Forderungen nach einem „Beistandspakt" und Gebietsabtretungen abgelehnt. Am 30. November 1939 griff Stalin Finnland ohne Kriegserklärung an. Den etwa 20 sowjetischen Divisionen standen auf finnischer Seite lediglich drei Infanteriedivisionen, eine Kavalleriebrigade, eine Panzerkompanie sowie eine Anzahl Reservisten unter dem Befehl von Marschall von Mannerheim gegenüber.

Zwar wurde die Sowjetunion wegen des Überfalls auf Finnland im Dezember 1939 aus dem Völkerbund ausgeschlossen, doch blieb eine militärische Unterstützung der Finnen durch die Westmächte aus. Allerdings eilten viele Freiwillige aus den skandinavischen Nachbarstaaten den finnischen Verteidigern zu Hilfe, die der gewaltigen, aber schlecht geführten sowjetischen Übermacht heldenhaft Widerstand leisteten. Erst nachdem Marschall Semjon Timoschenko das Kommando übernommen hatte, gelang der Roten Armee der Durchbruch durch die finnische Verteidigungslinie. Schließlich mussten die Verteidiger aufgeben; am 12. März 1940 unterzeichnete die finnische Regierung den Frieden von Moskau, der den sogenannten Winterkrieg beendete. Finnland behielt zwar seine Selbstständigkeit, musste aber Karelien mitsamt der Stadt Wyborg sowie das

West- und Nordufer des Ladogasees abtreten und darüber hinaus der Einrichtung einer sowjetischen Militärbasis auf der Halbinsel Hangö zustimmen.

Skandinavien unter dem Hakenkreuz

Nach dem Sieg über Polen hatte sich das Interesse der deutschen militärischen Führung zunächst nach Norden gerichtet. Am 9. April 1940 überfielen die Deutschen ohne Kriegserklärung Dänemark und Norwegen. Dadurch wollten Hitler und das Oberkommando der Wehrmacht nicht nur einem britischen Zugriff auf Nordnorwegen zuvorkommen, sondern auch den Nachschub von den schwedischen Erzlagern über den Hafen Narvik sichern und eine Operationsbasis für den Seekrieg im Nordatlantik gewinnen, wobei Dänemark als Landbrücke nach Norden dienen sollte.

Ohne Kriegserklärung überschritten am Morgen des 9. April deutsche Truppen gegen 4.15 Uhr die Grenze nach Dänemark. Noch nicht einmal ein Jahr früher, am 31. Mai 1939, hatten Deutschland und Dänemark einen Nichtangriffspakt geschlossen. Ohne auf nennenswerte Gegenwehr zu stoßen, rückten die Deutschen nach Jütland vor. Bereits am folgenden Tag kapitulierte Dänemark.

Gleichzeitig hatten deutsche Marine-, Heeres- und Luftwaffenverbände Norwegen angegriffen. Das wichtigste Ziel war die Besetzung der westnorwegischen Häfen, besonders von Narvik als dem Ausfuhrhafen für die kriegswichtigen schwedischen Eisenerze. Allerdings verlief die Eroberung Norwegens nicht so reibungslos wie die Besetzung Dänemarks. Die von englischen, französischen und polnischen Verbänden verstärkten norwegischen Truppen leisteten erbitterten Widerstand, doch unterlagen sie schließlich nach zwei Monaten verlustreicher Kämpfe der deutschen Übermacht. Am 10. Juni befahl König Håkon VII. aus seinem Londoner Exil den Norwegern die Kapitulation. Wie in den meisten besetzten Ländern herrschten die Nazis auch in

Im besetzten Dänemark kam es im Oktober 1943 zu einer einmaligen Fluchtaktion, als dänische Fischer die dänischen Juden nach Schweden brachten.

Norwegen durch Terror, es kam zu Massenverhaftungen, Folterungen, Deportationen und Erschießungen. Bis zum Kriegsende blieben Norwegen und Dänemark besetzt.

Anders als in Norwegen blieben die staatlichen Institutionen in Dänemark zunächst unangetastet. Auch die Hoffnungen der deutsch gesinnten Nordschleswiger auf eine Revision der in der Volksabstimmung von 1920 festgelegten Grenze wurden enttäuscht, da für die NS-Führung in Berlin ein gutes Verhältnis zum „Musterprotektorat" Dänemark Vorrang vor den Interessen der deutschen Minderheit hatte. Dennoch meldeten sich viele Nordschleswiger zum Dienst in der deutschen Wehrmacht oder in der Waffen-SS, dienten im Wachdienst oder arbeiteten auf andere Weise mit den Deutschen zusammen.

Ungeachtet der Besetzung durch die Truppen eines totalitären Regimes fanden in Dänemark im März 1943 Wahlen zum *Folketing* statt. Das Ergebnis war ein klares Bekenntnis der Dänen zur Demokratie: Nur drei von 149 Sitzen fielen an die dänischen Nationalsozialisten, die lediglich in der deutschen Minderheit eine breitere Anhängerschaft besaßen. Doch allmählich schlug auch in Dänemark die Stimmung von Anpassung in Trotz um und es bildete sich eine Widerstandsbewegung. Nach Streiks und Sabotageakten der Widerstandsgruppe „Freies Dänemark" wurde am 29. August 1943 der militärische Ausnahmezustand über ganz Dänemark verhängt; die dänische Armee wurde aufgelöst, die Flotte versenkte sich selbst.

Die herausragendste Tat des dänischen Widerstands war die Rettung der dänischen Juden. Nachdem ehemalige Mitglieder der dänischen Regierung durch den deutschen Diplomaten Georg Ferdinand Duckwitz von der geplanten Verhaftung der dänischen Juden erfahren hatten, kam es im Oktober 1943 zu einer beispiellosen Fluchtaktion, bei der die von der Bevölkerung aktiv unterstützten dänischen Fischer 7300 der 7500 dänischen Juden mit ihren Booten heimlich nach Schweden brachten und so vor dem Zugriff der deutschen Besatzungsmacht retteten.

Den gesamten Krieg über blieb die dänische Widerstandsbewegung aktiv; am 19. September 1944 wurde sogar die dänischen Polizei aufgelöst und zahlreiche Polizisten verhaftet, weil die Gestapo an ihrer Zuverlässigkeit zweifelte. Auf der anderen Seite gab es aber auch in Dänemark Kollaboration mit der Besatzungsmacht; noch kurz vor Ende des Kriegs lieferten Dänen deutsche Deserteure der Wehrmacht und damit dem sicheren Tod aus.

Nach der Besetzung Dänemarks und Norwegens besaß das Deutsche Reich die alleinige Kontrolle über die Ostsee und ihre Zugänge. Als Folge der deutschen Seeherrschaft blieb die deutsche Handelsschifffahrt in der Ostsee in den ersten Kriegsjahren weitgehend unbehelligt. Ebenso stand der Kriegsmarine ein von Kriegshandlungen weitgehend unberührtes Gebiet für die Erprobung von Schiffen und die Ausbildung von Mannschaften zur Verfügung.

Wirtschaftlich war die Ostsee für Deutschland von großer strategischer Bedeutung. Wie im Ersten Weltkrieg hatte die britische *Royal Navy* gleich nach Kriegsbeginn eine Seeblockade über das Deutsche Reich verhängt. Von allen Überseeverbindungen abgeschnitten, war die deutsche Kriegswirtschaft auf Rohstoffimporte aus Skandinavien, vor allem aus dem neutralen Schweden, angewiesen.

Schwedens Rolle im Zweiten Weltkrieg war durchaus zwiespältig. Einerseits war das Land Zuflucht für deutsche Emigranten und andere NS-Verfolgte, wie beispielsweise die dänischen Juden, andererseits versorgte Schweden Deutschland jahrelang mit kriegswichtigen Rohstoffen und Gütern, die auch mit Raubgold aus jüdischem Besitz bezahlt wurden. Ebenso operierten deutsche Kriegsschiffe und Flugzeuge ungehindert im schwedischen Hoheitsbereich. Offiziell dienten diese Zugeständnisse lediglich der Vermeidung einer deutschen Besetzung, tatsächlich gab es aber bis in die höchsten Kreise der schwedischen Bevölkerung viele Menschen, die mit den Nationalsozialisten sympathisierten. Ebenso meldeten sich mehrere tausend Freiwillige aus Schweden, Norwegen und Dänemark für den Dienst in der Waffen-SS.

Nach dem Krieg wurde in Dänemark und Norwegen mit diesen Freiwilligen und anderen Kollaborateuren schnell und hart abgerechnet. Ein besonders trauriges Kapitel war dabei die jahrzehntelange Diskriminierung von Kindern deutscher Besatzungssoldaten. Zugleich stellte die Erinnerung an die Zeit der Besetzung eine schwere Belastung für das bis dahin wohlwollende Verhältnis zwischen Deutschland und den nordischen Ländern dar. Erst nachdem die Bundesrepublik 1959 mit Norwegen und Dänemark ein Wiedergutmachungsabkommen geschlossen hatte, kam es allmählich zu einer Normalisierung der deutsch-skandinavischen Beziehungen.

Der Überfall auf die Sowjetunion

Nach der Niederwerfung Frankreichs in einem nur sechswöchigen Feldzug im Mai/Juni 1940 befand sich Hitler auf dem Höhepunkt seiner Macht. Nachdem sein Versuch, England in die Knie zu zwingen, gescheitert war, sah er Ende 1940 den Zeitpunkt gekommen, sich seinem ideologischen Hauptgegner Stalin zuzuwenden und befahl, den Angriff auf die UdSSR vorzubereiten.

Am 22. Juni 1941 überfiel die Wehrmacht die Sowjetunion. Für Stalin, der alle Hinweise auf Hitlers Angriffspläne ignoriert hatte, kam der deutsche Einmarsch völlig unerwartet. Bis zum letzten Augenblick hatte der sowjetische Diktator die mit Deutschland getroffenen Handelsvereinbarungen getreu erfüllt; nur wenige Stunden vor dem deutschen Einmarsch hatte noch ein Getreidezug die deutsch-sowjetische Grenze in Richtung Westen überquert.

Auch die Rote Armee wurde von dem deutschen Angriff vollkommen überrumpelt. Sie litt noch immer unter den Folgen der „Großen Säuberung", der ein Großteil der höheren Offiziere zum Opfer gefallen war. Überall wurden die sowjetischen Truppen zurückgetrieben und erlitten schwere Verluste. Am 26. Juni trat Finnland in der Hoffnung, die im Winterkrieg verlorenen Gebiete zurückzugewinnen, auf deutscher Seite in den Krieg gegen die Sowjetunion ein.

Bereits zwei Wochen nach Beginn des Russlandfeldzugs waren die deutschen Truppen bis zum Finnischen Meerbusen vorgerückt. Hitler befahl die Belagerung Leningrads, während die Kriegsmarine auf beiden Ufern des Finnischen Meerbusens starke Sperrstellungen errichteten, die bis 1944 Durchbruchversuche sowjetischer Überwasser- und Unterwasserstreitkräfte weitgehend verhindern konnten. Dank dieses Sperrriegels konnte die deutsche Handelsschifffahrt weiterhin ungehindert die Ostsee befahren, kriegswichtige Güter aus Schweden holen und die Ostfront über See mit Nachschub und Truppen versorgen.

Nach der deutschen Besetzung 1941 wurden die drei baltischen Staaten und Weißrussland dem Reichskommissariat Ostland angegliedert. Angesichts der sowjetischen Terrorherrschaft waren die deutschen Truppen in den baltischen Ländern von vielen als Befreier begrüßt worden; zahlreiche Balten meldeten sich freiwillig zu den deutschen Waffen. Doch schon bald zeigte sich der wahre Charakter der NS-Herrschaft. Das deutsche Kriegsziel lautete: Gewinnung von „Lebensraum" durch die Ausdehnung des deutschen Machtbereichs bis zum Ural. Daher wurde der Krieg gegen die Sowjetunion von Anfang an als erbarmungsloser Vernichtungskrieg gegen die sowjetische Bevölkerung geführt. Vor allem der sogenannte Kommissarbefehl vom 6. Juni 1941 diente als Freibrief für willkürlichen Mord. Zugleich begannen SS-Einheiten hinter der Frontlinie mit Massakern an der Zivilbevölkerung, vor allem an Juden, wobei sie oft von lettischen, litauischen, ukrainischen und weißrussischen Hilfseinheiten unterstützt wurden. Auch die Wehrmacht beteiligte sich an diesen Kriegsverbrechen. Bis 1945 verloren rund 20 Millionen Sowjetbürger durch Kampfhandlungen, Massenmord, Sklavenarbeit und Hunger ihr Leben.

Die Deutschen mordeten aber nicht nur, sie plünderten auch. So wurde unter anderem das Deutsche Reich auf Kosten der besetzten Länder mit Lebensmitteln versorgt; Rücksicht auf die einheimische Bevölkerung nahm man dabei nicht. Angesichts der deutschen Gräueltaten bildete sich in den von der Wehrmacht besetzten osteuropäischen Ländern Widerstandsbewegungen und es kam zu einem Partisanenkrieg, der von beiden Seiten mit erbarmungsloser Härte geführt wurde.

Statt in einem Triumph endete der Russlandfeldzug in einem Desaster. Die unzureichend ausgerüsteten deutschen Truppen wurden von der einbrechenden Winterkälte überrascht, der deutsche Vormarsch kam zum Stillstand. Zum ersten Mal war die bewährte Blitzkriegstrategie gescheitert.

Noch im Winter 1941 ließ der sowjetische Generalstab die Rote Armee zum Gegenangriff übergehen. So begann der allmähliche Rückzug der Wehrmacht nach Westen. Damit nicht genug, erklärte Hitler am 11. Dezember 1941, vier Tage nach dem japanischen Überfall auf den amerikanischen Marinestützpunkt Pearl Harbor, den USA den Krieg. Aus

einem europäischen Hegemonialkrieg wurde jetzt endgültig ein Weltkrieg.

Im Januar 1942 wurde auf der berüchtigten Wannsee-Konferenz die systematische Ausrottung der europäischen Juden beschlossen. Im Juli 1942 begann die Deportation der Ghettobewohner in die in Polen gelegenen Vernichtungslager Auschwitz, Belzec, Sobibor und Treblinka. Insgesamt wurden in deutschen Konzentrationslagern mit industrieller Effizienz fast sechs Millionen Juden systematisch vergast, erschossen, vergiftet, zu Tode geprügelt oder einfach dem Hungertod überlassen. Allein im KZ Auschwitz wurden rund eine Million Menschen ermordet. Doch nicht alle Juden ließen sich wehrlos in den Tod treiben: Im April 1943 erhoben sich die Einwohner des Warschauer Ghettos zu einem verzweifelten Aufstand. Die SS brauchte vier Wochen, um die schlecht bewaffneten, aber mit Todesverachtung kämpfenden jüdischen Widerstandskämpfer in verlustreichen Straßen- und Häuserkämpfen niederzuringen.

Ab 1942 erreichte der Krieg auch Deutschland. Mit ihren Bombergeschwadern begannen die Briten und Amerikaner mit dem Flächenbombardement der deutschen Großstädte. Den Auftakt bildete der

Angriff auf Lübeck in der Nacht vom 28. auf den 29. März 1942, dem Palmsonntag; 186 Flugzeuge verwandelten die historische Altstadt in ein Flammenmeer. Erst Tage später war das volle Ausmaß der Zerstörungen erkennbar: Die Altstadt war zu 80 Prozent zerstört; der Dom, die Marienkirche und die Petrikirche lagen in Trümmern. Der Angriff hatte 312 Menschenleben gekostet, tausende Wohnungen waren zerstört oder beschädigt. Die alliierten Bomber flogen nun fast täglich Ziele im Reich an. Dank verbesserter Navigations- und Ortungsmittel gelang es den Angreifern immer leichter, ihre Ziele zu treffen. Hamburg, Lübeck, Kiel, Rostock und Wismar – auch Norddeutschlands Städte litten in den folgenden Jahren unter den Bombardements.

Unterdessen gelang es der Roten Armee an der Ostfront mit gewaltiger Anstrengung und dank massiver materieller Unterstützung durch die Westalliierten, die Wehrmacht immer weiter zurückzudrängen. Spätestens mit der Niederlage von Stalingrad im Februar 1943 zeichnete sich ab, dass der Krieg für Deutschland verloren war. Ab Mitte 1943 stiegen auch in der Ostsee die deutschen Schiffsverluste durch alliierte Luftangriffe. Anfang 1944 drängte eine sowjetische Großoffensive die deutsche Heeresgruppe Nord bis zum Peipus-See zurück; am 28. Januar 1944 endete nach fast 900 Tagen die furchtbare Belagerung Leningrads, die mehr als 600 000 Einwohner der Stadt das Leben gekostet hatte.

Die Ostsee wird zum Kriegsgebiet

Im Sommer 1944 begann die Endphase des Zweiten Weltkriegs. Die alliierte Landung in der Normandie am 6. Juni markierte den Auftakt zur Befreiung Europas von der deutschen Besetzung. Am 20. Juli 1944 scheiterte der Versuch deutscher Offiziere, Hitler durch ein Attentat zu beseitigen und den aussichtslosen Kampf zu beenden.

Bis zum Herbst waren amerikanische Truppen bis an die Reichsgrenze im Westen vorgestoßen. Gleichzeitig hatte die Rote Armee an der Ostfront zu einer neuen Großoffensive angesetzt: Am 29. Juli erreichten die sowjetischen Truppen die Rigaer Bucht; die deutsche Heeresgruppe Nord wurde in Lettland und Estland abgeschnitten und besaß nur noch über See Verbindung nach Westen.

Nun wurde auch die Ostsee, bis dahin faktisch ein deutsches Binnenmeer, zum Kriegsgebiet. Die noch verbliebenen deutschen Seestreitkräfte wurden zum Schutz der deutschen Häfen und zur Sicherung der Nachschubkonvois für die Ostfront eingesetzt. Später griffen deutsche Kriegsschiffe auch direkt in die Kämpfe ein, indem sie mit ihren Geschützen eigenen Truppen Feuerunterstützung gaben.

Trotz erbitterter Gegenwehr konnte die deutsche Wehrmacht den Vormarsch der sowjetischen Truppen höchstens verlangsamen, aber nicht aufhalten. Auch der Warschauer Aufstand der polnischen Heimatarmee im August 1944 blieb nur aufgrund der unterbliebenen Hilfe durch die Rote Armee erfolglos. Der Aufstand wurde von SS-Einheiten mit äußerster Brutalität niedergeschlagen, wobei es auch zu Massenmorden an der Zivilbevölkerung kam. 63 Tage lang leisteten die Polen verzweifelten Widerstand, bis sie schließlich kapitulieren mussten. Angesichts der unweigerlich immer näher rückenden deutschen Niederlage kapitulierten im September 1944 die mit Deutschland verbündeten Finnen, während das neutrale Schweden den Export von Rüstungsgütern einstellte.

Ebenfalls im September wurde auch das Baltikum von der Roten Armee endgültig zurückerobert. Auf den Einmarsch der sowjetischen Truppen folgte erneut eine Welle des stalinistischen Terrors, der sich nicht nur gegen die Kollaborateure richtete. Zehntausende Menschen flohen in den Westen, insbesondere nach Skandinavien, während zugleich die sogenannten Waldbrüder in Estland und Lettland noch bis in die 1950er-Jahre einen verzweifelten Partisanenkrieg gegen die sowjetischen Besatzer führten; auch in Litauen bildete sich eine Widerstandsbewegung, die gegen die Sowjets kämpfte.

Zugleich begann vonseiten der Reichsregierung die Evakuierung von deutschen Soldaten, Verwundeten und Flüchtlingen aus dem Osten über See. Der erste große Einsatz dieser Art erfolgte im September 1944, als rund 50 000 Wehrmachtsangehörige und 85 000 Zivilisten aus Reval abtransportiert wurden. Dabei besaß der Transport von Verwundeten und militärischen Gütern jedoch bis in die letzten Kriegstage oberste Priorität; nur wenn an Bord noch Platz war, durften Flüchtlinge mitfahren.

Hitler und die NS-Führung hatten mittlerweile jeden Bezug zur Wirklichkeit verloren. Als letztes

Das zerstörte Kiel 1944. Die Werft- und Marinestadt war ein Hauptangriffsziel der alliierten Bomber, die mehr als drei Viertel der Stadt in Schutt und Asche legten.

Aufgebot wurden Jugendliche und alte Männer unausgebildet und unzureichend bewaffnet als sogenannter Volkssturm an die Front geschickt und militärisch sinnlos „verheizt". Die Verluste stiegen auf beiden Seiten ins schier Unermessliche; allein in den letzten fünf Kriegsmonaten fielen je eine Million deutsche und russische Soldaten.

Auch die deutsche Zivilbevölkerung litt schrecklich. Wem die Flucht aus den Ostgebieten nicht gelang, den erwartete ein grausames Schicksal. Der durch das Vorgehen der Deutschen in der Sowjetunion gesäte Hass schlug nun durch blutige Racheakte der sowjetischen Soldaten auf die vermeintlichen Verursacher zurück: Vergewaltigungen, Erschießungen, Plünderungen und Misshandlungen begleiteten den Vormarsch der Roten Armee. Viele Menschen begingen Selbstmord, um der Rache der Rotarmisten zu entgehen.

Ein Flüchtlingstreck zieht im Winter 1944/45 über das zugefrorene Frische Haff. Eine rechtzeitige Evakuierung der deutschen Ostgebiete hatte die NS-Führung verhindert.

Verbissen versuchten die deutschen Soldaten, den sowjetischen Ansturm aufzuhalten. Sie kämpften nicht nur aus Furcht vor der russischen Kriegsgefangenschaft, sondern auch, um den Flüchtlingstrecks den Weg nach Westen offenzuhalten. Zynisch hatte die NS-Führung auf diesen Verteidigungswillen spekuliert, als sie die rechtzeitige Evakuierung der deutschen Ostgebiete verboten hatte. Diese starrsinnige „Durchhaltepolitik" hatte zur Folge, dass viele Menschen erst inmitten der Gefechte des letzten Kriegswinters die Flucht antraten.

Zu Beginn des Jahres 1945 war die deutsche Niederlage nur noch eine Frage der Zeit. Entschlossen setzte die Rote Armee Mitte Januar 1945 zum Schlussangriff auf das Deutsche Reich an; am 17. Januar nahm die Rote Armee Warschau ein, und bereits am 30. Januar bildeten sowjetische Truppen bei Küstrin den ersten Brückenkopf auf dem Westufer der Oder, nur 60 km von Berlin entfernt. Am 27. Januar hatten die sowjetischen Truppen in der Nähe von Elbing die Ostseeküste erreicht und damit die Verbindung zwischen den deutschen Truppen in Ost- und Westpreußen unterbrochen.

Unter der deutschen Zivilbevölkerung löste der Vormarsch der Roten Armee eine regelrechte Flüchtlingslawine aus; bis Ende Januar 1945 waren fünf Millionen Deutsche auf der Flucht vor den sowjetischen Truppen. Manche flohen in Trecks über das zugefrorene Frische Haff, wobei viele durch brechendes Eis oder russische Tiefflieger ihr Leben verloren, andere versuchten, ein Schiff zu finden, das sie nach Westen in Sicherheit brachte. Erst jetzt begann die groß angelegte Rettung von Soldaten und Flüchtlingen über die Ostsee.

Die Lage der Deutschen wurde immer verzweifelter. Am 10. April kapitulierte Königsberg und am 15. April durchbrachen die sowjetischen Truppen die deutsche Front in Samland. Nach dem Zusammenbruch der Front flohen Soldaten und Zivilisten, die dazu noch in der Lage waren, vor der heranrückenden Roten Armee in Richtung Westen. Gleichzeitig setzten die sowjetischen Truppen zum Angriff auf die Reichshauptstadt Berlin an.

Am 30. April 1945 nahm sich Hitler in der Reichskanzlei das Leben. Vor seinem Selbstmord hatte er den Oberbefehlshaber der Kriegsmarine, Großadmiral Karl Dönitz, zu seinem Nachfolger ernannt. Nachdem dieser vom Tod Hitlers erfahren hatte, berief er in der Marineschule in Flensburg-Mürwik eine „geschäftsführende Reichsregierung" ein. Viele Spitzen aus Partei und Militär zog es auf der Flucht vor dem Untergang nach Norden: Neben Generalfeldmarschall Keitel, Generaloberst Jodl und Albert Speer machte sich auch SS-Chef Heinrich Himmler auf den Weg nach Flensburg, wo er aber von Dönitz abgewiesen wurde.

Obgleich der Großadmiral bis zuletzt zu Hitlers treuesten Gefolgsleuten gezählt hatte, wusste er, dass der Krieg verloren und die Kapitulation unausweichlich war. Ihm blieb nur noch die „Abwicklung" der Niederlage.

Bis in die letzten Tage des Zweiten Weltkriegs hinein lief die perverse deutsche Vernichtungsmaschinerie auf Hochtouren. Hunderttausende von KZ-Häftlingen verloren ihr Leben auf Todesmärschen; die SS wollte damit die Insassen der Konzentrationslager vor der vorrückenden Roten Armee nach Westen schaffen. Etwa 10 000 dieser gequälten Menschen wurden an Bord der Schiffe Cap Arcona, Thielbeck und Athen gebracht, die in der Neustädter Bucht verankert wurden. Vermutlich hatte die SS vor, die Schiffe mitsamt den unliebsamen Zeugen zu versenken. Infolge einer tragischen Verwechslung nahm ihnen die *Royal Air Force* diese „Arbeit" ab. Am 3. Mai wurden die Schiffe bombardiert, weil die Briten annahmen, an Bord seien Nazis auf der Flucht nach Schweden. 8000 Häftlinge kamen bei dem Angriff ums Leben – befehlsgemäß rettete die deutsche Kriegsmarine nur SS-Männer und Schiffsmannschaften.

Am 4. Mai 1945 erklärte Dönitz gegenüber dem britischen Feldmarschall Montgomery die deutsche Teilkapitulation in Nordwestdeutschland, Dänemark und den Niederlanden. Damit wollte er Zeit gewinnen, um so viele Soldaten und Flüchtlinge wie möglich über die Ostsee zu evakuieren. Dementsprechend wurden am Morgen des 5. Mai die außerhalb der deutschen und dänischen Hoheitsgewässer befindlichen Frachter und Kriegsschiffe gen Osten geschickt. Am Tag der Kapitulation liefen letztmalig deutsche Zerstörer und Torpedoboote nach der Halbinsel Hela in der Danziger Bucht aus, um Soldaten und Flüchtlinge an Bord zu nehmen.

Mit der deutschen Kapitulation am 7. und 8. Mai war der Zweite Weltkrieg in Europa beendet. Offiziell hatte nur die Wehrmacht kapituliert, sodass die Reichsregierung in Flensburg-Mürwik rein formal immer noch im Amt war – auch wenn es nichts mehr zu regieren gab, da die Alliierten faktisch die Regierungsgewalt in Deutschland übernommen hatten. Nach der Besetzung der Stadt Flensburg durch britische Truppen am 13. Mai beschränkte sich das von „Reichspräsident“ Dönitz kontrollierte Territorium auf das Gelände der Marineschule. Die groteske Situation dauerte rund zehn Tage: Am 23. Mai wurden der Großadmiral, die Regierungsmitglieder

Flucht über die Ostsee

Mit dem Vormarsch der Roten Armee auf Ostpreußen und Danzig begann am 25. Januar 1945 die größte Evakuierungsaktion der Geschichte, als die Schiffe Robert Ley, Pretoria und Ubena mit über 7000 Flüchtlingen von Pillau aus in Richtung Westen ausliefen. Alle verfügbaren Schiffe, vom großen Passagierdampfer bis zum Fischkutter, wurden für den Flüchtlingstransport eingesetzt.

Allerdings verlief die Evakuierung nicht ohne Verluste, denn auch die Flüchtlingstransporter wurden zu Kriegszielen. Der bekannteste Fall ist die Versenkung der Wilhelm Gustloff. Durch Günther Grass' Novelle *Im Krebsgang* ist diese Tragödie vor einigen Jahren in die öffentliche Wahrnehmung zurückgekehrt. Am 30. Januar 1945 hatte die 1937 als Passagierschiff für die Deutsche Arbeitsfront vom Stapel gelaufene Wilhelm Gustloff den Hafen von Gotenhafen, das heutige Gdingen, verlassen. An Bord drängten sich mehr als 10 000 Flüchtlinge, Verwundete und Marineangehörige. Am gleichen Abend gegen 21.15 Uhr wurde das Schiff von drei Torpedos des sowjetischen U-Boots S-13 getroffen und begann zu sinken. Der Untergang der Wilhelm Gustloff forderte mindestens 9000 Todesopfer; nur 1252 Menschen überlebten die wohl größte Schifffahrtskatastrophe aller Zeiten.

Noch viel mehr Menschen starben jedoch, weil man sie nicht retten konnte. Bis in die letzten Kriegstage hinein wurde das Handeln der Verantwortlichen nicht von dem Gedanken an die Evakuierung von Flüchtlingen, sondern von der Weiterführung des bereits verlorenen Kriegs bestimmt. Nicht der Marineführung und Großadmiral Dönitz, wie häufig behauptet, sondern Dienststellen und Einzelpersonen vor Ort, die oft sogar gegen ihre Befehle handelten, verdankten die meisten der Geretteten ihr Leben.

Währenddessen gingen die Flüchtlingstransporte unentwegt weiter. Vom 11. bis 18. März wurde das seit dem 7. März eingeschlossene Kolberg evakuiert. Nach dem Fall Gotenhafens am 28. März und Danzigs am 30. März wurden die Einschiffungen bis Kriegsende von der Halbinsel Hela aus fortgesetzt. Doch erst am 6. Mai, nur zwei Tage vor der bedingungslosen Kapitulation des Deutschen Reichs, erteilte Großadmiral Dönitz den Befehl, der Rettung von Menschen die höchste Priorität zu geben. Alle verfügbaren Schiffe wurden nach Osten in Bewegung gesetzt, um so viele Flüchtlinge wie möglich an Bord zu nehmen; bis zum 8. Mai wurden 111 000 Soldaten und 6300 Verwundete nach Westen verschifft – aber nur 5400 Flüchtlinge.

Nach offiziellen Zahlen sind in den letzten 115 Tagen des Kriegs mindestens zwei Millionen Menschen auf rund 700 Passagierschiffen, Frachtern, Fähren, Schleppern und Kriegsschiffen in den Westen, vor allem nach Dänemark und Schleswig-Holstein, evakuiert worden. Neueste Forschungen gehen jedoch davon aus, dass diese Zahlen geschönt wurden. Vermutlich wurden insgesamt nur 800 000 bis 900 000 Flüchtlinge und 350 000 Verwundete über den Seeweg gerettet.

Ohne die gewaltige Leistung sowohl der Befehlsstellen als auch der Besatzungen der beteiligten Schiffe schmälern zu wollen, bleibt die Bilanz dieser größten maritimen Evakuierungsaktion der Geschichte zwiespältig. Hätte die deutsche Marineführung rechtzeitig den Schwerpunkt auf die Evakuierung gelegt, hätten viel mehr, vielleicht sogar alle Flüchtlinge gerettet werden können. So gerieten drei bis vier Millionen Deutsche in den Machtbereich der Roten Armee.

Etwa ein Zehntel der für die Evakuierung eingesetzten Schiffe wurde versenkt; rund 25 000 Menschen verloren dabei ihr Leben. Die höchsten Verluste gab es bei den Versenkungen der Schiffe Wilhelm Gustloff, Steuben und Goya, bei denen insgesamt mehr 16 000 Menschen ums Leben kamen. Im Marine-Ehrenmal in Laboe erinnert ein Raum an die „Rettung über die Ostsee" und die Menschen, die dabei den Tod gefunden haben. Unter den Erinnerungsstücken befindet sich auch ein Bullauge der Wilhelm Gustloff.

Die Wilhelm Gustloff kurz nach ihrer Fertigstellung. Die Versenkung des Schiffes am 30. Januar 1945 kostete rund 9000 Menschen das Leben.

sowie zahlreiche Beamte und Offiziere, darunter auch Speer und Jodl, von den Briten verhaftet. Dönitz und die übrigen Kriegsverbrecher wurden vor Gericht gestellt. Im Nürnberger Prozess wurden Keitel und Jodl zum Tode, Speer zu zwanzig Jahren und Dönitz zu zehn Jahren Haft verurteilt.

Die bedrückende Bilanz dieses fast sechs Jahre dauernden, größten Land-, Luft- und Seekriegs der Geschichte waren ein zerstörtes Europa und über 55 Millionen Tote, von denen 20 bis 30 Millionen Zivi-listen waren, die bei Kampfhandlungen oder durch Luftangriffe, Deportation und Massentötungen ihr Leben verloren hatten – unter ihnen auch die sechs Millionen Juden, die in deutschen Konzentrations-lagern systematisch ermordet worden waren. Weitere 20 Millionen Menschen wurden als Zwangsarbeiter verschleppt oder verloren ihre Heimat.

Auch viele Deutsche wurden von diesem Schicksal getroffen. Sie wurden zu Opfern des von Hitler begonnen Kriegs und der aggressiven Expansionspolitik Stalins. Auch nach Kriegsende gingen die Vertreibungen weiter; viele Menschen starben auf dem entbehrungsreichen Marsch nach Westen. Bis 1950 wurden etwa 12,5 Millionen Deutsche vertrieben. Ebenso kehrte jeder Dritte von den etwa 3,2 Millionen deutschen Soldaten in russischer Kriegsgefangenschaft nicht zurück.

Nach der Vertreibung der deutschen Bevölkerung wurden Pommern und Preußen polnisch besiedelt. Die Polen übernahmen die Höfe und Häuser der Vertriebenen, wie einige dieser zuvor die Anwesen von Polen in Besitz genommen hatten. Doch auch in Deutschland erwartete die aus ihrer Heimat Vertriebenen ein hartes Schicksal. Die Probleme waren riesig: Das Land war zerstört und es mangelte schlichtweg an allem, besonders aber an Wohnraum. Allein in Schleswig-Holstein stieg die Einwohnerzahl bis Oktober 1945 auf 160 Prozent des Vorkriegsstands an. Von Anfang an wurde in Westdeutschland versucht, die Flüchtlinge und Vertriebenen mithilfe von Umsiedlungsaktionen, Wohnungsbauprogrammen und des Lastenausgleichs zu integrieren. Nachdem die unmittelbare Not der Nachkriegszeit überwunden war, machte sich im Zuge des sogenannten Wirtschaftswunders in den 1950er-Jahren auch unter den Flüchtlingen und Vertriebenen allmählich der wirtschaftliche Aufschwung bemerkbar.

Zwischen Ost und West:

Der Ostseeraum nach 1945

Mit der deutschen Niederlage im Zweiten Weltkrieg war die Sowjetunion die dominierende Macht an der Ostsee geworden. Die baltischen Staaten waren erneut annektiert worden, ebenso wie die Stadt Königsberg, die unter ihrem neuen Namen Kaliningrad zu einem wichtigen sowjetischen Flottenstützpunkt wurde. Zugleich entstanden in den von der Roten Armee kontrollierten Gebieten Osteuropas nach und nach eine Reihe von sowjetischen Satellitenstaaten, die politisch und militärisch von Moskau abhängig waren. Der sowjetische Machtbereich reichte fortan von Leningrad bis zur Lübecker Bucht.

Nach dem Zweiten Weltkrieg

Mit der Kapitulation hatte das Deutsche Reich aufgehört zu existieren. Stattdessen übernahmen die Alliierten die Regierungsgewalt in Deutschland, das in je eine amerikanische, französische, britische und sowjetische Besatzungszone aufgeteilt wurde. Berlin wurde zum Zweck der gemeinsamen Verwaltung durch alle vier Besatzungsmächte in vier Sektoren aufgeteilt, wobei die unterschiedlichen Auffassungen über den Status der Stadt immer wieder zu Konflikten zwischen der Sowjetunion und den drei Westmächten führte.

Auf den alliierten Konferenzen in Teheran und Jalta war die europäische Nachkriegsordnung festgelegt worden; unter anderem hatten Großbritannien und die USA die Abtretung Ostpolens an die UdSSR gebilligt. Auf der Potsdamer Konferenz im Sommer 1945 hatte Stalin die Westalliierten vor vollendete Tatsachen gestellt: Eigenmächtig hatte er die polnische Westgrenze um 200 km nach Westen verschoben, um Polen für den Verlust der 1939 annektierten Ostgebiete zu entschädigen; die deutsche Bevölkerung wurde vertrieben. Den Westmächten blieb nichts Anderes übrig, als die westliche Neiße als Grenzlinie anzuerkennen.

Die Potsdamer Konferenz war bereits deutlich vom Konflikt zwischen den Westalliierten und der Sowjetunion gekennzeichnet. Rasch zeigte sich, dass die ideologische Kluft zwischen den westlichen Siegermächten USA, Großbritannien und Frankreich auf der einen und der Sowjetunion auf der anderen Seite unüberbrückbar war. Ein gemeinsamer Friedensvertrag mit Deutschland wurde nicht mehr geschlossen; ihn ersetzte 1990 der Zwei-Plus-Vier-Vertrag.

Als Folge des beginnenden Kalten Kriegs zeichnete sich schon bald eine Teilung Deutschlands ab. Während die drei Westalliierten ihre Besatzungszonen nach marktwirtschaftlich-demokratischen Gesichtspunkten gestalteten, trieb Stalin in der Ostzone die Sowjetisierung voran.

Bereits vor der deutschen Kapitulation war mit der Gruppe Ulbricht eine Vorhut deutscher Kommunisten unter der Leitung Walter Ulbrichts aus dem Moskauer Exil nach Deutschland zurückgekehrt. Nach dem Motto „Es muss demokratisch aussehen, aber wir müssen alles in der Hand haben" gingen sie gezielt daran, die kommunistische Machtübernahme in der sowjetischen Besatzungszone vorzubereiten.

Zum ersten Opfer der deutschen Spaltung wurde die ostdeutsche Sozialdemokratie: Am 21./22. April 1946 wurden SPD und KPD zur Sozialistischen Einheitspartei Deutschlands (SED) zwangsvereinigt, die nach dem Vorbild der KPdSU zu einer diktatorisch geführten Kaderpartei wurde. Auch die übrigen Parteien in der Ostzone mussten sich dem Führungsanspruch der SED unterwerfen. Ebenso wur-

Die amerikanische Briefmarke zur Erinnerung an die Berliner Luftbrücke von 1948 bis 1949 zeigt einen der berühmten Rosinenbomber vom Typ C-54 im Landeanflug.

den politische Gegner verfolgt und in Lagern – wie den vom sowjetischen Geheimdienst NKWD weitergeführten, ehemaligen NS-Konzentrationslagern Sachsenhausen und Buchenwald – inhaftiert. Zugleich wurde in der sowjetischen Besatzungszone im Zuge der sogenannten Bodenreform der Großgrundbesitz enteignet und umverteilt.

Am 25. Februar 1947 wurde Preußen durch ein Gesetz des Alliierten Kontrollrats formell aufgelöst, wobei aber den preußischen Provinzen der britischen Besatzungszone bereits am 23. August 1946 von der Militärregierung die vorläufige staatsrechtliche Stellung von Ländern zuerkannt worden war. Dies war auch die Geburtsstunde des Landes Schleswig-Holstein.

Die Teilung Deutschlands vertiefte sich durch den Zusammenschluss der amerikanischen und britischen Besatzungszonen zum 1. Januar 1947 zur „Bizone“, aus der später durch die Angliederung der französischen Besatzungszone die „Trizone“ wurde. Während in den drei westlichen Besatzungszonen durch die massive Wirtschaftshilfe des amerikanischen Marshallplans die Basis für den raschen Wiederaufbau und das spätere Wirtschaftswunder gelegt wurde, ging Stalin daran, die Ostblockstaaten weiter von der westlichen Welt zu isolieren und diese auch wirtschaftlich unter seine Kontrolle zu bringen. Gleichsam als Antwort auf den Marshallplan gründete er 1949 den Rat für gegenseitige Wirtschaftshilfe (RGW).

Im Mai 1948 wurde in den drei westlichen Besatzungszonen eine Währungsreform durchgeführt, worauf Stalin mit der Blockade Berlins reagierte. Fast ein Jahr lang wurde Berlin durch die Westalliierten über die berühmte „Luftbrücke“ notdürftig versorgt, bis Stalin im Mai 1949 die Blockade wieder aufhob. Damit hatten die westlichen Mächte deutlich gezeigt, dass sie willens waren, dem weiteren Vordringen des Kommunismus Einhalt zu gebieten.

Angesichts des sich bald verschärfenden Kalten Kriegs und der wachsenden Bedrohung durch die Sowjetunion schlossen sich die Westeuropäer und Kanada unter Führung der USA am 4. April 1949 zu einem Verteidigungsbündnis, der *North Atlantic Treaty Organisation*, kurz NATO, zusammen. Zu den Gründungsmitgliedern gehörten auch Dänemark und Norwegen, die aufgrund der Erfahrung des deutschen Überfalls 1940 ihre bisherige Neutralitätspolitik aufgegeben hatten. Dagegen entschied sich Schweden, seine Neutralität beizubehalten.

Wenig später wurde die Teilung Deutschlands durch die Gründung zweier deutscher Staaten vollendet: Am 24. Mai 1949 trat das Grundgesetz in Kraft; die Bundesrepublik Deutschland war geboren und entwickelte sich bald zu einer stabilen, bundesstaatlich organisierten parlamentarischen Demokratie. Am 7. Oktober 1949 folgte in Ostberlin die Gründung der Deutschen Demokratischen Republik. Hinter dem wohlklingenden Namen verbarg sich jedoch eine totalitäre Diktatur nach dem Vorbild der UdSSR unter Führung der SED. Die Lage West-Berlins, vom Territorium der DDR umschlossen, blieb kritisch.

Von Anfang an gehörte der Mangel zum DDR-Alltag: Konsumgüter waren knapp – nur Propaganda gab es im Überfluss.

In der Bundesrepublik hatte die CDU die erste Bundestagswahl für sich entscheiden können; erster Bundeskanzler wurde der damals 73-jährige Konrad Adenauer. Gemeinsam mit seinem Wirtschaftsminister Ludwig Ehrhard schuf er mit der Sozialen Marktwirtschaft die Basis für die schnelle ökonomi-

sche Erholung Westdeutschlands, während er sich außenpolitisch bemühte, die junge Bundesrepublik in das freiheitliche System des Westens zu integrieren.

Stalin reagierte auf die zunehmende Westintegration der Bundesrepublik 1952 mit der sogenannten Stalin-Note, in der er die deutsche Wiedervereinigung um den Preis der Neutralität Deutschlands anbot. Doch Adenauer und die Westalliierten lehnten ab, da sie in dem Vorschlag – vermutlich zu Recht – ein bloßes taktisches Manöver vermuteten. Es war ihnen nicht entgangen, mit welcher Rücksichtslosigkeit der sowjetische Diktator die osteuropäischen Staaten seinem Machtbereich einverleibt hatte.

Im Juni 1945 war in Polen eine aus der Londoner Exilregierung und den Kommunisten zusammengesetzte Regierung der nationalen Einheit gebildet worden. Doch schon bald rissen die Kommunisten die alleinige Macht an sich und begannen, in Polen eine totalitäre Herrschaft nach sowjetischem Vorbild zu errichten. Allerdings besaßen die Kommunisten in Polen von Anfang an nur wenig Rückhalt in der Bevölkerung, während die katholische Kirche trotz Repressionen ihre herausgehobene Stellung bewahren konnte und zu einem Hort des Widerstands wurde.

Zugleich wurde auch die polnische Wirtschaft nach dem Muster der sowjetischen Planwirtschaft neu organisiert, was bald zu erheblichen Versorgungsengpässen führte. Zwar wurde nun auch das bisher vorwiegend agrarisch strukturierte Polen durch die Einbindung in das sowjetisch dominierte RGW-Wirtschaftssystem industrialisiert, doch blieb die Arbeitsproduktivität in der Industrie ebenso wie in der Landwirtschaft gering.

Auch in der DDR schuf die SED unter Führung von Walter Ulbricht ein totalitäres Zwangssystem nach sowjetischem Vorbild, zu dem unter anderem die rigorose Durchsetzung der Planwirtschaft, die Verstaatlichung privater Firmen sowie ab 1952 die Kollektivierung der Landwirtschaft gehörte. Von Anfang an gehörte der Mangel zum Alltag in der DDR; der Lebensstandard sank, während die Unzufriedenheit wuchs. Im Jahr 1952 endete auch die Eigenständigkeit der Länder in der DDR; an die Stelle des erst 1945 neu geschaffenen Landes Mecklenburg traten die Bezirke Schwerin, Neubrandenburg und Rostock, wobei Letzterer die gesamte Ostseeküste umfasste.

Wie in der übrigen sowjetischen Besatzungszone waren auch im Bezirk Rostock zahlreiche Industriebetriebe demontiert worden, doch wurden gleichzeitig neue Werften aufgebaut, auf denen vor allem Schiffe als Reparationsleistung für die UdSSR vom Stapel liefen.

Am 5. März 1953 starb Stalin. Doch die im sowjetischen Machtbereich aufkeimende Hoffnung auf Lockerungen der eisernen russischen Faust wur-

Suche nach nationaler Identität

Für den NATO-Beitritt Deutschlands war die Zustimmung aller Mitgliedsstaaten erforderlich, zu denen auch Dänemark zählte. Die dänische Regierung hatte ihre Einwilligung jedoch von einer Lösung der Minderheitenfrage in Schleswig-Holstein abhängig gemacht, wo der nationale Gegensatz zwischen Deutschen und Dänen nach 1945 wieder aufgebrochen war. Hier hatten sich nach dem Ende des Zweiten Weltkriegs viele Menschen, die nur wenige oder gar keine Bindungen an die dänische Sprache und Kultur besaßen, der dänischen Minderheit angeschlossen. Hatte die Partei der dänischen Minderheit bei der letzten freien Reichstagswahl vor 1933 etwa 1500 Stimmen erhalten, stimmten bei den Kreis- und Landtagswahlen vor Gründung der Bundesrepublik Deutschland im Landesteil Schleswig fast 100 000 Wähler für dänisch gesinnte Kandidaten. Durch diesen Nationalitätenwechsel breiter Teile der Bevölkerung eröffnete sich für die dänisch gesinnten Aktivisten die Hoffnung, das Ergebnis der Volksabstimmung von 1920 in ihrem Sinne „korrigieren" zu können. Dagegen erklärte die dänische Regierung wiederholt, den Verlauf der deutsch-dänischen Grenze nicht verändern, die dänische Minderheit in Schleswig aber auch weiterhin ideell und finanziell unterstützen zu wollen.

Von den Deutschgesinnten wurden diese „Neudänen" wegen der dänischen Lebensmittelhilfen abfällig „Speckdänen" genannt, doch lagen die Gründe für die Hinwendung zum Dänentum oft tiefer. Viele Menschen waren angesichts der NS-Verbrechen innerlich orientierungslos und suchten in der Annäherung an die dänische Volksgruppe eine neue Identität. Der neudänischen Bewegung setzten die Landesregierung und die deutsch gesinnten Schleswig-Holsteiner ihrerseits eine „Kulturoffensive" entgegen.

Der von beiden Seiten mit erbitterter Härte geführte Grenzkampf rief schließlich die Besatzungsmacht

Großbritannien auf den Plan. Unter britischer Vermittlung kam es 1949 zu einem ersten Versuch des Ausgleichs zwischen Deutsch- und Dänentum, als der schleswig-holsteinische Landtag in der Kieler Erklärung der dänischen Minderheit die Freiheit des nationalen Bekenntnisses zusicherte. Fortan galt das subjektive Prinzip: Däne ist, wer Däne sein will. Gleichwohl zeigte die Kieler Erklärung zunächst nur wenig Wirkung – im Gegenteil, der nationale Konflikt verschärfte sich sogar, zumal in Dänemark nach 1945 die deutschen Schulen und Kindergärten geschlossen und viele Angehörige der deutschen Volksgruppe verhaftet, vor Gericht gestellt oder enteignet worden waren.

Deutsch-dänische Gespräche führten schließlich zu den Bonn-Kopenhagener Erklärungen. Am 29. März 1955 wurde das subjektive Nationalitätenprinzip in zwei weitgehend identischen Grundsatzerklärungen durch die deutsche und die dänische Regierung bekräftigt. Zugleich sicherten beide Seiten ihren jeweiligen Minderheiten die in den Verfassungen beider Staaten verankerten demokratischen Grundrechte zu. Bis heute gilt diese friedliche, auf der gegenseitigen Gewährung kultureller Privilegien beruhende Regelung europaweit als richtungsweisend und vorbildhaft.

Nach 1945 galt es in Schleswig-Holstein nicht nur, das Flüchtlingsproblem zu lösen, auch der nationale Gegensatz zwischen Deutschen und Dänen war wieder aufgebrochen.

de bald bitter enttäuscht, als der Aufstand vom 17. Juni 1953 in der DDR mithilfe sowjetischer Truppen blutig niedergeschlagen wurde. Die Westalliierten verhielten sich dabei abwartend, um keinen militärischen Konflikt heraufzubeschwören. Da bei den Demonstrationen neben ökonomischen Forderungen auch der Ruf nach Freiheit, Demokratie und der Einheit Deutschlands laut geworden war, wurde der Aufstand in der Bundesrepublik als Zeichen des Freiheitswillens der DDR-Bevölkerung gewürdigt, und der 17. Juni von 1954 bis 1990 als „Tag der deutschen Einheit" begangen.

Zwischen den Fronten

Von Anfang an waren beide deutsche Staaten in den Ost-West-Konflikt eingebunden und bereiteten bald auch den Aufbau eigener Streitkräfte vor. In der Ostzone erfolgte die verdeckte Remilitarisierung bereits ab 1948 und damit früher als auf dem Gebiet der späteren Bundesrepublik; 1950 war die ostdeutsche paramilitärische Kasernierte Volkspolizei bereits rund 60 000 Mann stark.

Auch in Westdeutschland gab es bereits sehr früh Pläne für eine Wiederbewaffnung. Als Bundeskanzler verfolgte Adenauer eine konsequente Politik der politischen und militärischen Westintegration, um auf diese Weise die schnelle Wiedergewinnung der staatlichen Souveränität der Bundesrepublik zu erreichen. Dazu gehörte seiner Ansicht nach auch ein aktiver Beitrag zur Verteidigung des Westens. Nachdem die Bildung einer Europäischen Verteidigungsgemeinschaft 1954 an Frankreich gescheitert war, wurde stattdessen die Einbindung der Bundesrepublik in die NATO diskutiert.

Allerdings war die Frage der Wiederbewaffnung der Bundesrepublik im In- und Ausland heftig umstritten; vor allem die SPD lehnte Adenauers Politik der Westbindung und Integration in das westliche Verteidigungsbündnis strikt ab. Ungeachtet dessen wurde die Bundesrepublik am 5. Mai 1955 mit der Unterzeichnung der Pariser Verträge Mitglied der NATO und erhielt zugleich von den westlichen Siegermächten, wenn auch unter Vorbehalt, die völkerrechtliche Souveränität zugesprochen. Nun begann die Bundesrepublik auch offiziell mit der Aufstellung eigener Streitkräfte, die den Namen „Bundeswehr" erhielten.

Von Anfang an war die Bundeswehr fest in die Bündnisstruktur der NATO eingebunden. Angesichts der sowjetischen Dominanz im Ostseeraum besaß insbesondere Schleswig-Holstein große strategische Bedeutung; Kiel wurde wieder Marinestützpunkt, ebenso wurden starke Heeres- und Luftwaffenverbände zwischen Nord- und Ostsee stationiert. Zunächst kritisch beäugt, gewann die Bundeswehr jedoch zunehmend an Ansehen in der Bevölkerung – vor allem durch Katastropheneinsätze, wie beispielsweise während der Sturmflut von 1962 oder während der Schneekatastrophe Anfang 1979.

Auf den NATO-Beitritt der Bundesrepublik hatte die sowjetische Führung im Mai 1955 mit dem Abschluss des Warschauer Vertrags reagiert, mit dem die Staaten des Ostblocks ihre Armeen dem sowjetischen Oberbefehl unterstellten. Zu den Gründungsmitgliedern des sogenannten Warschauer Paktes gehörten auch Polen und die DDR, die ab 1956 mit der Aufstellung der Nationalen Volksarmee (NVA) begann, wobei die seit 1952 systematisch aufgebaute Kasernierte Volkspolizei als personelle und materielle Grundlage diente. Die NVA war von Anfang bis Ende eine ideologische Armee mit dem „imperialistischen Westen" als klarem Feindbild. Gleichwohl reiste Bundeskanzler Adenauer im September 1955 zu einem Staatsbesuch nach Moskau, bei dem er die Aufnahme diplomatischer Beziehungen zwischen der Bundesrepublik und der UdSSR sowie die Freilassung der letzten deutschen Kriegsgefangenen erreichte.

Nach dem Tod Stalins war es unter dem neuen sowjetischen Partei- und Regierungschef Nikita Chruschtschow zu einer „Tauwetter-Periode" im Kalten Krieg gekommen, jedoch verschärfte sich der Ton seit dem Ende der 1950er-Jahre wieder, um spätestens nach seinem Sturz im Jahr 1964 erneut in eine Phase der Konfrontation zu münden. Entsprechend der von Chrutschtschows Nachfolger Leonid Breschnew formulierten Breschnew-Doktrin durfte kein sozialistisches Land ohne Zustimmung der Sowjetunion den politischen Kurs ändern – andernfalls drohte ein militärisches Eingreifen, wie 1968 in der Tschechoslowakei, als von Truppen der Warschauer-Pakt-Staaten unterstützte sowjetische Panzer den Prager Frühling niederwalzten.

Während des Kalten Kriegs blieb die Ostsee strategisch gesehen ein Randmeer. Als Aufmarschgebiet für die sowjetische Atlantikflotte war sie ungeeignet, da alle Zugänge von der NATO kontrolliert wurden. Jedoch standen sich hier die Flotten der Bündnisse direkt gegenüber, wobei sowohl die westdeutsche Bundesmarine, wie auch die Seestreitkräfte der NVA, seit 1960 „Volksmarine" genannt, eine wichtige Rolle spielten. Von Anfang an operierte die Bundesmarine, die sich allmählich zu einer bedeutenden Seestreitmacht entwickelt hatte, in enger Kooperation mit den Marinen der NATO-Partner. Zu ihren Aufgaben gehörte im Bündnisfall die Unterbrechung der sowjetischen Seeverbindungen in der Ostsee. Demgegenüber bildete die Volksmarine zusammen mit der Baltischen Rotbannerflotte und der Polnischen Seekriegsflotte die Vereinten Seestreitkräfte unter sowjetischer Führung. Darüber hinaus diente die Volksmarine auch als ständiger Vorpostendienst zur Beobachtung der NATO-Seestreitkräfte. Auch die Seegrenze der DDR wurde intensiv überwacht. Der Grund war nicht allein die paranoide Furcht der DDR-Führung vor einem Angriff aus dem Westen, sondern vor allem die Verhinderung von Fluchtversuchen. Seit 1957 war das ungenehmigte Verlassen der DDR als „Republikflucht" strafbar. Bis 1989 versuchten rund 5000 DDR-Bürger, über die Ostsee in den Westen zu flüchten – von ihnen erreichten aber nur etwa 600 ihr Ziel. Viele Fluchtversuche endeten tödlich.

Skandinavien zwischen Ost und West

Nach dem Zweiten Weltkrieg hatte der Skandinavismus eine Renaissance erlebt. Bereits 1952 gründeten Dänemark, Norwegen und Schweden den aus Parlaments- und Regierungsvertretern bestehenden Nordischen Rat als gemeinsames Beratungsgremium; 1953 folgten die Schaffung eines gemeinsamen Arbeitsmarkts, 1955 der Beschluss einer gemeinsamen Sozialgesetzgebung und 1958 die nordische Passunion. Dagegen scheiterte die Gründung einer skandinavischen Zoll- und Wirtschaftsunion. Im Jahr 1971 wurde der Nordische Ministerrat als Kooperationsorgan auf Regierungsebene ins Leben gerufen. Darüber hinaus entstanden zahlreiche weitere Organisationen für die Kooperation in den Bereichen Kultur, Wirtschaft und Bildung.

In Dänemark wurden die Sozialdemokraten nach 1945 zur bestimmenden politischen Macht. Im Konsens mit den Konservativen und den Liberalen begannen sie mit dem systematischen Aufbau des Wohlfahrtsstaates. Durch die neue Verfassung von 1953 wurde Dänemark zu einer konstitutionellen Erbmonarchie mit parlamentarischem Regierungssystem, in der die Rolle des Monarchen überwiegend auf repräsentative Aufgaben beschränkt ist. Gleichzeitig wurde die weibliche Thronfolge ermöglicht; Königin Margarete II. bestieg 1972 als erste Frau seit 560 Jahren den dänischen Thron. Ebenso wurde durch die Verfassungsänderung das *Landsting* aufgelöst, sodass das dänische Parlament heute nur noch aus einer Kammer, dem *Folketing*, besteht. Zugleich wurde durch eine Änderung des Wahlrechts die Entstehung kleinerer Parteien begünstigt.

1960 wurde Dänemark Mitglied der Europäischen Freihandelszone EFTA, die ein Jahr zuvor in Stockholm gleichsam als Konkurrenz zur EWG gegründet worden war, näherte sich aber bald der westeuropäischen Wirtschaftsgemeinschaft an. Im Jahr 1973 trat Dänemark der Europäischen Gemeinschaft (EG) bei, was für erhebliche innenpolitische Kontroversen sorgte und zur Gründung einer gegen die EG gerichteten Bürgerbewegung führte, die bis heute besteht. Die Gegner des Beitritts wiesen auf mögliche Gefahren für die nationale Souveränität und das nordische Sozialstaatsmodell hin. Ungeachtet dessen stimmte die Mehrheit der Dänen in einer Volksabstimmung für die Mitgliedschaft in der EG. Bis heute sind solche Referenden ein wichtiger Teil der dänischen Identität.

Anfang der 1970er-Jahre erfasste die durch den dramatisch gestiegenen Ölpreis ausgelöste internationale Wirtschaftskrise Dänemark und ließ auch den Wohlfahrtsstaat nicht unberührt, da die soziale Sicherheit der Bürger mit einer sehr hohen Steuer- und Abgabenquote und einem stetigen Anwachsen des öffentlichen Sektors verbunden war. Das Land sah sich einer wachsenden Staatsverschuldung, einer steigenden Arbeitslosigkeit sowie einer hohen Inflationsrate gegenüber. Die Krise erfasste auch die dänische Parteienlandschaft. Mit der „Erdrutschwahl" 1973 endete die jahrzehntelange Dominanz der vier großen Parteien, als die populistische Fortschrittspartei (*Fremskridtspartiet*) des „Steuerrebellen" Mogens Glistrup mit der Forderung nach massiven Steuersenkungen auf Anhieb 15,9 Prozent der Wäh-

20. Jahrhundert – 2. Hälfte

1949
Gründung der Bundesrepublik Deutschland und der Deutschen Demokratischen Republik; Norwegen und Dänemark treten der NATO bei.

1955
Bonn-Kopenhagener Erklärungen.

1961
Bau der Berliner Mauer.

1973
Beitritt Dänemarks zur EWG.

1975
Unterzeichnung der KSZE-Schlussakte in Helsinki.

1978
Papstwahl des Krakauer Kardinals Karol Wojtyla.

1980
Streikwelle in Polen; Etablierung der unabhängigen Gewerkschaft Solidarność unter Lech Walesa.

1981–1983
Kriegsrecht in Polen.

1985
Michail Gorbatschow leitet in der UdSSR Reformen ein.

lerstimmen gewann und damit zweitstärkste Fraktion im *Folketing* wurde. Seither sind für Dänemark ein Vielparteiensystem und Minderheitsregierungen charakteristisch.

Auch in Schweden wurde in den 1940er- und 1950er-Jahren unter Federführung der Sozialdemokraten das Fundament für den auch als „Volksheim" bezeichneten schwedischen Wohlfahrtsstaat gelegt, der in den folgenden Jahrzehnten kontinuierlich ausgebaut wurde. Der im Gegensatz zum deutschen Sozialsystem steuerfinanzierte schwedische Wohlfahrtsstaat garantiert mit seinen umfassenden Sozialleistungen allen Schweden eine „angemessene Lebensführung". Das schwedische Steuersystem sorgte zugleich dafür, dass hohe Einkommen an den Durchschnittsverdienst angeglichen wurde. Dadurch wurde eine Nivellierung der Gesellschaft erreicht. Ebenso wurde auch die schwedische Wirtschaft einer erheblichen staatlichen Reglementierung unterworfen, während zugleich Arbeitgeber und die sehr einflussreichen Gewerkschaften eng miteinander kooperierten, um Interessenkonflikte im gegenseitigen Einvernehmen zu lösen. Als „schwedisches Modell" wurde der schwedische Wohlfahrtsstaat rasch zum bewunderten Vorbild für viele sozialdemokratische Parteien in Europa.

Ungeachtet seiner Neutralität war Schweden 1946 Mitglied der Vereinten Nationen geworden und hat sich seither auch an verschiedenen internationalen Einsätzen und Friedensmissionen beteiligt. 1960 gehörte das Land zu den Gründungsmitgliedern der EFTA, wurde aber 1973 Teil der EG-Freihandelszone. Ein EG-Beitritt kam dagegen für Schweden aufgrund der Neutralitätspolitik lange Zeit nicht in Frage.

1969 wurde der Sozialdemokrat Olof Palme schwedischer Ministerpräsident. Unter seiner Amtsführung kam es zu durchgreifenden politischen Reformen: Im Jahr 1971 wurde der heutige Einkammerreichstag eingeführt und 1974 eine neue Verfassung verabschiedet, mit der die Rolle des Monarchen auf rein repräsentative Aufgaben beschränkt wurde. Seit 1973 sitzt König Karl XVI. Gustav auf dem schwedischen Thron. Durch eine Gesetzesänderung wurde 1980 die weibliche Thronfolge eingeführt, wodurch Prinzessin Victoria anstelle ihres jüngeren Bruders Carl Philip zur Kronprinzessin wurde.

Nach dem Ende des Zweiten Weltkriegs besaß die schwedische Wirtschaft gegenüber dem kriegszerstörten Europa einen großen Vorteil. Der rasche Ausbau der Industrie führte zu einer kontinuierlichen Erhöhung des Lebensstandards, bis das Land in

1986
Ermordung des schwedischen Ministerpräsidenten Olof Palme.

1989
Fall der Berliner Mauer; Ende des Kalten Kriegs.

1990
Deutsche Wiedervereinigung.

1991
Unabhängigkeit der baltischen Staaten; Auflösung der UdSSR.

1993
Abzug der letzten russischen Truppen aus Litauen; die Dänen stimmen dem Vertrag von Maastricht in einer zweiten Volksabstimmung zu.

1995
Schweden und Finnland werden Mitglied der EU.

2004
Estland, Lettland, Litauen und Polen treten der EU bei; die drei baltischen Staaten werden Mitglied der NATO.

2008
Dmitri Medwedew wird zum russischen Staatspräsidenten gewählt; sein Vorgänger Wladimir Putin übernimmt das Amt des Ministerpräsidenten.

den 1970er-Jahren in eine schwere Wirtschaftskrise geriet. Reformmaßnahmen, wie die Abwertung der schwedischen Krone, sorgten jedoch zusammen mit der sich erholenden internationalen Konjunktur ab 1983 wieder für einen wirtschaftlichen Aufschwung. Im Februar 1986 traf der bis heute unaufgeklärte Mord an Ministerpräsident Olof Palme Schweden wie ein Schock. Nur wenige Wochen später wurde das Land zudem von der Reaktor-Katastrophe in Tschernobyl betroffen; in einigen Gebieten Schwedens wurden hohe radioaktive Kontaminationen festgestellt.

In Norwegen siegten die Sozialdemokraten ebenfalls bei den ersten Wahlen nach Kriegsende und blieben bis 1965 die dominierende politische Kraft; seither wechseln sich sozialdemokratische und konservative Regierungen ab. Norwegen gehörte 1960 zu den Gründungsmitgliedern der EFTA, der es bis heute angehört. Dagegen entschied sich die norwegische Bevölkerung 1972 in einer Volksabstimmung gegen den EG-Beitritt, wobei neben der Furcht vor Eingriffen in den Wohlfahrtsstaat auch Bedenken wegen eines möglichen europäischen Zugriffs auf die norwegischen Fischgründe eine wichtige Rolle spielten. Die Erschließung der Gas- und Ölvorkommen in den 1970er-Jahren bescherte dem Land reiche Einnahmen und ermöglichte den massiven Ausbau des Sozialsystems.

Während Dänemark, Norwegen und – ungeachtet seiner Neutralität – auch Schweden fest in die westlichen Staatengemeinschaft integriert waren, stand Finnland lange in politischer und wirtschaftlicher Abhängigkeit von der Sowjetunion. Durch den Waffenstillstand von 1944 hatte Finnland seine Unabhängigkeit bewahren können, auch wenn der anschließende Friedensvertrag dem Land erhebliche Gebietsverluste und hohe Reparationen auferlegt hatte, die vor allem durch Lieferungen von Industriegütern abgegolten werden sollten. Infolge des 1948 geschlossenen Freundschaftsvertrags mit der Sowjetunion war auch der außenpolitische Handlungsspielraum Finnlands stark begrenzt.

Durch die erzwungene Umstrukturierung der Wirtschaft und die damit verbundene Industrialisierung wurde Finnland jedoch innerhalb weniger Jahrzehnte zu einem modernen Industriestaat. Ebenso sorgte der ökonomische Aufschwung seit dem Ende der 1940er-Jahre für wachsenden Wohlstand.

Obgleich Moskau wiederholt Einfluss auf die finnische Innenpolitik nahm, gelang es dem Land, zwischen den Blöcken neutral zu bleiben. Unter den Präsidenten Juho Kusti Paasikivi, der von 1946 bis

1956 an der Spitze des finnischen Staats stand, und Urho Kaleva Kekkonen, der von 1956 bis 1981 amtierte, verfolgte Finnland eine Politik des Ausgleichs zwischen Ost und West, auch der „finnische Weg" genannt. Bei strikter Wahrung seiner Neutralität näherte sich Finnland im Laufe der Zeit aber politisch und wirtschaftlich immer mehr dem Westen, vor allem den nordischen Staaten, was jedoch angesichts der notwendigen Rücksichtnahme auf die sowjetischen Interessen eine ständige außenpolitische Gratwanderung erforderte.

Durch die Verlängerung des Freundschaftsvertrags im Jahr 1955 konnte Finnland die sowjetischen Bedenken gegen den Beitritt zum Nordischen Rat zerstreuen. 1961 wurde das Land zudem assoziiertes Mitglied der EFTA und konnte 1973 einen Freihandelsvertrag mit der EG abschließen. Im gleichen Jahr nahm auch die von Finnland angeregte Konferenz für Sicherheit und Zusammenarbeit in Europa (KSZE) ihre Tätigkeit auf, an der neben allen europäischen Staaten auch die USA und die UdSSR teilnahmen. Sie endete am 1. August 1975 mit der Unterzeichnung der Schlussakte von Helsinki, in der sich alle Signatarstaaten zur Anerkennung der Menschenrechte verpflichteten. Die Schlussakte gab den Dissidenten in den sowjetisch dominierten Ostblockstaaten zusätzliche Argumente für Forderungen nach politischen Reformen und die Einhaltung der Menschenrechte an die Hand, wodurch das kommunistische System weiter geschwächt wurde.

In den folgenden Jahren fanden drei KSZE-Folgekonferenzen statt, auf denen versucht wurde, den Prozess der Entspannung weiter voranzutreiben. Nach dem Ende des Ost-West-Konflikts wurde im November 1990 auf einem KSZE-Sondergipfel die Charta von Paris unterzeichnet, in der sich die Regierungschefs von 34 Staaten zu den Grundsätzen der Rechtsstaatlichkeit, der Demokratie und der friedlichen Beziehungen bekannten. Nach dem Ende des Kalten Kriegs wurde die KSZE 1995 in die OSZE, die Organisation für Sicherheit und Zusammenarbeit in Europa, umgewandelt.

Zwei deutsche Staaten

Nach den mageren Aufbaujahren hatte sich die Bundesrepublik dank der florierenden Wirtschaft bald zu einem Wohlstandsparadies entwickelt. Gegen Ende der 1950er-Jahre hatte das „Wirtschaftswunder" in Gestalt steigender Löhne auch die Arbeitnehmer erreicht.

Nach 14 Jahren als Bundeskanzler war Adenauer 1963 zurückgetreten. Sein Nachfolger im Amt wurde Ludwig Erhard. Dessen Amtszeit endete 1966, als die FDP wegen einer geplanten Steuererhöhung aus dem bisherigen Regierungsbündnis austrat und CDU/CSU und SPD unter dem neuen Bundeskanzler Kurt Georg Kiesinger und dem Sozialdemokraten Willy Brandt als Außenminister die erste Große Koalition bildeten. Zu den drängendsten Herausforderungen der neuen Bundesregierung gehörten die Sanierung des Haushalts und die Bekämpfung der ersten Rezession seit der Gründung der Bundesrepublik.

In dieser Zeit entstanden mit der Außerparlamentarischen Opposition (APO) und der Studentenbewegung neue, linksgerichtete politische Bewegungen. Wie viele westliche Länder wurde auch die Bundesrepublik 1968 von Studentenprotesten erschüttert, die sich hierzulande vor allem gegen die innenpolitischen Verhältnisse, die „unbewältigte" NS-Vergangenheit und den Vietnamkrieg richteten. Durch die Veränderung von Werten sowie Lebens- und Kulturformen hat diese sogenannte 68er-Bewegung die Bundesrepublik nachhaltig verändert.

1969 wurde die Große Koalition durch eine sozial-liberale Koalition unter Willy Brandt abgelöst, die neben einem umfangreichen innenpolitischen Reformprogramm auch den weiteren Ausbau des Sozialstaats in Angriff nahm. Gleichzeitig begann außenpolitisch mit Brandts Neuer Ostpolitik eine Ära der Entspannung. Bis 1969 hatte die sogenannte Hallstein-Doktrin gegolten, nach der die Bundesrepublik den Alleinvertretungsanspruch für Deutschland erhob und – mit Ausnahme der Sowjetunion – mit keinem Land diplomatische Beziehungen unterhielt, das die DDR anerkannte.

Im Moskauer Vertrag von 1970 akzeptierte die Bundesrepublik faktisch die Oder-Neiße-Linie als Grenze zu Polen sowie die Grenzen der DDR. Im gleichen Jahr schlossen Polen und die Bundesrepublik den Warschauer Vertrag, in dem diese offiziell auf die 1945 an Polen gefallenen Gebiete verzichtete. 1972 folgte der Grundlagenvertrag zwischen der Bundesrepublik und der DDR, der die deutsch-deutschen Beziehungen neu regelte. Nach dem Prinzip „Wandel durch Annäherung" versuchte die Bundesregierung, das SED-Regime durch finanzielle Transferleistungen zu humanitären Zugeständnissen zu bewegen. Fortan flossen jedes Jahr Milliardensummen als direkte Zahlungen oder Kredite von West nach Ost. Mit ihren politischen Häftlingen betrieb die DDR sogar einen regelrechten Menschenhandel; jede Freilassung ließ sich das SED-Regime mit fast 100 000 DM honorieren.

Im Jahr 1971 wurde Brandt für seine Verdienste um die Entspannung zwischen Ost und West der Friedensnobelpreis verliehen. Allerdings war seine Neue Ostpolitik selbst innerhalb der sozial-liberalen Koalition heftig umstritten; ein Misstrauensvotum gegen ihn scheiterte nur, weil die DDR-Staatssicherheit ein Mitglied der CDU-Fraktion bestochen hatte. In der Bundestagswahl von 1972 wurden die Koalition aus SPD und FDP mit großer Mehrheit bestätigt. 1974 trat Willy Brandt als Bundeskanzler zurück, nachdem sein Mitarbeiter Günter Guillaume als DDR-Spion enttarnt worden war. Sein Nachfolger wurde Finanzminister Helmut Schmidt.

In den 1970er-Jahren erschütterten die Anschläge der aus der Studentenbewegung hervorgegangenen Roten Armee Fraktion (RAF) die Bundesrepublik; 1977 erreichte der Linksterrorismus mit der Entführung und Ermordung des Arbeitgeberpräsidenten Hanns-Martin Schleyer und dem Kidnapping der Lufthansa-Maschine Landshut durch sympathisierende palästinensische Terroristen ihren Höhepunkt. Bereits 1975 hatten RAF-Terroristen die westdeutsche Botschaft in Stockholm überfallen und Geiseln genommen. Nachdem ein Botschaftsangehöriger von den Geiselnehmern ermordet worden war, hatten schwedische Sicherheitskräfte die Botschaft gestürmt, wobei zwei der Terroristen tödlich verletzt worden waren.

Während in der Bundesrepublik in den 1950er- und 1960er-Jahren die Wirtschaft blühte und der Lebensstandard kontinuierlich stieg, war in der DDR angesichts der Mangelwirtschaft nur die Unzufriedenheit der Bevölkerung gewachsen. Damit stieg auch die Zahl der „Republikflüchtigen": Zwischen 1949 und 1961 verließen fast 2,7 Millionen Menschen die DDR, um ihr Glück im Westen zu suchen. Diese Fluchtwelle destabilisierte nicht nur die DDR-Wirtschaft, sondern auch das SED-Regime, das schließlich keine andere Wahl mehr sah, als den Weg in die von den Westmächten besetzten Sektoren Berlins durch die Errichtung von Grenzsperren zu verschließen. Am 13. August 1961 riegelten Volkspolizei und NVA die Sektorengrenzen nach Westberlin ab. Damit war das das letzte Schlupfloch in den Westen verstopft. Um eine militärische Konfrontation zu vermeiden, griffen die Westalliierten nicht ein. Später wurde eine Mauer mit ausgeklügelten Sperranlagen errichtet; bis 1989 starben über 300 Menschen bei dem Versuch, die Berliner Mauer zu überwinden.

1971 wurde Walter Ulbricht zum Rücktritt als Parteichef genötigt. Seine Nachfolge als Erster Parteisekretär trat Erich Honecker an, der 1976 auch Vorsitzender des Staatsrats wurde. Honecker versprach der Bevölkerung eine Verbesserung des Lebensstandards. Doch auch er scheiterte an der maroden Planwirtschaft. Zugleich wuchs der Schuldenberg: Aufgrund ihrer mangelhaften Qualität waren die DDR-Produkte auf dem Weltmarkt nicht konkurrenzfähig, sodass der ständig steigende Finanzbedarf nur durch immer neue Kredite gedeckt werden konnte. Dadurch geriet die DDR mehr und mehr in wirtschaftliche Abhängigkeit von den westlichen Staaten, besonders von der Bundesrepublik.

Der Niedergang des Sowjetimperiums

Ab Mitte der 1970er-Jahre hatte eine strukturelle Wirtschaftskrise die Staaten des Ostblocks ergriffen. Das starre und unflexible planwirtschaftliche System zeigte immer stärker seine Schwächen; zugleich verschärften die ökonomischen Probleme die Gesamtkrise der kommunistischen Staaten. Der Niedergang des real existierenden Sozialismus war nicht länger aufzuhalten, doch fehlte es den kommunistischen Machthabern fast überall am Willen zur Reform.

Ein ständiger Hort der Unruhe im sowjetischen Machtbereich war Polen: 1956 hatte der Polnische Oktober die Kollektivierung der Landwirtschaft gestoppt, im März 1968 war es zu einer Studentenrevolte gekommen, im Dezember 1970 hatten die Werftarbeiter in Stettin und Danzig gestreikt und waren von der Regierung brutal niedergeknüppelt worden.

Ausgelöst durch die zunehmenden Versorgungsengpässe kam es 1980 in der Danziger Lenin-

Werft erneut zu einem Streik, wobei das Streikkomitee unter der Führung von Lech Walesa nicht nur die Verbesserung der sozialen Lage und Lohnerhöhungen verlangte, sondern erstmals auch politische Forderungen, wie die Anerkennung freier Gewerkschaften, stellte. Rasch erfasste die von der katholischen Kirche und dem 1920 als Karol Wojtyla in der polnischen Stadt Wadowice geborenen Papst Johannes Paul II. unterstützte Streik- und Protestwelle breite Teile der polnischen Bevölkerung und führte schließlich zur Gründung der unabhängigen Gewerkschaft *Solidarność*. Zum ersten Mal musste ein kommunistisches Regime die Einschränkung seines absoluten Machtanspruchs akzeptieren – wenn auch nur für kurze Zeit: In der Nacht zum 13. Dezember 1981 rief der neuen Parteichef Wojciech Jaruzelski das Kriegsrecht aus, das bis 1983 in Kraft blieb; die *Solidarność* wurde verboten und ging in den Untergrund, nur um bei den Streiks im Mai 1989 wieder aufzutauchen.

Gleichzeitig hatte sich zu Beginn der 1980er-Jahre auch die internationale Lage erneut verschärft. Mit der Aufstellung neuer sowjetischer Mittelstreckenraketen und dem im Dezember 1979 als Antwort gefassten NATO-Doppelbeschluss hatte in Europa die letzte Runde des Wettrüstens begonnen. Vor allem in der Bundesrepublik rief die geplante Stationierung von amerikanischen Mittelstreckenraketen lebhafte Proteste in Teilen der Bevölkerung hervor. Die Diskussion über die Nachrüstung spaltete auch die deutschen Sozialdemokraten: Während Bundeskanzler Schmidt zur Politik der NATO stand, lehnte ein großer Teil der SPD den Doppelbeschluss ab.

Gleichwohl war die sozial-liberale Koalition in der Bundestagswahl 1980 noch einmal bestätigt worden. Doch da Bundeskanzler Schmidt innerhalb seiner eigenen Partei mehr und mehr an Rückhalt verlor, entschloss sich die FDP schließlich, die Koalition mit der SPD zu verlassen und gemeinsam mit der CDU/CSU eine neue Regierung zu bilden. Am 1. Oktober 1982 kam es zum ersten erfolgreichen konstruktiven Misstrauensvotum in der Geschichte der Bundesrepublik, als der Bundestag Helmut Kohl anstelle von Helmut Schmidt zum neuen Bundeskanzler wählte. In der vorgezogenen Bundestagswahl von 1983 wurde die neue CDU/CSU-FDP-Koalition bestätigt.

Lech Walesa – Einsatz für freie Gewerkschaften

Seit 1966 arbeitete der 1943 geborene Lech Walesa als Elektromonteur auf der Leninwerft in Danzig. Als Mitglied des illegalen Streikkomitees hatte er sich an den Danziger Unruhen von 1970 beteiligt und wurde 1976 nach einem von ihm mit organisierten Streik entlassen. Nach seiner Wiedereinstellung spielte Walesa im August 1980 eine führende Rolle im Streikkomitee der Leninwerft und wurde wenig später zum Vorsitzenden der unabhängigen Gewerkschaft *Solidarność* gewählt. Nach der Verhängung des Kriegsrechts in Polen wurde Walesa 1981 unter Hausarrest gestellt. Für seinen Einsatz für freie Gewerkschaften und sein Engagement für den Frieden wurde er 1983 mit dem Friedensnobelpreis ausgezeichnet. 1990 wurde Walesa zum polnischen Staatspräsidenten gewählt, verlor aber 1995 bei den Präsidentschaftswahlen gegen Aleksander Kwasniewski. Auch wenn Lech Walesa heute politisch kaum noch eine Rolle spielt, ist er nicht vergessen: 2004 wurde der Danziger Flughafen nach ihm benannt.

Unterdessen begannen sich die ersten Risse im scheinbar so festen Gefüge der Sowjetunion zu zeigen. Ein unverhältnismäßig hoher Anteil des Staatshaushalts floss in die Rüstung, sodass es der zugleich an Korruption und Misswirtschaft leidenden sowjetischen Wirtschaft an Geld für Investitionen und an Ressourcen für die Produktion von Konsumgütern fehlte.

Die Stagnation des sowjetischen Systems konnte auch nach dem Tod Leonid Breschnews 1982 zunächst nicht aufgebrochen werden. Erst die Wahl von Michail Gorbatschow zum Generalsekretär der KPdSU im Jahr 1985 leitete schließlich eine epochale politische Umwälzung ein. Seine Reformpolitik nach dem Motto *Glasnost* und *Perestroika* – „Offenheit" und „Umgestaltung" – gab den Dissidenten im Ostblock neue Hoffnung, während seine Abrüstungsvorschläge die verhärteten Fronten der Militärblöcke aufbrachen. Bereits einen Tag nach seinem Amtsantritt hatte Gorbatschow die zeitweilig ausgesetzten Rüstungskontrollgespräche mit den USA wieder aufgenommen.

Zugleich lockerte sich der sowjetische Griff auf die kommunistischen Staaten Osteuropas; 1986 erteilte Gorbatschow der Breschnew-Doktrin eine Absage und erklärte, jedes Land habe die Freiheit, seinen eigenen Weg zu gehen. Fortan war mit einer sowjetischen Intervention in den Ostblockstaaten nicht mehr zu rechnen.

Auch das SED-Regime steckte ab Mitte der 1980er-Jahre in einer tiefen Krise. Die DDR war ideologisch und wirtschaftlich bankrott; nur noch die Milliardenkredite aus der Bundesrepublik verhinderten den ökonomischen Zusammenbruch. Zugleich verlor das SED-Regime immer mehr den Rückhalt in der Bevölkerung. Gleichwohl lehnte die SED-Führung unter Honecker alle Reformideen ab. Während Gorbatschow im Westen gefeiert wurde, beäugte ihn die SED-Führung mit äußerstem Misstrauen. Zugleich ließ sie Dissidenten und Oppositionsgruppen vom Ministerium für Staatssicherheit bespitzeln, das sein System der Kontrolle und Unterdrückung ständig ausweitete.

Der endgültige Zusammenbruch des Ostblocks nahm von Polen aus seinen Anfang. Nachdem 1988 eine neue Streikwelle den politischen Wandel eingeleitet hatte, besiegelten die am „runden Tisch" von der polnischen Regierung gemeinsam mit der *Solidarność* vorbereiteten, ersten freien Wahlen vom Juni 1989 das Ende der kommunistischen Herrschaft in Polen. Im September 1989 kam es zur Bildung der ersten Regierung mit nicht-kommunistischer Mehrheit seit 1945 unter der Führung von Tadeusz Mazowiecki. Im Dezember 1990 wurde Lech Walesa zum polnischen Staatspräsidenten gewählt. Nach der 1997 in Kraft getretenen Verfassung ist Polen eine parlamentarische Republik, wobei der Staatspräsident eine starke Stellung hat.

Lech Walesa, Vorsitzender der verbotenen Gewerkschaft Solidarność, spricht in Danzig zu streikenden Arbeitern.

Doch der Übergang zur Marktwirtschaft und einer demokratisch-rechtsstaatlichen Ordnung war

Leipziger Montagsdemonstration am 18. Dezember 1989. Der friedliche Protest der DDR-Bürger ließ die marode SED-Diktatur schließlich kollabieren.

langwierig und mühsam gewesen. Angesichts der schwierigen wirtschaftlichen Lage, der wachsenden Zahl von Arbeitslosen und der zersplitterten Parteienlandschaft kam es nach den ersten Parlamentswahlen von 1991 zu einer Folge von wechselnden Regierungen. *Die Solidarność* die für die wirtschaftlichen und sozialen Probleme nach dem Ende der kommunistischen Ära verantwortlich gemacht wurde, versank in politischer Bedeutungslosigkeit. Erst die Einführung einer Fünfprozentklausel führte nach 1993 zu einer gewissen politischen Konsolidierung, obgleich das polnische Parteienspektrum instabil blieb. Gleichwohl orientierte sich das Land konsequent nach Westen: Bereits 1991 war Polen Vollmitglied des Europarates geworden, 1994 beantragte die polnische Regierung die Aufnahme in die EU. 1999 wurde das Land zudem Mitglied der NATO.

Auch in der DDR waren die Dinge 1989 in Bewegung geraten: Der Versuch der SED-Führung, die Ergebnisse der Kommunalwahl vom Mai 1989 zu fälschen, ließ die Missstimmung in der DDR zum Ausbruch kommen. Nachdem Ungarn im Mai 1989 seine Grenzen geöffnet hatte, flohen DDR-Bürger in Scharen über Österreich in den Westen, andere besetzten die bundesdeutschen Botschaften in Prag und Warschau, um so ihre Ausreise zu erzwingen. Zugleich begannen die unzufriedenen Massen in der DDR auf die Straße zu gehen; am 4. September 1989 fand in Leipzig die erste Montagsdemonstration statt. Die friedliche, demokratische Revolution der DDR-Bürger führte schließlich zum Sturz des SED-Regimes. Still und leise brach das kommunistische Zwangssystem in sich zusammen: Am 8. November trat das Politbüro zurück, am 9. November wurden die Grenzen zur Bundesrepublik Deutschland geöffnet.

Nach dem Kollaps der SED-Herrschaft gewann der Gedanke an eine Vereinigung beider deutschen Staaten rasch an Dynamik. Im Mai 1990 schlossen die Bundesrepublik und die DDR einen Vertrag über die Bildung einer Währungs-, Wirtschafts- und Sozialunion. Am 12. September 1990 verzichteten die Siegermächte des Zweiten Weltkriegs im sogenannten Zwei-Plus-Vier-Vertrag auf alle alliierten Vorbehaltsrechte und stimmten der deutschen Wiedervereinigung zu, die bereits am 3. Oktober 1990 mit dem Beitritt der DDR zur Bundesrepublik Deutschland erfolgte – ein einmaliger Vorgang: Ein Staat verschwand auf vollkommen friedliche Art und ging in einem anderen auf. Gleichzeitig erlangte Deutschland seine volle Souveränität zurück. Mit Einverständnis der Sowjetunion blieb das wiedervereinigte Deutschland Mitglied der NATO und der Europäischen Union. Zugleich entstanden im Zuge der Wiedervereinigung auf dem Gebiet der ehemaligen DDR fünf neue Bundesländer, darunter auch das aus den Bezirken Rostock, Schwerin und Neubrandenburg gebildete Land Mecklenburg-Vorpommern.

Bei der ersten gesamtdeutschen Bundestagswahl vom 2. Dezember 1990 wurde die CDU/CSU-FDP-Koalition eindrucksvoll bestätigt und konnte sich

Abbruch des Ostberliner Lenin-Denkmals, 1991. Die Symbole des SED-Regimes wurden rasch beseitigt – die innere Wiedervereinigung dauert ungleich länger.

auch bei der Bundestagswahl 1994 noch einmal knapp behaupten.

Bereits 1991 hatte der Bundestag den Umzug von Parlament und Regierung von Bonn nach Berlin beschlossen; bis zum Jahr 2000 verlegten der Bundespräsident, die Bundesregierung, der Bundestag sowie zahlreiche Ministerien ihren Sitz in die neue Hauptstadt. Damit rückte der politische Schwerpunkt der Bundesrepublik weiter nach Osten.

In einer neuen Welt

Das Jahr 1989 gilt heute als eine Epochengrenze in der europäischen Geschichte. Dem Kollaps des sowjetischen Imperiums folgten im Januar 1991 die Auflösung des Rats für gegenseitige Wirtschaftshilfe und im Juli 1991 das Ende des Warschauer Pakts. Zugleich begann der schleichende Zerfall der UdSSR. Dies bedeutete für die drei baltischen Republiken Estland, Lettland und Litauen die Chance, ihre Unabhängigkeit zurückzugewinnen.

Obgleich Land- und Forstwirtschaft nach wie vor wichtige Wirtschaftszweige blieben, waren nach 1945 in den baltischen Sowjetrepubliken zahlreiche Industriebetriebe entstanden, die vor allem Maschinen- und Elektronikkomponenten produzierten. Zugleich hatte Stalin auch die Politik der Russifizierung wieder aufgenommen und den russischen Bevölkerungsanteil gezielt erhöht. So stieg der Anteil der Russen in Estland bis zur Unabhängigkeit auf rund ein Drittel, in Lettland sogar auf über 40 Prozent. Dagegen machte der russische Anteil in Litauen, wo keine gezielte Russifizierung stattgefunden hatte, im Jahr 1989 nur 9,4 Prozent aus.

Als Reaktion auf die Russifizierungspolitik Moskaus hatten sich in den 1980er-Jahren in allen drei baltischen Ländern Freiheits- und Unabhängigkeitsbewegungen gebildet. Im Frühjahr 1990 erklärten die Parlamente aller drei baltischen Länder ihre Unabhängigkeit. Vergeblich versuchte Gorbatschow, die Abspaltung der baltischen Republiken zu verhindern – zunächst mit wirtschaftlichen Zwangsmaßnahmen, später auch mit militärischen Mitteln. In der Nacht vom 12. auf den 13. Januar 1991 stürmten russische Truppen einen Fernsehsender in der litauischen Hauptstadt Vilnius, eine Woche später griffen Einheiten der Roten Armee das Innenministerium in Riga an.

Doch selbst die Anwendung von Gewalt konnte den Abspaltungsprozess nicht aufhalten. In Volksabstimmungen brachte die Bevölkerung der drei baltischen Republiken ihren Willen zur Unabhängigkeit deutlich zum Ausdruck, was schließlich auch widerstrebend von Moskau akzeptiert wurde. Am 27. August 1991 wurde die Souveränität der drei baltischen Staaten von der EG anerkannt; am 17. September wurden Estland, Lettland und Litauen Mitglied der Vereinten Nationen. Aufgrund der Problematik der russischen Minderheiten blieb das Verhältnis der baltischen Staaten zu Russland jedoch lange angespannt.

Der Zerfall der UdSSR war nun nicht mehr aufzuhalten. Am 12. Juni 1991 wurde Boris Jelzin in den ersten freien Wahlen zum Präsidenten Russlands gewählt. Nach dem gescheiterten Putsch kommunistischer Kräfte im August 1991 trieb er die Entmachtung der KPdSU voran; gleichsam als Symbol des Verfalls des Sowjetsystems erhielt Leningrad wenig später seinen alten Namen St. Petersburg zurück. Am 8. Dezember 1991 gründete Jelzin zusammen mit den Präsidenten der Ukraine und Weißrusslands die von Russland dominierte Gemeinschaft Unabhängiger Staaten (GUS), der später neun weitere ehemalige Sowjetrepubliken beitraten. Am 12. Dezember erklärte Jelzin offiziell die Unabhängigkeit Russlands. Rund zwei Wochen später trat Gorbatschow als sowjetischer Staatspräsident zurück; am folgenden Tag wurde die UdSSR durch das sowjetische Parlament offiziell aufgelöst.

Der Übergang zu Marktwirtschaft und Demokratie war für Russland besonders schwer. Als Folge des Auseinanderbrechens der arbeitsteilig organisierten Sowjetunion, der mangelnden internationalen Konkurrenzfähigkeit der russischen Industrieprodukte sowie übereilter ökonomischer Reformen kam es zu einer wirtschaftlichen Katastrophe; das Bruttosozialprodukt schrumpfte bis 1995 um die Hälfte, die Industrieproduktion bis 1998 sogar um mehr als zwei Drittel. Zugleich stieg die Inflation ins schier Unermessliche. Erst ab 1999 konnte wieder ein positives Wirtschaftswachstum verzeichnet werden. In diesen Jahren entstanden riesige, teils private, von sogenannten Oligarchen geführte, teils staatlich kontrollierte Konzerne. Ebenso bildete sich eine kleine Schicht von Reichen und Superreichen, während gleichzeitig die Zahl der Armen rapide wuchs. Bis heute ist daher für viele Russen der Begriff „Demokratie" negativ besetzt und unter anderem mit Massenverarmung und Chaos verbunden.

Ende 1999 trat Boris Jelzin als Präsident zurück, sein von ihm benannter Nachfolger Wladimir Putin wurde 2000 und 2004 im Amt bestätigt. Während seiner Amtszeit stabilisierte sich die russische Wirtschaft wieder, nicht zuletzt aufgrund der weltweit gestiegenen Energiepreise. Nach wie vor ist die Ausfuhr von Bodenschätzen der wichtigste Devisenbringer, wobei mehr als die Hälfte aller Exporte auf Erdöl und Erdgas entfallen.

Neue Herausforderungen

Auch für Finnland hatte das Ende des Kalten Kriegs neue Chancen und Gefahren gebracht. 1990 hatte die finnische Regierung den Freundschaftsvertrag mit der UdSSR gekündigt. Der Zusammenbruch der Sowjetunion, der Wegfall der osteuropäischen Märkte und die wirtschaftliche Rezession zu Beginn der 1990er-Jahre lösten eine tief greifende ökonomische Krise aus, die zu wirtschaftlicher Neuorientierung und zu schmerzhaften Einschnitten im Sozialsystem zwang. Im Jahr 1995 wurde Finnland Mitglied der EU und trat auch als erstes und bislang einziges nordisches Land zum 1. Januar 1999 der Eurozone bei.

Doch nicht nur Finnland und die ehemaligen Ostblockstaaten, auch das wiedervereinigte Deutschland musste sich nach dem Ende des Kalten Kriegs neuen Herausforderungen stellen. Der anfänglichen Euphorie über die Wiedervereinigung war bald die Ernüchterung gefolgt. Vor allem die Umstellung der ehemaligen DDR-Wirtschaft von der Plan- auf die Marktwirtschaft erwies sich als erheblich schwieriger als ursprünglich erwartet; die Arbeitslosigkeit stieg und viele Ostdeutsche fühlten sich als Verlierer der Einheit.

Die Probleme wuchsen: Die hohen Transferleistungen und die steigenden Arbeitslosenzahlen vor allem in den ostdeutschen Bundesländern führten zu einer wachsenden Staatsverschuldung, zugleich drohte den sozialen Sicherungssystemen die Überlastung. Die Unzufriedenheit in den neuen Bundesländern zeigte sich auch in den Wahlerfolgen der SED-Nachfolgepartei PDS (Partei des Demokratischen Sozialismus, inzwischen: Linkspartei). Ebenso kam es hier zu einem Anstieg von Rechtsradikalismus und Ausländerfeindlichkeit.

Auch in Mecklenburg-Vorpommern sorgte die Transformation der landwirtschaftlichen und industriellen Großbetriebe nach der Wende für große Probleme. Beide Branchen arbeiten heute hochproduktiv, wenngleich mit einer erheblich verringerten Beschäftigtenzahl. Gleichzeitig entwickelte sich der Tourismus zu einem wichtigen Wirtschaftsfaktor.

Schweden wurde Anfang der 1990er-Jahre erneut von einer Wirtschaftskrise erfasst. 1991 wurde die sozialdemokratische Regierung abgewählt, an ihre Stelle trat eine bürgerliche Koalitionsregierung unter Carl Bildt. 1991 beantragte Schweden die Mitgliedschaft in der Europäischen Gemeinschaft und trat nach einer Volksabstimmung am 1. Januar 1995 der EU bei. Militärisch blieb Schweden dagegen bündnisfrei.

Trotz eines wirtschaftsfreundlichen Kurses und rigorosen Sparmaßnahmen gelang es der Regierung Bildt nicht, die Arbeitslosigkeit und die steigende Staatsverschuldung effektiv zu verringern. 1994 bildeten die Sozialdemokraten unter Ingvar Carlsson eine Minderheitsregierung, die sich bemühte, durch Steuererhöhungen und Sparmaßnahmen die öffentlichen Finanzen wieder ins Gleichgewicht zu bringen. Zwei Jahre später wurde nach Carlssons Rücktritt der Sozialdemokrat Göran Persson neuer Ministerpräsident. Obgleich es der von ihm geführten Regierung gelang, die öffentlichen Finanzen zu sanieren, riefen die damit verbundenen Einschnitte in das sozialen Sicherungsgefüge unter der Bevölkerung große Unzufriedenheit hervor, sodass die Sozialdemokraten bei der Reichstagswahl 1998 mit 36,4 Prozent der Stimmen ihr schlechtestes Ergebnis seit den 1930er-Jahren erzielten und zur Fortführung der Regierung auf die Unterstützung der Grünen und der Linkspartei angewiesen waren. Anfang des neuen Jahrtausends erlebte das Wirtschaftswachstum in Schweden erneut einen dramatischen Einbruch. 2002 wurde die sozialdemokratische Regierung im Amt bestätigt, blieb aber von der Linkspartei und den Grünen abhängig.

Im Gegensatz zu den Schweden lehnten die Norweger 1994 in einer Volksabstimmung den Beitritt zur EU erneut ab. Allerdings wurde Norwegen 1994 Mitglied des Europäischen Wirtschaftsraums. Gezielt bereitet sich das Land auf die Zeit nach dem Ende der Öl- und Gasförderung vor. So fließen die Überschüsse aus den Öl- und Gasexporten in den sogenannten Petroleum Fond, um den Wohlstand Norwegens auch in Zukunft zu sichern.

In Dänemark gelang es im Laufe der 1990er-Jahre, nach langer Rezession die Wirtschaft wieder zu beleben. Auch durch eine international als vorbildlich geltende Flexibilisierung der Arbeitsgesetzgebung bei gleichzeitiger aktiver Arbeitsmarktpolitik konnten die Dänen die Arbeitslosigkeit drastisch reduzieren. Dennoch mussten die seit 1993 regierenden Sozialdemokraten bei den Folketingswahlen 2001 eine schwere Niederlage hinnehmen. Neuer Ministerpräsident wurde Anders Fogh Rasmussen an der Spitze einer liberal-konservativen Minderheitsregierung, die aber im Parlament auf die Unterstützung der fremdenfeindlichen Dänischen Volkspartei (*Dansk Folkeparti*) angewiesen war. Bei den Wahlen im Februar 2005 wurde die Regierung Rasmussen bestätigt, geriet aber wenig später durch eine rigorose Ausländerpolitik in die internationale Kritik. Ein neues, äußerst restriktives Zuwanderungsgesetz wurde nicht nur von internationalen Organisationen heftig beanstandet, sondern führte auch zu politischen Spannungen mit dem benachbarten Schweden, das Einwanderern gegenüber traditionell eine wesentlich liberalere Haltung an den Tag legt.

Ungeachtet nationaler Unterschiede zeichnet sich die Gesellschaft der skandinavischen Staaten heute durch einen informellen Umgang miteinander, die Gleichstellung der Geschlechter und vor allem durch einen umfassenden, steuerfinanzierten Sozialstaat aus, der als das „skandinavische Modell“ bekannt geworden ist. Die für die nordischen Länder typische Konsensdemokratie beruht auf dem Interessenausgleich der unterschiedlichen sozialen Gruppen. Aufgrund der staatlichen Verteilungspolitik gelang es in den skandinavischen Ländern, einen allgemein hohen Lebensstandard zu erreichen. Auch wenn in den letzten Jahren vermehrt die Sorge geäußert wurde, dass die Menschen durch den Wohlfahrtsstaat entmündigt würden, genießt das skandinavische Sozialstaatsmodell in der Bevölkerung bis heute breite Zustimmung.

Der Untergang der Estonia

Am 28. September 1994 sank die Ostseefähre Estonia in der Nähe der finnischen Insel Utö. 852 Menschen fanden dabei den Tod. Es war das schwerste Schiffsunglück in Europa seit dem Ende des Zweiten Weltkriegs.

Das Schiff war im Jahr 1980 auf der Meyer-Werft in Papenburg vom Stapel gelaufen und nach Verwendung als Ostseefähre auf verschiedenen Routen zwischen Finnland und Schweden im Oktober 1992 an ein schwedisch-estnisches Joint Venture verkauft worden. Unter ihrem neuen Namen Estonia (nach der lateinischen Bezeichnung Estlands) verkehrte die Autofähre fortan auf der Route von Tallinn nach Stockholm. Die Estonia war zu diesem Zeitpunkt das größte und modernste Fährschiff unter estnischer Flagge.

Am Abend des 27. September 1994 verließ die Estonia den Hafen von Tallinn mit Verspätung. Nach Fahrplan sollte das Schiff sein Ziel Stockholm am nächsten Morgen gegen 9.30 Uhr erreichen. Nach Mitternacht kam es bei Sturm und schwerem Seegang an Bord der Fähre zu einem Wassereinbruch, dessen Ursache bis heute nicht eindeutig geklärt werden konnte; die Vermutungen reichen von einer undichten Bugklappe bis zu einem Leck im Rumpf des Schiffes unterhalb der Wasserlinie. Doch ungeachtet dieser Probleme verringerte der unerfahrene Kapitän der Estonia die Fahrt des Schiffes nicht.

Das Schicksal der Fähre wurde schließlich besiegelt, als gegen 1.15 Uhr morgens die Bugklappe abriss. Durch die klaffende Öffnung im Vorschiff konnte das Wasser nun ungehindert eindringen, sodass die Estonia rasch starke Schlagseite bekam und zu kentern drohte. Um 1.22 Uhr funkte die Fähre Mayday, wenig später brach der Funkkontakt ab. Rund eine halbe Stunde später war das Schiff gesunken.

Zwar war die Besatzung durch eine Lautsprecherdurchsage über die kritische Lage an Bord des Schiffes informiert worden, doch erfolgte diese Alarmierung offenbar nur auf estnisch, weshalb der größte Teil der überwiegend schwedischen Fahrgäste nicht rechtzeitig vor dem drohenden Unglück gewarnt wurde. Als schließlich der Rettungsbootalarm ausgelöst wurde, hatten die Passagiere aufgrund der Schräglage des Schiffes keine Chance mehr, über die Fluchtwege an Deck zu gelangen. Nur 137 Menschen überlebten das Unglück. Wie viele Personen tatsächlich an Bord waren ist unbekannt, da die Passagierlisten nicht vollständig waren.

Der 1997 veröffentlichte Abschlussbericht der schwedisch-estnisch-finnischen Untersuchungskommission führte den Untergang unter anderem auf Konstruktionsmängel zurück. Gleichwohl sind viele Fragen offen geblieben, so nach dem Transport militärischer Güter an Bord der Estonia. Ebenso wurde die Glaubwürdigkeit des Abschlussberichts der offiziellen Untersuchungskommission aus dem Jahr 1997 angezweifelt, weil der Bericht, der vor allem die Bauwerft einseitig belastet, in Fachkreisen heftig umstritten blieb. Zahlreiche Verschwörungstheorien vermuten darüber hinaus eine Verwicklung von Geheimdiensten in die Katastrophe.

Im Jahr 2007 wurde das Unglück im Auftrag schwedischer Behörden an der Technischen Universität Hamburg-Harburg in Form einer Computersimulation rekonstruiert. Das wichtigste Ergebnis war, dass die Estonia angesichts der Wetterumstände mit zu hoher Geschwindigkeit fuhr. Zusammen mit den enormen Wellenkräften traten dadurch Belastungen auf, denen die Scharniere der Bugklappe auf Dauer nicht gewachsen waren, sodass diese schließlich brachen. Die Ergebnisse der Simulation widerlegen auch die Behauptung, der Untergang der Estonia könne nur durch einen Sprengstoffanschlag erklärt werden.

Auf dem Weg zu einem vereinten Europa

Fast gleichzeitig mit den Umwälzungen in Osteuropa trat auch der Prozess der europäischen Einigung in eine neue Phase. Am 7. Februar 1992 vollzog die EG mit der Unterzeichnung des Vertrags von Maastricht eine Zäsur von historischem Ausmaß. Das Vertragswerk markierte einen wichtigen Schritt von der vornehmlich wirtschaftlich orientierten EG zu einer wirklichen Europäischen Union. Zwar lehnten die Dänen das Vertragswerk im Sommer 1992 in einer Volksabstimmung ab, stimmten ihm aber nach politischen Zugeständnissen der EU in einem zweiten Referendum im Frühjahr 1993 letztlich doch zu.

Am 1. November 1993 trat der Maastrichter Vertrag in Kraft. Im Jahr 1995 wurden entsprechend dem Schengener Abkommen auch die Grenzkontrollen innerhalb der EU abgebaut, an den Außengrenzen jedoch verstärkt. Im gleichen Jahr wurde Schweden EU-Mitglied.

Ebenso wie Polen strebten auch die drei baltischen Republiken über ihre allgemeine Westorientierung hinaus bereits früh den Beitritt zur EU an. 1992 gaben sich Estland und Lettland neue demokratische Verfassungen, während in Lettland 1993 die alte Verfassung von 1922 wieder in Kraft gesetzt wurde.

Das Ziel der baltischen Staaten war die „Rückkehr nach Europa“. Ein wichtiger Schritt auf diesem Weg war der Beitritt Estlands, Lettlands und Litauens zum Ostseerat, der seit seiner Gründung im Jahr 1992 als regionales Forum die Zusammenarbeit der Ostseeanrainer auf politischem, wirtschaftlichem und kulturellem Gebiet unterstützt. Zugleich bemühten sich die drei baltischen Republiken auch, die Kooperation untereinander zu stärken; unter anderem unterzeichneten sie im September 1993 ein Freihandelsabkommen.

Im Jahr 1995 stellten Estland, Lettland und Litauen offiziell den Antrag auf Beitritt zur Europäischen Union. Doch die Umwandlung von der Sowjetrepublik zum EU-Mitglied war mit großen Schwierigkeiten verbunden, da die ökonomische und soziale Lage in allen drei Staaten katastrophal war. Insbesondere der Umbau der Wirtschaft verursachte gewaltige Probleme, vor allem in Litauen, dessen größter Außenhandelspartner Russland war und das daher lange Zeit schwer unter den Folgen der russischen Finanzkrise von 1998 litt. Auch für Lettland war der Weg nach Westen aufgrund starker russischer Vorbehalte schwierig. Zugleich stellte die Diskriminierung der russischen Minderheiten in Estland und Lettland ein erhebliches Problem für eine Aufnahme in die EU dar. Dennoch begannen 1998 die offiziellen Beitrittsverhandlungen mit Estland, im Jahr 2000 wurden dann auch mit Lettland und Litauen Gespräche über eine EU-Mitgliedschaft aufgenommen.

Gleichzeitig mit der EU-Mitgliedschaft strebten die baltischen Republiken auch einen Beitritt zur NATO an. Bereits im Januar 1994 hatte das nordatlantische Bündnis auf einem Gipfeltreffen in Brüssel das Programm „Partnerschaft für den Frieden“ beschlossen, um die Zusammenarbeit mit den Staaten des ehemaligen Ostblocks zu stärken. Im September des Jahres fand unter dem Namen *Baltic Endeavour* die erste gemeinsame Übung statt, an der deutsche, dänische und polnische Seestreitkräfte beteiligt waren.

Am 2. April 2004 wurden Estland, Lettland und Litauen in die NATO aufgenommen, sodass bis auf Russland, Finnland und Schweden heute alle Ostseestaaten dem westlichen Bündnis angehören. Knapp einen Monat später, am 1. Mai 2004, traten Estland, Lettland, Litauen und Polen der Europäischen Union bei.

Wirtschaftliches Wachstum und vereinigtes Europa:

Die Ostsee heute

Mit Ausnahme Russlands und Norwegens sind heute alle Ostseeanrainer Mitglied der Europäischen Union. Die wachsenden wirtschaftlichen und politischen Verflechtungen haben zur Bildung eines neuen Großraums innerhalb der EU geführt, doch wuchs zugleich in den letzten Jahren in vielen Ostseeanrainerstaaten auch die Europaskepsis. Viele Menschen empfinden die politische Einigung Europas als Bedrohung ihrer nationalen Kultur und Identität.

Vor allem in Dänemark bestehen starke Vorbehalte gegen eine weitere europäische Integration und die Aufgabe nationaler Souveränitätsrechte. Im Jahr 2000 lehnten die Dänen in einer Volksabstimmung den Beitritt zur Eurozone ab. Dennoch befürwortet die amtierende Regierung den Beitritt zur europäischen Währungsunion und strebt bis 2010 ein neues Referendum über die Einführung des Euros an.

Laut einer internationalen Studie sind die Dänen heute das „glücklichste Volk“ der Erde. Seit Jahren weist die dänische Wirtschaft ein anhaltendes Wachstum mit niedriger Arbeitslosigkeit und geringer Inflation auf. Auch die Staatsverschuldung konnte erheblich reduziert werden.

Der Energiebedarf wird durch Erdöl- und Erdgasvorkommen in der Nordsee sowie durch die Nutzung alternativer Energiequellen gesichert, die bereits heute fast 20 Prozent des dänischen Strombedarfs decken. Da das Land darüber hinaus kaum über Rohstoffvorkommen verfügt, liegt der industrielle Schwerpunkt auf der Weiterverarbeitung von importierten Rohmaterialien und der Veredelung von Agrarprodukten. Seit den 1990er-Jahren erlebte auch die Containerschifffahrt einen erheblichen Aufschwung. Daran hat vor allem die Reederei Maersk großen Anteil. Das 1904 als A/S *Dampskibsselskabet Svendborg* gegründete Familienunternehmen ist heute mit rund 500 Schiffen die größte Container-Reederei der Welt. Gegenwärtig werden rund 10 Prozent der weltweiten Schifffahrt von Dänemark aus kontrolliert.

Auch in Schweden wird die EU für die ökonomischen Probleme des Landes und den Abbau des Sozialstaats verantwortlich gemacht. Dementsprechend lehnte die Mehrheit der Schweden bei den Volksabstimmungen 1999 und 2003 die Einführung des Euros ab. Dabei wurde das Referendum im Jahr 2003 von der Ermordung der beliebten Außenministerin Anna Lindh durch einen psychisch kranken Täter überschattet. Ende 2004 wurde eine grundlegende Änderung der Sicherheitspolitik beschlossen; unter Beibehaltung der Bündnisfreiheit will sich Schweden zusammen mit Norwegen und Finnland am Aufbau einer EU-Eingreiftruppe beteiligen.

Im September 2006 wurde in Schweden die Regierung Persson abgewählt, an ihre Stelle trat eine bürgerliche Koalitionsregierung unter Fredrik Reinfeldt. Damit wurde die sozialdemokratische Ära in Schweden beendet; seit 1932 hatten die Sozialdemokraten insgesamt 65 Jahre den Regierungschef gestellt. Ein Ziel der neuen schwedischen Regierung ist die Schaffung neuer Arbeitsplätze mithilfe von Steuersenkungen; nach wie vor liegt die Steuerquote bei über 50 Prozent. Ehrgeizig sind auch die energie- und umweltpolitischen Ziele: Bis 2020 soll Schweden die erste „ölfreie“ Wirtschaft der Welt werden. Zurzeit werden mehr als die Hälfte der elektrischen Energie aus Wasserkraft, über 40 Prozent aus Kernkraft gewonnen, wobei allerdings 1997 der schrittweise Ausstieg aus der Atomenergie beschlossen wurde. Wiederholte Störfälle haben die schwedischen

Kernkraftwerke in den letzten Jahren in Verruf gebracht. Ungeachtet dessen erlebt die nukleare Energiegewinnung in Skandinavien in den letzten Jahren eine Renaissance; in Finnland wird ein neues Atomkraftwerk gebaut und auch Schweden erwägt seit einiger Zeit eine Rückkehr zur Kernenergie. Anfang 2009 hat die schwedische Regierung den Bau neuer Atomkraftwerke beschlossen.

Bei den Bildungs- und Forschungsausgaben gehört Schweden weltweit zu den führenden Ländern, zusammen mit Finnland, das 2001 bei der internationalen PISA-Studie den Spitzenplatz belegte. Das finnische Bildungssystem zählt zu den besten weltweit, die Hochschuldichte nimmt im europäischen Vergleich eine Spitzenposition ein. Ebenso wie Finnland betrachten auch die übrigen skandinavischen Länder Bildungsausgaben als Investitionen in die Zukunft und wenden mit 6,3 Prozent bis 8,3 Prozent ihres Bruttoinlandsprodukts deutlich mehr Geld für Schulen und Universitäten auf als die Bundesrepublik mit rund 5 Prozent.

Finnland hat wirtschaftlich und politisch sehr stark vom EU-Beitritt profitiert, dennoch gibt es auch hier Kritiker, die in einer vertieften europäischen Integration eine Gefahr für das skandinavische Wohlfahrtsstaatsmodell sehen. Heute ist Finnland ein hoch industrialisiertes Land mit dem Schwerpunkt auf Holz- und Metallverarbeitung, Mikroelektronik und Telekommunikation; die bekannteste finnische Firma ist der Mobiltelefonproduzent Nokia.

Ähnlich wie in Dänemark und Schweden verloren die Sozialdemokraten auch in Finnland in den letzten Jahren politisch an Gewicht. Im Jahr 2003 löste die bürgerliche Zentrumspartei die Sozialdemokraten als stärkste Kraft ab, die aber zunächst noch in der Regierung blieben. Nach der Parlamentswahl von 2007 kam es dann zur Bildung einer rechtsbürgerlichen Regierung, die jedoch im Großen und Ganzen die Politik der Vorgängerregierung fortsetzte. Obgleich Finnland derzeit an seiner Bündnisfreiheit festhält, liegt ein zukünftiger Beitritt zur NATO im Bereich des Möglichen.

In Polen verfolgte die von den Zwillingsbrüdern Lech und Jaroslaw Kaczynski geführte, rechtspopulistische Partei Recht und Gerechtigkeit (PiS) nach ihrem Sieg bei den Parlamentswahlen im September 2005 eine stark national ausgerichtete Politik. Vervollständigt wurde der Rechtsruck in der polnischen Politik durch die überraschende Wahl Lech Kaczynskis zum Staatspräsidenten. Wenige Monate später übernahm sein Bruder Jaroslaw das Amt des Ministerpräsidenten an der Spitze der instabilen Rechtskoalition. In der Folge sorgten sowohl die anti-deutschen Ausfälle, als auch die Europapolitik der Kaczynski-Brüder wiederholt für Irritationen – nicht nur in den übrigen EU-Mitgliedsstaaten, sondern auch bei vielen jüngeren Polen, die in der Rückkehr nach Europa eine Chance zur Aussöhnung mit Deutschland sehen. Neben dem Streit um das in Berlin geplante und von polnischer Seite heftig kritisierte Zentrum gegen Vertreibung setzte vor allem die Forderung der Kaczynski-Brüder nach einem höheren polnischen Stimmengewicht in der EU das deutsch-polnische Verhältnis erneut einer starken Belastung aus; erst auf dem EU-Gipfel im Juni 2007 konnte ein Kompromiss erreicht werden, der den Weg frei machte für den Abschluss des EU-Grundlagenvertrags. Nach dem Zerfall des Regierungsbündnisses kam es im Oktober 2007 zu vorgezogenen Parlamentswahlen, bei denen die PiS der liberalkonservativen Bürgerplattform des Oppositionsführers Donald Tusk unterlag. Trotz wirtschaftlicher Erfolge stellt die hohe Arbeitslosigkeit nach wie vor ein großes Problem für Polen dar.

Die Ostsee im neuen Jahrtausend

In Deutschland war die rot-grüne Regierungskoalition 2002 noch einmal knapp bestätigt worden. Allerdings führte die von Bundeskanzler Schröder gegen den Widerstand der Gewerkschaften unter der Bezeichnung „Agenda 2010“ durchgesetzte Reform der sozialen Sicherungssysteme nicht nur zu Konflikten innerhalb der SPD, sondern ließ zusammen mit der angespannten Finanz- und Arbeitsmarktlage auch innerhalb der Bevölkerung die Zustimmung zur Bundesregierung rapide sinken. Im September 2005 kam es zu einer vorgezogenen Bundestagswahl, die zur Bildung einer Großen Koalition aus CDU und SPD mit der CDU-Politikerin Angela Merkel als Bundeskanzlerin führte.

Als eine der führenden Industrienationen der Welt ist Deutschland stark vom Export abhängig, wobei der prosperierenden Außenwirtschaft eine schwache Binnenkonjunktur gegenübersteht. Die

Hauptprobleme der Bundesrepublik sind nach wie vor die hohe Staatsverschuldung sowie die mangelnde Umsetzung notwendiger wirtschafts- und sozialpolitischer Reformen. Auch die wirtschaftlichen Folgen der deutschen Teilung sind noch immer nicht vollständig überwunden; bis heute gibt es ein starkes wirtschaftliches und soziales Gefälle zwischen den west- und ostdeutschen Bundesländern.

Die drei baltischen Republiken haben nach der schweren Krise in den 1990er-Jahren einen bemerkenswerten ökonomischen Aufschwung erlebt; Lettland verzeichnete 2005 sogar das höchste Wirtschaftswachstum in der EU. Litauen ist ein wichtiges Transitland und verfügt mit Klaipeda über einen wichtigen Ostsee-Fährhafen für den Personen- und Güterverkehr. Seit Dezember 2006 sind die baltischen Republiken an das westeuropäische Stromnetz angeschlossen und bei der Energieversorgung nicht mehr allein von Russland abhängig. Ebenfalls im Dezember 2006 wurde der Bau eines neuen Kernkraftwerks in Litauen durch Polen und die drei baltischen Staaten angekündigt, das bis 2015 fertiggestellt werden soll.

Das Containerschiff Maersk Boston verlässt seine Bauwerft in Stralsund. Die Ostsee zählt heute zu den am dichtesten befahrenen Gewässern der Welt.

Das Verhältnis zwischen der EU und Russland wurde belastet durch die Weigerung Moskaus, den seit Ende 2005 bestehenden Importbann auf polnische Agrarprodukte aufzuheben sowie durch das im Gegenzug erklärte polnische Veto gegen ein neues Kooperationsabkommen zwischen der EU und Russland. Zugleich kehrte Präsident Putin außenpolitisch zu einer stärkeren Betonung des russischen Großmachtstatus zurück. Dabei wurde Russlands internationale Position durch die Etablierung des NATO-Russland-Rats 2002 und Aufnahme des Lands in die Gruppe der führenden Industrienationen (G8) 2006 deutlich gestärkt.

Innenpolitisch verfolgte Putin einen autoritär-zentralistischen Kurs, die Medien wurden wieder unter staatliche Kontrolle gebracht oder durch repressive Maßnahmen mundtot gemacht. Die Zerschlagung des Erdölkonzerns Yukos im Jahr 2003 war ein weiterer Schritt hin zu einer autoritären Innenpolitik. Im Vorfeld der Präsidentschaftswahlen Anfang 2008 gingen die Behörden hart gegen die ohnehin zersplitterte Opposition vor. Auch der Mord an der regierungskritischen Journalistin Anna Politkowskaja im Jahr 2006 ist nach wie vor unaufgeklärt.

Obgleich die russische Wirtschaft seit 1999 ein erhebliches Wachstum verzeichnet, sind viele grundlegende ökonomische Probleme bis heute ungelöst. So ist der Aufschwung der letzten Jahre in erster Linie der wachsenden Bedeutung der Rohstoffexporte zu verdanken, während der industrielle Sektor nach wie vor der Modernisierung bedarf. Zwar ist das Investitionsvolumen in letzter Zeit gestiegen, aber im internationalen Vergleich immer noch zu gering. Hinzu kommen die ungeheuren ökologischen Altlasten aus der Zeit der Sowjetunion, vor allem das ungelöste Problem der Lagerung großer Mengen radioaktiver Abfälle.

Mit den baltischen Staaten, insbesondere mit Lettland und Estland, kam es wegen der Benachteiligung der russischen Minderheiten immer wieder zu Spannungen. Auch die Frage des Grenzverlaufs zu den baltischen Republiken sorgte lange für Streit. Erst 2003 ratifizierte Russland den 1997 mit Litauen geschlossenen Grenzvertrag; 2007 schlossen Lettland und Russland einen ähnlichen Vertrag. Dagegen steht die endgültige Klärung des Grenzverlaufs zwischen Russland und Estland nach wie vor aus.

Am 2. März 2008 wurde der von Putin unterstützte stellvertretende Ministerpräsident und Gasprom-Aufsichtsratsvorsitzende Dmitri Medwedew zum russischen Staatspräsidenten gewählt, während Putin das Amt des Ministerpräsidenten übernahm.

Hoffnungen auf einen politischen Kurswechsel der neuen russischen Doppelspitze wurden jedoch enttäuscht, denn auch unter Präsident Medwedew hat sich der außenpolitische Ton Moskaus weiter verschärft.

Chancen und Gefahren

Ungeachtet diverser Konfliktfelder gilt der Ostseeraum angesichts der großen Zahl internationaler Organisationen, vom *Council of the Baltic Sea States* über das *Baltic Development Center* bis hin zur *Union of the Baltic Cities* heute als Modellregion für eine intensive internationale Zusammenarbeit. Auch wirtschaftlich boomt der Ostseeraum.

Bereits durch die gute Konjunktur der 1950er- und 1960er-Jahre und das damit verbundene Anwachsen des Massen- und Stückguttransports hat die Ostseeschifffahrt einen deutlichen Aufschwung erlebt. Nach dem Fall des Eisernen Vorhangs nahm

FENJA

das Seehandelsvolumen noch einmal deutlich zu. Neben Fracht- und Containerschiffen spielen auch die ursprünglich hauptsächlich für den Personenverkehr eingesetzten Fährschiffe eine bedeutende Rolle im Güterverkehr auf der Ostsee.

Heute zählt die Ostsee zu den am meisten und am dichtesten befahrenen Gewässern der Welt. Rund 15 Prozent des globalen Seehandelsvolumens werden über die Ostsee abgewickelt. Jährlich befahren rund 63 200 Schiffe die Tiefwasserrouten der Ostsee.

Mit der Zahl der Schiffe ist aber auch die Gefahr von Havarien gewachsen. Heute passieren jährlich auch etwa 8200 Rohöltanker die Ostsee. Bis 2010 wird mit einer Steigerung der Öl- und Chemietransporte über die Ostsee auf 160 Millionen Tonnen gerechnet, vor allem als Folge des wachsenden russischen Ölexports. Die Auswirkungen einer Ölkatastrophe in der Ostsee dürften nach Ansicht von Experten dramatisch, möglicherweise sogar irreversibel sein. Aus diesem Grund werden Einhüllentanker ab 2010 aus EU-Gewässern verbannt. Eine Vorstellung von den Folgen eines Schiffsunglücks für die Umwelt gab 2001 die Kollision zwischen einem Tanker und einen Frachter vor der Halbinsel Darß an der Küste Mecklenburg-Vorpommerns, bei der mehrere Tausend Tonnen Öl ausliefen, wodurch das empfindliche maritime Ökosystem in diesem Gebiet nachhaltig geschädigt wurde. Ohnehin gilt die Ostsee als eines der am stärksten verunreinigten Meere der Welt. In mehreren internationalen Verträgen wurden daher Vereinbarungen zum Umweltschutz getroffen. Dazu zählen unter anderem das MARPOL-Übereinkommen zur Verhütung der Meeresverschmutzung durch Schiffe und die Helsinki-Konvention über den Schutz der Meeresumwelt des Ostseegebiets.

Auch der internationale Terrorismus stellt eine nicht zu unterschätzende Bedrohung dar. So löste die Veröffentlichung von Karikaturen des Propheten Mohammed in der dänischen Tageszeitung *Jyllands-Posten* im Januar 2006 in vielen islamischen Ländern eine Welle anti-dänischer Proteste aus. Auch wenn es glücklicherweise bislang nicht zu Anschlägen kam, ist nicht auszuschließen, dass der Ostseeraum in Zukunft zum Angriffsziel für Islamisten werden könnte. Dabei ist es durchaus möglich, dass Terroristen gekaperte Schiffe als schwimmende Bomben einsetzen oder bewusst auf See eine Umweltkatastrophe herbeiführen. Gleichwohl gibt es bis heute keine lückenlose Seeraumüberwachung der Ostsee, auch wenn Schweden und Finnland in diesem Bereich seit Langem erfolgreich zusammenarbeiten. 2006 übernahm Finnland die Federführung bei der Schaffung einer europäischen Seeraumüberwachung, die nicht allein der Abwehr von Terrorangriffen, sondern auch dem Umweltschutz dienen soll.

Vor allem in Deutschland ist die Seeraumüberwachung angesichts des Kompetenzwirrwarrs zwischen Bund und Ländern äußerst lückenhaft. Die Sicherung und Kontrolle des Seeverkehrs ist Ländersache, während die Überwachung der Seegrenzen und des grenzüberschreitenden Warenverkehrs in die Kompetenz des Bundes fällt. Die Schaffung einer einheitlichen, einsatzfähigen Küstenwache auf Bundesebene scheiterte bislang am Widerstand einiger Bundesländer. Bislang existiert unter dieser Bezeichnung nur ein lockerer Verbund mit koordinierendem Lagezentrum in Cuxhaven.

Auch die geplante Ostsee-Pipeline sorgt für Kontroversen unter den Ostseeanrainern. Die unterseeische Gasleitung soll ab 2012 russisches Erdgas durch die Ostsee direkt nach Deutschland transportieren, doch haben Polen, Litauen, Lettland und Estland, die ihre Interessen missachtet sehen, Protest gegen das Projekt eingelegt. Auch aus ökologischer Sicht gibt es Bedenken, ebenso wie die Befürchtung, dass sich Deutschland und Westeuropa damit einseitig von russischen Gaslieferungen abhängig machen.

Trotz all dieser Probleme wächst der Ostseeraum weiter zusammen. Nicht nur die Schifffahrt floriert, auch die übrigen Verkehrswege werden weiter ausgebaut. So wurden beispielsweise 1998 die dänischen Inseln Fünen und Seeland durch die Beltbrücke miteinander verbunden und seit der Eröffnung der Öresundbrücke zwischen Seeland und dem schwedischen Schonen im Juli 2000 ist es möglich, auf dem Landweg von Schweden nach Jütland zu fahren. 2007 beschlossen die Bundesrepublik Deutschland und Dänemark den Bau einer 19 km langen Brücke von Puttgarden auf Fehmarn nach Rødbyhavn auf der dänischen Insel Lolland. Die Brücke soll bis zum Jahr 2018 fertiggestellt sein und die bisherige Fährverbindung ersetzen.

Trotz aller Unterschiede kann man den Ostseeraum durchaus als eine Einheit betrachten. Im Verlauf der wechselvollen Geschichte der Ostsee hat sich immer wieder gezeigt, dass sie kein trennendes, sondern ein verbindendes Meer ist. Und so dürfte sich auch in Zukunft die Ostsee als dynamische, über alle Grenzen weiter zusammenwachsende Region im Norden Europas behaupten.

Allerdings hat die globale Wirtschafts- und Finanzkrise des Jahres 2008 die positive Entwicklung im Ostseeraum ins Stocken gebracht. Nach dem Aufschwung der letzten Jahren droht nun eine Rezession. Dies stellt vor allem die osteuropäischen Länder, insbesondere Polen und die baltischen Republiken, vor erhebliche ökonomische und politische Herausforderungen. Aber auch die Bundesrepublik Deutschland und die skandinavischen Länder trifft der Konjunkturrückgang. Die langfristigen Folgen der Wirtschafts- und Finanzkrise für die Ostseeregion sind noch nicht absehbar.

Der Ostseeraum wächst zusammen. Seit der Eröffnung der Öresundbrücke im Juli 2000 ist es möglich, auf direktem Weg von Schweden nach Jütland zu fahren.

Literatur

Alexander, Manfred: *Kleine Geschichte Polens*, Stuttgart 2003.

Berié, Eva (Hg.): *Fischer Weltalmanach 2008*, Frankfurt/M. 2007.

Bohn, Robert: *Dänische Geschichte*, München 2001.

Boockmann, Hartmut: *Der Deutsche Orden – Zwölf Kapitel aus seiner Geschichte*, 4. Aufl. München 1994.

Boockmann, Hartmut/Schilling, Heinz/Schulze, Hagen/Stürmer, Michael: *Mitten in Europa – Deutsche Geschichte*, München 1999.

Bregnsbo, Michael/Jensen, Kurt Villads: *Det Danke imperium, storhed og fald*, Kopenhagen 2005.

Dirlmeier, Ulf (et al.): *Kleine Deutsche Geschichte*, Stuttgart 1995.

Dollinger, Phillipe: *Die Hanse*, 4. erw. Aufl. Stuttgart 1989.

Feldbæk, Ole: *Glydendals bog om Danmarks historie*, 2. Aufl. Kopenhagen 2004.

Froese, Wolfgang: *Geschichte der Ostsee – Völker und Staaten am Baltischen Meer*, Gernsbach 2002.

Graßmann, Antjekathrin (Hg.): *Lübeckische Geschichte*, 3. Aufl. Lübeck 1997.

Gruner, Wolf D./Woyke, Wichard: *Europa-Lexikon. Länder – Politik – Institutionen*, 2. erw. Aufl. München 2007.

Hammel-Kiesow, Rolf: *Die Hanse*, 2. Aufl. München 2002.

Heyde, Jürgen: *Geschichte Polens*, München 2006.

Kappeler, Andreas: *Russische Geschichte*, 4. akt. Aufl. München 2005.

Kaufhold, Martin: *Europas Norden im Mittelalter – Die Integration Skandinaviens in das christliche Europa (9.–13. Jhd.)*, Darmstadt 2001.

Komlosy, Andrea/Nolte, Hans-Heinrich/Sooman, Imbi (Hg.): *Ostsee 700–2000, Gesellschaft – Wirtschaft – Kultur*, Wien 2008.

Lagerqvist, Lars O.: *Schwedische Geschichte*, Stockholm 2003.

Laurings, Palle: *Danmarks historie*, Kopenhagen 2004.

Nolte, Hans-Heinrich: *Kleine Geschichte Russlands*, Stuttgart 2003.

North, Michael: *Geschichte Mecklenburg-Vorpommerns*, München 2008.

Sarnowsky, Jürgen: *Der Deutsche Orden*, München 2007.

Sawyer, Peter (Hg.): *Die Wikinger – Geschichte und Kultur eines Seefahrervolkes*, 2. Aufl. Stuttgart 2001.

Schröter, Harm G.: *Geschichte Skandinaviens*, München 2007.

Simek, Rudolf: *Die Wikinger*, 2. Aufl. München 2000.

Simek, Rudolf: *Die Germanen*, Stuttgart 2006.

Sørensen, Lars Hovbakke: *Slagsbrødre eller Broderfolk*, Kopenhagen 2004.

Stöver, Bernd: *Der Kalte Krieg*, 2. Aufl. München 2006.

Tuchtenhagen, Ralph: *Geschichte der baltischen Länder*, München 2005.

Tuchtenhagen, Ralph: *Kleine Geschichte Schwedens*, München 2008.

Wehling, Hans-Georg (Hg.): *Die deutschen Länder. Geschichte, Politik, Wirtschaft*, 3. akt. Aufl. Wiesbaden 2004.

Witt, Jann M./Vosgerau, Heiko (Hg.): *Schleswig-Holstein – Von den Ursprüngen bis zur Gegenwart. Eine Landesgeschichte*, Hamburg 2002.

Wolfram Herwig: *Die Germanen*, 7. Aufl. München 2002.

Bildnachweis

S. 6: Peter Palm, Berlin; S. 8: picture-alliance; S. 10: picture-alliance; S. 12: akg-images; S. 13: picture-alliance; S. 14: Eckardt Opitz, Schleswig-Holstein. Das Land und seine Geschichte, Hamburg 1997; S. 15: Jörg Schwarz, Stadtluft macht frei, Darmstadt 2008; S. 16: Eckardt Opitz, Schleswig-Holstein. Das Land und seine Ge-schichte, Hamburg 1997; S. 18: Siegfried Wittenburg, Rostock; S. 23: Eckardt Opitz, Schleswig-Holstein. Das Land und seine Geschichte, Hamburg 1997; S. 25: Maritime Macht. Gebrannte Größe. Schiffe, Ostsee und Piraten. Ausstellungskatalog, Bonn 2002; S. 27: Siegfried Wittenburg, Rostock; S. 28: picture-alliance; S. 29: Siegfried Wittenburg, Rostock; S. 32: Die Fürsten des Landes. Herzöge und Grafen von Schleswig, Holstein und Lauenburg. Im Auftrag der Gesellschaft für Schleswig-Holstei-nische Geschichte, hg. v. Carsten Porskrog Rasmussen, Elke Imberger, Dieter Lohmeier, Ingwer Momsen, Neumünster 2008; S. 35: Hartmut Roder (Hg.), Piraten. Die Herren der Sieben Meere, Bremen 2000; S. 38/39: Die Fürsten des Landes. Herzöge und Grafen von Schleswig, Holstein und Lauenburg. Im Auftrag der Gesellschaft für Schleswig-Holsteinische Geschichte, hg. v. Carsten Porskrog Rasmussen, Elke Imberger, Dieter Lohmeier, Ingwer Momsen, Neumünster 2008; S. 41: Abraham Orte-lius, Theatrum Orbis Terrarum. Reprint, Darmstadt 2006; S. 42: Hans Christian Bjerg, Ole L. Frantzen, Danmark i Krig, Udgivelsesår 2005; S. 43: picture-alliance; S. 46: Hans Christian Bjerg, Ole L. Frantzen, Danmark i Krig, Udgivelsesår 2005; S. 47: Eckhard Hübner, Ferne Nähe. Die Beziehungen zwischen Schleswig-Holstein und Russland in Mittelalter und Neuzeit, Heide 2003; S. 49: Lars Hovbakke Sørensen, Slagsbrødre eller broderfolk. Nordens historie gennem 1300 år, 2004; S. 51: Ole Feldbæk, Gyldendals bog om Danmarks historie, København 2004; S. 53: Siegfried Wittenburg, Rostock; S. 55: Siegfried Wittenburg, Rostock; S. 59: Lars Hovbakke Sørensen, Slagsbrødre eller broderfolk. Nordens historie gennem 1300 år, 2004; S. 61: Erich Donnert, Katharina die Große und ihre Zeit. Russland im Zeitalter der Aufklärung, Leipzig 1996; S. 62: Erich Donnert, Katharina die Große und ihre Zeit. Russland im Zeitalter der Aufklärung, Leipzig 1996; S. 65: picture-alliance; S. 68: Ole Feldbæk, Dansk Søfarts historie, 3: 1720-1814. Storhandelens tid, Copenhagen 1997; S. 70: Eckardt Opitz, Schleswig-Holstein. Das Land und seine Geschichte, Hamburg 1997; S. 71: picture-alliance; S. 74: picture-alliance; S. 77: Eckardt Opitz, Schleswig-Holstein. Das Land und seine Geschichte, Hamburg 1997; S. 80: The Prussian YearBook. An Almanac, Berlin 2000; S. 81: Eckardt Opitz, Schleswig-Holstein. Das Land und seine Geschichte, Hamburg 1997; S. 83: picture-alliance, S. 85: Ger-hard Paul, Uwe Danker, Peter Wulf (Hg.), Geschichtsumschlungen. Sozial- und kulturgeschichtliches Lesebuch. Schleswig-Holstein 1848-1948, Bonn 1996; S. 86: Otto von Bismarck und seine Zeit. Ausstellungskatalog, Friedrichsruh; S. 87: Schleswig-Holstein von den Ursprüngen bis zur Gegenwart. Eine Landesgeschichte, hg. v. Jann Markus Witt und Heiko Vosgerau, Hamburg 2002; S. 90/91: Schleswig-Holstein. Eine Landesgeschichte. Historischer Atlas von Christian Degn. Neumünster 1994; S. 92: akg-images, Jean-Pierre Verney; S. 93: Elisabeth Heresch, Nikolaus II. „Freiheit, Lüge und Verrat". Leben und Ende des letzten Russischen Zaren, München 1992; S. 94/95: Siegfried Wittenburg, Rostock; S. 98: picture-alliance; S. 101: picture-alliance; S. 102: Gerhard Paul, Uwe Danker, Peter Wulf (Hg.), Geschichtsumschlungen. Sozial- und kulturgeschichtliches Lesebuch. Schleswig-Holstein 1848-1948, Bonn 1996; S. 106: Gerhard Paul, Uwe Danker, Peter Wulf (Hg.), Geschichts-umschlungen. Sozial- und kulturgeschichtliches Lesebuch. Schleswig-Holstein 1848-1948, Bonn 1996; S. 107: picture-alliance; S. 109: Ole Feldbæk, Gyldendals bog om Danmarks historie, København 2004; S. 53: Siegfried Wittenburg, Rostock; S. 112: Gerhard Paul, Uwe Danker, Peter Wulf (Hg.), Geschichtsumschlungen. Sozial- und kulturgeschichtliches Lesebuch. Schleswig-Holstein 1848-1948, Bonn 1996; S. 115: picture-alliance; S. 117: picture-alliance; S. 118: picture-alliance; S. 119: picture-alliance; S. 120: picture-alliance; S. 121: Gerhard Paul, Uwe Danker, Peter Wulf (Hg.), Geschichtsumschlungen. Sozial- und kulturgeschichtliches Lesebuch. Schleswig-Holstein 1848-1948, Bonn 1996; S. 129: picture-alliance; S. 130: picture-alliance; S. 131: picture-alliance; S. 136: picture-alliance; S. 139: picture-alliance; S. 140: picture-alliance

Die Deutsche Nationalbibliothek verzeichnet diese Publikation in der Deutschen Nationalbibliografie; detaillierte bibliografische Daten sind im Internet über http://dnb.d-nb.de abrufbar.

Die Herausgabe des Werkes wurde durch die Vereinsmitglieder der WBG ermöglicht.
Gedruckt auf säurefreiem und alterungsbeständigem Papier

Einbandgestaltung: Jutta Schneider, Frankfurt
Einbandmotiv: Der Sieg der dänischen Flotte unter Niels Juel über die Schweden in der Seeschlacht in der Køge Bucht am 1. Juli 1677 (Orlogsmuseet, Kopenhagen)
Redaktion: Kathrin Friedrich, Darmstadt
Gestaltung und Satz: Anja Harms, Oberursel
Printed in Germany

www.primusverlag.de

ISBN: 978-3-89678-358-5

Jann M. Witt

Die Ostsee